Johann Valentin Hecke

Reise durch die Vereinigten Staaten von Nordamerika in den Jahren 1818 19

Erster Teil

weitsuechtig

Johann Valentin Hecke

Reise durch die Vereinigten Staaten von Nordamerika in den Jahren 1818 19

Erster Teil

ISBN/EAN: 9783956561245

Auflage: 1

Erscheinungsjahr: 2013

Erscheinungsort: Bremen, Deutschland

@ weitsuechtig in Access Verlag GmbH. Alle Rechte beim Verlag und bei den jeweiligen Lizenzgebern.

weitsuechtig

Paly (Mary) eine Quarteron-Sclavin in Maryland.

Reise

durch

die Vereinigten Staaten von Nord-Amerika

in den Jahren 1818 und 1819.

Nebst

einer kurzen Ueberficht der neueften Ereigniffe auf dem Kriegs-Schauplatz

in Süd-Amerika und Weft-Indien.

Von

J. Val. Hecke,

Königl. Preuß. Lieutenant vom ehemaligen 13ten fchlefifchen Landwehr-Infanterie-Regiment.

Subscribenten-Verzeichniß.

Se. Majestät der König.

Se. Königliche Hoheit der Kronprinz.
Se. Königl. Hoheit der Prinz Wilhelm, Sohn Sr. Maj. des Königs.
Se. Königl. Hoheit der Prinz Karl, Sohn Sr. Maj. des Königs.
Se. Königl. Hoheit der Prinz Albrecht, Sohn Sr. Maj. des Königs.
Se. Königl. Hoheit der Prinz Wilhelm, Bruder Sr. Maj. des Königs.
Se. Königl. Hoheit der Prinz August von Preußen.
Se. Königl. Hoheit der Prinz Friedrich von Preußen, Neffe Sr. Maj. des Königs.
Se. Hoheit der Herzog Karl von Mecklenburg-Strelitz, General-Lieutenant.
Ihro Königl. Hoheit die Frau Prinzessin Wilhelm von Preußen.
Ihro Königl. Hoheit die Frau Prinzessin Louise von Preußen, Fürstin Radzivil.

Berlin

Herr Freiherr v. Altenstein, Staatsminister, Excellenz.
— Behr, Kaufmann.
— Benecke, Banquier.
— v. Bentivegni, Prem. Lieut. im Grenad. R. Kaif. Franz.
— v. Bernstorff, Lieut. im Grenad. Reg. Kaif. Franz.
— Bierdemann, Geh. Ob. F. Rath.
— Blell, Hofrath.
— Graf v. Blumenthal, Lieut. im Gr. Rgmt. Kaif. Franz.
— Boethke, Kapit. im Kriegs-Ministerio.
— Borsche, wirkl. Geh. Ob. Fin. Rath.
— v. Brauchitsch, General-Lieutenant, Excellenz.
— v. Brauchitsch, Lieut. im Gren. Rgmt. Kaiser Franz.
— v. Brause, General-Major.
— v. Brese, Major im Kriegs-Ministerio.
— v. Eberstein, Lieutenant im Gr. Rgmt. Kaiser Franz.
— v. Egloffstein, Lieut. im Garde Schütz. Bat.
— Eichmann, Geh. Kriegs-Rath.
— Graf zu Eulenburg, Rittm. im Garde Huf. Regmt.
— Ewald I., Banquier.
— Ewald II., Banquier.
— v. Falkenstein, Lieut. im Grenad. Rgmt. Kaiser Franz.
— Feiler, Kriegs-Rath.
— v. Foller, Kapit. im Gren. Rgmt. Kaiser Alexander.
— v. Foller, Lieut. im Gren. Rgmt. Kaiser Franz.
— Friccius, Geh. Rath.
— v. Geusau, Pr. Lieut. im Gren. Rgmt. Kaiser Franz.
— Graf v. Gneisenau, General der Infanterie, Excellenz.
— Giesecke, Ordens- und Stadt-Rath.
— Grübs, Buchhalter.
— v. Hake, Gen. Lieut. und Kriegs-Minister, Excellenz.
— v. Halle, Kaufmann.
— Dr. Hanstein, wirkl. Ob. Consist. Rath.
Se. Durchl. der Staatskanzler Fürst v. Hardenberg.
Ihro Durchl. die Frau Fürstin v. Hardenberg.
Herr Graf v. Hessenstein, Rittm. im Garde Huf. Rgmt.
— v. Holstein, Lieut. im Grenad. Rgmt. Kaiser Franz.
— Graf v. Hompesch I., Lieut. im Gr. Rgmt. Kaif. Franz.
— Graf v. Hompesch II., Lieut. im Gr. Rgmt. Kaif. Franz.
— Dr. Hufeland, Staats-Rath.
— Jacobi, Geh. Kriegs-Rath.
— v. Jagow, Ob. Stallmeister Excellenz.
— v. Katte, Rittm. im Garde Huf. Rgmt.
— Klaatsch, Geh. Ob. Fin. Rath.

Herr Klaatsch, Lieut. im Grenad. Rgmt. Kaiser Franz.
— Krätschel, Buchhalter.
— Kraut, Lieut. im Kriegs-Ministerio.
— Kröber, Lieut. im Grenad. Rgmt. Kaiser Alexander.
— v. Ladenberg, wirkl. Geh. Ob. Fin. Rath u. Direktor.
— v. Ledebour, Lieut. im Grenad. Rgmt. Kais. Alexander.
— Liebert, Kaufmann.
— Graf v. Lottum, Gen. Lieut. und Staats-Minister, Excell.
— Magnus, Kaufmann.
— Mayeth, Hof-Rath.
— Mendelsohn, Kaufmann.
— v. Molzer, Stiftskanzler.
— v. Müller, Lieut. im Grenad. Rgmt. Kaiser Franz.
— Müller, Reg. Rath.
Die Nikolaische Buchhandlung.
Herr Nikolovius, wirkl. Geh. Ob. Reg. Rath.
— v. Norrmann, Lieut. im Gren. Rgmt. Kaiser Franz.
— v. Oertzen, Lieut.
— v. Othögraven, Lieut.
— Petzold, Stadt-Rath.
— v. Pritzelwitz, Prem. Lieut. im Rgmt. Garde-Uhlanen.
— v. Pritzelwitz, Obrist im Kriegs-Ministerio.
— v. Rapin, Prem. Lieut. im Rgmt. Garde-Husaren.
— Rehfeld, Syndicus.
— Richter, wirkl. Geh. Kriegs-Rath.
— v. Roller, Major im Kriegs-Ministerio.
— Rother, wirkl. Geh. Ob. Fin. Rath.
— v. Rummel, Gen. Maj. im Kriegs-Ministerio.
— v. Schachtmeyer, Obr. u. C. d. Gr. Rg. Kais. Alexander.
— Scheel, Lieut. im Garde-Hus. Rgmt.
— Graf v. Schlieffen I., Lieut. im Gr. Rgmt. Kais. Franz.
— Graf v. Schlieffen II., Lieut.
— Schmidt, Assessor Geh. exped. Sekr.
— v. Schöler, Gen. Maj. im Kriegs-Ministerio.
— Seifert, Assessor.
— Skalley, Geh. Ob. Fin. Rath u. Direktor.
— Sprickmann, Professor.
— Steinbeck, Geh. Ob. Fin. Rath.
— v. Steinwehr, Gen. Major.
— Baron v. Stockhorn, Großh. Bad. Gen. Lt. u. Gesandter.
— v. Suckrow, Lieut. im Grenad. Reg. Kais. Franz.
— Süvern, wirkl. Geh. Ob. R. Rath.
— Uhden, Geh. Ob. R. Rath.
— v. Vogel, Obrist im Kriegs-Ministerio.

Herr v. Wickede, Lieut. im Grenad. Rgmt. Kaif. Franz.
— Dr. Wiebel, Geh. Staats-Rath.
Se. Durchl. der Fürst v. Wittgenstein, Staats-Minist
Herr Wittig, Kapit. im Kriegs-Ministerio.
— v. Woldeck, Lieut. im Grenad. Rgmt. Kaif. Franz.
— Wolf, Banquier.
— Wolf, Kaufmann.
— Baron v. Wolzogen, Lieut. im Garb. Huf. Rgmt.

Frankfurth.

Herr Fröbing, Adjudant.
— Jakobi, Burgemeister zu Görlitz.
— Kleinberg, Postsekretär.
— Köhn v. Jaski, Major.
Königl. Postamt.
Herr v. Wißmann, Reg. Chef-Präsident.

Königsberg in Preußen.

Herr v. d. Schleuse, Capit. im 1sten Infant. Rgmt.
— v. Lepel, Kapit.
— v. Krensky, Kapit.
— v. d. Oelsnitz, Pr. Lieut.
— v. Woisky, Pr. Lieut.
— v. Gabain, Pr. Lieut.
— v. Wildemann, Lieut.
— Kappe, Lieutenant
— v. Montowt, Lieut.
— Breetz, Lieutenant

Magdeburg.

Herr G. H. Ascherson, Kaufmann.
— Joh. Heinr. Bötticher, Kaufmann.
Herren Gebr. Buhlers,
Herr Cuny Sohn u. Comp.
— Carl Costenoble,
— Joh. Coqui,
— Peter Coqui,
— P. M. Dewes,
— Franke, Ob. Bürgermeister.
— C. A. Feska, Kaufmann.
— Aug. Fischer, Particulier.
— Glaeser, Kaufmann.
— Dr. Hundeiker, Prof. u. Dir. der Handels-Schule.
— Hense, Schul-Director.
— Helle, Kaufmann.
— C. Juhn, Apotheker.
— v. Klevenow, Ob. L. G. Chef-Präsident.

Herr Marter, Kaufmann.
— L. D. Maquet, Kaufmann.
— Morgenstern, Kaufmann.
— Matthias, Consist. u. Schul-Rath.
— Mackeprang, Ob. L. G. Rath.
— Oppermann, Rathmann.
— Oppermann, Ob. L. G. Rath.
Rathhaus-Bibliothek.
Herr Rusche, Kaufmann.
— v. Roeder, Ob. L. G. Präsident.
— Rudolph, Ackermeister.
— Rademacher, Kaufmann.
— Reinhardt,
— Graf v. d. Schulenburg, Reg. Chef-Präsident.
— Dr. Solbrig, Professor am Kloster Uns. Lieben Frauen.
— Fr. Schmitz u. Comp., Kaufmann.
— Fr. W. Chartow,
— Schneider,
— Balet, Prorektor am Klost. U. Lieb. Frauen.
— Voigtel, Reg. Direktor.
— Dr. Voigtel, Reg. u. Medizinal-Rath.
— Vangerow, Kriegs-Rath.
— Dr. Weinschenk, Med. Rath.
— Warneyer u. Grunow, Kaufmann.
— J. C. Weiße u. Comp.
— Walstab, Kaufmann.
— Warnecke,
— Zuckschwerdt u. Beuchel, Kaufmann.

Neuß a. Rhein.

Herr v. Bolschwing, Landrath.
— Breuer, Pfarrer zu Grefrath.
— Matth. Cloeren, Gemeinde-Sekretär.
— Essertz, in Buscherhoff.
— Hambach, Pfarrer.
— Hamm, Gemeinde-Sekretär.
— Hütten, Stadt-Rath.
— Husgen, Gemeinde-Sekretär.
— Fr. Kamper, Kaufmann in Eppinghausen.
— Lachenwitz, Kreis-Sekretär.
— Mehl, Bürgermeister.
— Mich. Sassen, Bürgermeister in Grimlinghausen.
— Sinsteden, Ackermann in Vanikum.
— Stadly, Bürgermeister in Zons.
— Thelen, Ackersmann in Rommerskirchen.

Potsdam.

Erstes Garde Infant. Regiment.

Herr v. Brauchitsch, Obrist u. Comm. des Rgt. Garde du Corps.
— v. Stegemann, Rittm. im Rgmt. Garde du Corps.
— v. Trotha, Maj. u. Comm. im Rgmt. Garde-Landw. Cav.
— v. Stülpnagel, Rittmeist.
— v. Lupinsky, Rittmeist.
— Gr. v. Merveldt, Rittm.
— Gr. v. Westarp, Rittm.
— v. Lützow, Pr. Lieut.
— v. Derenthal, Pr. Lieut.
— v. Neumann, Maj. u. Comm. im Garde-Jäger-Bataill.
— v. Klaß, Major im Garde-Jäger-Bataillon.
— v. Stockhausen, Kapit. im Garde-Jäger-Bataillon.
— v. Schuckmann, Kapit.
— v. Böhn, Kapit.
— v. Knoblauch, Kapit.
— v. Knobelsdorf, Lieut.
— v. d. Lancken, Lieut.
— v. Reinhard, Lieut.

Stettin.

Herr Honoll, Ob. L. G. expedir. Sekr.
— v. d. Osten, Ob. L. Ger. Chef-Präsident.

Neiße in Schlesien.

Herr Bönisch, Pfarrer in Oppersdorf.
— v. Rottenburg, Landrath in Neiße

Trier.

Herr Beck, Bürgermeister zu Hermeskeil.
— v. Cohausen, Landrath zu Saarburg.
— Emmerich, Kreissekretär.
— Perger, Landrath.

Zeiz.

Herr Blumenau, Bürgermeister.

Nachtrag.

Grevenbroich a. Rhein.

Herr M. v. Ameln, Baumeister.
— Pütz, Bürgermeister.
— Chr. Ulhorn, Kaufmann.
— Zillisen, Pfarrer u. Superint.
— J. F. Lehnhoff, Apotheker.
— Dr. Durselen, Kreis-Secret.

Inhalt.

Seite

Vorbericht.
Veranlassung zur Reise, Schilderung der Seefahrt, Nachrichten über die Armee von Venezuela ... 1

Erstes Capitel.
Eintheilung der Staaten; allgemeine Bemerkungen über dieselben. ... 15

Zweites Capitel.
Reichthum, Handel, Fabrikwesen und Gewerbe in Amerika. ... 20

Drittes Capitel.
Western-Country oder die westlichen Staaten am Ohio-Fluß. ... 30

Viertes Capitel.
Charakter, Sitten und Gebräuche der Amerikaner. ... 39

Fünftes Capitel.
Staatsverfassung und Freiheit des Volks. ... 46

Sechstes Capitel.
Zustand der Wissenschaften, Künste und Erziehungs-Anstalten. ... 52

Siebentes Capitel.
Philadelphia. Religionssekten und ihr Cultus.
Erster Abschnitt. Bauart der Stadt, die Einwohner und ihre Sitten. ... 61
Zweiter Abschnitt. Religionssekten und ihr Cultus. ... 66
Dritter Abschnitt. Polizei-Verfassung.
Vierter Abschnitt. Die im Jahre 1819 ausgewanderten deutschen Bauern in Amerika. Verkauf derselben für die Fracht. ... 77
Fünfter Abschnitt. Die unglücklichsten aller Europäer in Amerika. — Die Offiziere und Männer von wissenschaftlicher Bildung. ... 79
Sechster Abschnitt. Exkursionen in verschiedene Gegenden der Vereinigten Staaten: Pensylvanien, Neu-Jersey, Delaware, Maryland und Virginien; spezielle Bemerkungen über das Land, die Menschen und insbesondere über den Ackerbau, über das Thierreich und die Vegetabilien. ... 81

Seite

Achtes Capitel.

Erkursion nach den südlichen Staaten der Union: Delavare, Maryland und Virginien. Eingezogene Nachrichten über die Carolinas, Georgien und Neu-Orleans. Feldbau, Menschen, Sklaverei, Klima, Handel und Verkehr. 119

Erster Abschnitt. Verbinden oder verserven. Zustand der Sklaverei. Rechtloser Zustand der Neger überhaupt. 123

Zweiter Abschnitt. Delavare-Staat. 134

Dritter Abschnitt. Schilderung des Staates von Maryland. 142

Vierter Abschnitt. Wanderung durch den Staat von Virginien. 161

Fünfter Abschnitt. Die Staaten: Carolinas, Georgien und Louisiana. 165

Sechster Abschnitt. Eingezogene Nachrichten über Neu-Orleans. 168

Neuntes Capitel.

Bankwesen in den Vereinigten Staaten. 174

Zehntes Capitel.

Klima, Standpunkt der Hitze, gelbes Fieber. 179

Eilftes Capitel.

Die Expedition auf dem Missoury-Strom. 185

Zwölftes Capitel.

Geschäfts-Wegweiser für junge deutsche Kaufleute in Amerika. 188

Dreizehntes Capitel.

Uebersicht der revolutionären Ereignisse in der Provinz Texas. Vorschläge für Preußen zu Kolonial-Besitzungen daselbst. 195

Vierzehntes Capitel.

Blicke auf das Kriegs-Theater in Süd-Amerika. 203

Funfzehntes Capitel.

Militärischer und politischer Zustand der Vereinigten Staaten 214

Sechzehntes Capitel.

Gutachtliche Meinung zur Beherzigung für Auswanderer. 222

Vorbericht.

Enthaltend die Veranlassung zur Reise, und die
Schilderung der Ueberfahrt über die See.

Bei dem Ausbruch des allgemeinen deutschen Freiheits-
kampfes im Jahre 1813 stellte auch ich mich in die
Reihe der Vaterlandsvertheidiger und machte im 13ten
Schlesischen Landwehr-Infanterie-Regiment als Lieutenant, den Feldzug 18$\frac{13}{14}$ im 1sten Armee-Corps mit.
In Paris erhielt ich von des Königs Majestät unbe-
stimmten Urlaub, und wendete nun, da das Schwert
in die Scheide gesteckt war, die Zeit zu wissenschaftli-
chen Beschäftigungen und Reisen an.

Zwei Monate lang lebte ich in Paris und bewun-
derte dort die Kunstwerke des Alterthums und der neueren Zeit; und dann bereiste ich Lothringen, Elsaß,
die ganze Schweiz bis an die Gränze von Tyrol, und
die Rheingegenden.

Ich war jetzt durch den Genuß so vieler Kunst-
und Natur-Schönheiten gesättiget, und kehrte nunmehr
in meine vaterländische Provinz, mit einer gewissen
Sehnsucht nach Ruhe, wieder zurück. Fürs militairische
Fach war ich nicht gebildet, sondern für das juristische;
und, so lieb ich auch den Wehrstand gewonnen hatte,
so trat ich doch aus demselben aus, weil ich im Civil-
fache eine bessere Carriere zu machen glaubte.

In so manchen Schlachten und Gefechten, hatte ich, für die Freyheit meines Vaterlandes, mitgefochten. Die beschwerlichen Märsche und das Ungemach, das die Armee mitunter in der Champagne ausstand, hatte oft die stärkste Natur erschüttert, und mehrere Monate nach dem Frieden, streckte mich das Nervenfieber im fremden Lande aufs Krankenlager, wo ich an einem kostspieligen Orte aus eigenen Mitteln Arzenei und Lebensunterhalt bezahlen mußte. Ich konnte die Ausgaben, die mir der Feldzug verursacht hatte, wohl auf tausend Thaler anschlagen; und wahrlich! Niemand wird es mir verargen, wenn ich im Civilverhältniß eine vorzügliche Berücksichtigung vor denen forderte, die mit mir von gleichem Alter und gleichen Familien=Verhältnissen waren und gar nichts fürs Vaterland thaten, auch weder in Hinsicht des moralischen Charakters und der Qualification ein Uebergewicht über mich hatten. Mein empfindliches Temperament konnte eine Zurücksetzung nicht ertragen; und dadurch verursachte ich mir eher Feindschaft, als Vortheile.

Ein gewisser — Jemand studierte ordentlich darauf, mich so recht methodice mit Gift und Galle zu tränken. Leider erfordern es die Umstände, einstweilen den ganzen Vorfall mit einem Gedankenstrich zu übergehen, und es mir vorzubehalten, zu einer andern Zeit hiervon ein Mehreres zu erwähnen. — Ich wurde diese Plackereien und Chikanen am Ende überdrüßig, packte meinen Reisekoffer, und alle Versicherungen meines Chefs, des nunmehr verstorbenen Präsidenten Grafen von D..., mich als Justiz=Commissarius bei dem Ober=Landes=Gericht zu B. anzustellen, konnten mich in dem Moment des Unmuths nicht abhalten, meine Reise nach Hamburg anzutreten.

Hier fand ich Officiere aus allen Nationen; alle

wollten für die Sache der Freiheit in Süd-Amerika fechten; doch nur die wenigsten hatten die Mittel dazu, die Reise zu unternehmen. Nur selten sind in Hamburg Schiffe, die nach West-Indien segeln, und noch seltener, oder gar nicht, sind Gelegenheiten nach Süd-Amerika zu treffen. Ich rathe daher jedem, der eine Reise nach Süd-Amerika zu unternehmen gesonnen ist, sich von London aus, dorthin einzuschiffen. Für 30 Piaster kann einer nach Nord-Amerika, und für 40 Piaster oder Dollar, nach Süd-Amerika kommen, wenn er sich die Provision selbst anschafft, die ihm der Schiffskoch für ein Trinkgeld kocht. Auch gehen dort täglich Schiffe nach allen Gegenden der Welt, und der Reisende wird nicht in die Nothwendigkeit versetzt, Monate lang, wie in deutschen Seestädten, auf Gelegenheit zu warten. Besonders billig macht er die Reise, wenn er sich die Lebensmittel und die Weine aus Hamburg, oder anderen deutschen Seestädten mitbringt; indem alle spirituöse Getränke, wegen der hohen Abgaben in England viel theurer sind, als in Preußen. Wer mit dem Capitän in der Kajüte sich in die Kost verdingt, kann unter 24 bis 30 Guineen die Reise gar nicht machen. Niemandem rathe ich indeß, sich in die Schiffskost zu verdingen. Nur einem daran gewöhnten Matrosen-Magen ist deren Verdauung möglich. Das Pökel- oder Salzfleisch, das diesen vorgesetzt wird, ist oft mehrere Jahre alt, und für den Ungewohnten fast gar nicht zu genießen.

Meinem Plane gemäß, wollte ich von Hamburg unverzüglich nach London abgehen, und mich an Lord Cochranes Expedition anschließen, und meinen Bruder, einen Schüler vom Gymnasium, entweder in einem Handelshause unterbringen, oder ihn die englische Bierbrauerei erlernen lassen. Hätte ich den einmal gefaßten

Plan ausgeführt; so wäre ich zu meinem Zweck gekommen, und hätte nicht unnöthiger Weise mein Geld vereiset; so aber ließ ich mich in Hamburg von meinem Vorsatze abhalten, und schloß mich daselbst an einige pohlnische und hessische Officiere an, die sich alle nach Philadelphia einschifften, um dort an der großen Expedition, die die politischen Blätter Joseph Bonaparte gegen Mexico ausrüsten ließen, Theil zu nehmen.

Wir segelten am 1sten Juli 1818 auf der amerikanischen Brigg Susanne von Hamburg ab, und waren 31 Passagiere, mit Einschluß von 13 Kindern von 11 Jahren bis 3 Monaten, die dreien auswandernden Wittgensteiner Bauerfamilien gehörten.

Das Wetter war uns einige Tage lang ziemlich günstig; dennoch aber wagte es der Schiffskapitän nicht, durch den Canal zu passiren, sondern steuerte die Nord-See entlang, längs der schottischen Küste, auf die schottischen Inseln zu, um von dort, um die Küste von Irland, ins atlantische Meer zu kommen. Nach einer Seefahrt von 8 Tagen, trat eine gänzliche Windstille ein, und die Nord-See glich einer Spiegelscheibe. Gegen Sonnenuntergang begannen die Ungeheuer der See sich auf der Oberfläche des Wassers zu ergötzen. Bald zeigte sich der Seehund, bald eine Heerde von Meerschweinen; dann wälzte sich auch der Wallfisch herauf, und sprudelte durch sein Nasenloch, oberhalb des Kopfes, eine Fontaine empor. Endlich bewegte sich etwas auf der Oberfläche der See; es wurde immer länger und länger, und nahm wohl, der Länge nach, eine Distanz von wenigstens 200 Schritten ein. Deutlich konnten wir es unterscheiden, daß es ein lebendiges Wesen war, das die Spiegelfluth aufwühlte; auch nannte uns der Kapitän den Namen dieses Seeungeheuers in englischer Sprache, der, wie mir deucht,

Seerappe war. Nie habe ich in Naturalien-Kabinetten ein Ungethüm von solcher Länge gesehen, und daher wage ich es nicht zu behaupten, ob es nur eins, oder mehrere der Seebewohner gewesen, die sich in einer geschlossenen Linie, dicht unter der Oberfläche, wälzten. Männer, die in der Naturkunde und Ichthiologie mehr bewandert sind, als ich, werden es wissen, wodurch die Bewegung des Wassers hervorgebracht worden ist, und ob es wirklich ein Seeungeheuer von solcher Länge giebt? Der Kapitän gab vor, daß sie oft eine englische Meile lang wären. Wahrscheinlich hat uns der alte Seemann einen Bären aufgebunden. Nach einer solchen Windstille pflegt gewöhnlich ein Sturm einzutreten, der auch wirklich schon in der Nacht erfolgte, und wohl an 3 Tage lang währte.

Fast alle unterlagen jetzt der Seekrankheit, die nach der Constitution der Nerven, und je nachdem einer auf dem Verdeck der frischen Luft mehr oder weniger genoß, ihre größere oder mindere Wirkung äußerte. Uebelkeit, Magenschwäche, Mangel an Apetit und Verdauung und Ekel vor den Speisen, hatten sich bei Allen eingestellt. Schon hier fingen die Eheweiber der Auswanderer an, ihre Männer zu verwünschen, die ein, aus dem Ohio-Staat zurückgekehrter Geistlicher, durch eine Predigt zum Auswandern verleitet hatte; manche litten schrecklich an der Seekrankheit, die nur die des Schaukelns der Wiege noch nicht ganz entwöhnten Kinder verschonte.

In der 3ten Nacht endlich ließ der Sturm nach, und beim Anbruch der Morgendämmerung erblickte der Steuermann die Küste von Norwegen. Eine Kette von Gebirgen, die in Nordwestlicher Richtung fortläuft, und die kein Baum, kein Gesträuch, sondern nur eine nackte Felsenmauer deckt, an deren Abhange hin und wieder keine Fischerhütte, oder ein armseliges Dörfchen, oder Städtchen liegt, war alles, was wir von diesem Lande sehen konnten. Drei Tage lang kreuzten wir längs der Norwegischen Küste, in einer Entfernung von 2 bis 3 engl. Meilen, steuerten wieder in die offenbare See, und erreichten die schottischen Inseln und den irischen Canal, durch den wir endlich ins atlantische Meer gelangten.

Vater Aeolus schien sich gegen uns verschworen zu haben; und statt nach Amerika, trieb er uns nach Island und Grönland zu. Wir waren unter dem 65sten Grade nördlicher, also mit Kamtschatka unter gleicher Breite. Die Kälte war empfindlich, und kaum war es ohne Mantel auf dem Verdeck auszuhalten, wo es des Nachts oft Eis und Hagel gab; es war in den Hundstagen. — Die Nächte währten keine 3 Stunden.

Was wir in der Nord-See erfahren, war nur das Vorspiel zu dem Kampfe der Elemente auf dem atlantischen Meere. Wenn Legionen von Meerschweinen, oft zu 100 beisammen, und die Wallfische, 10 bis 15 an der Zahl, unser Schiff belagerten und uns gleichsam zum Kampfe herausforderten, wenn die Sturmvögel mit ihrem gellenden Klageton die Luft durchheulten; dann stellte sich auch bald der Sturm ein. Das barsche und brüllende Commando des alten Kapitäns trieb die Matrosen auf den Mastbaum, die, an die Stricke und Segelbäume geklammert, von der Spring-Jard *) und dem Tap-Mast die Segel einzogen. Ein gefährliches und hartes Brod ist das eines Matrosen. Auf der äußersten Spitze des Mastbaums saßen sie oft im größten Sturm auf den Querhölzern der Segel. Stürzt einer in die See, so ist er in der Regel verloren, denn unmöglich ist es, das Boot bei solchem Sturm auszu-

---

*) Spring-Jard ist der Mittelsegel, und Tap-Mast die äußerste Spitze des Segelbaumes.

setzen. Das Meer geräth nach und nach in Aufruhr, und seine Oberfläche gleicht unendlichen Ketten von Gebirgen. Oft war unsere Brigg von diesen rollenden Wasserbergen so umthürmt, daß wir nicht 15 Schritte weit sehen konnten; zuweilen überschwemmten sie das ganze Verdeck; manchmal reißen sie selbst Matrosen in die See fort, wenn diese nicht irgend einen Gegenstand zu fassen kriegen. Bald schwebte unsere Brigg auf ihren Gipfeln, bald wurde sie wieder in die Tiefen hinunter geschleudert, und stieg immer wieder empor.

Furchtbar und erhaben ist der Kampf der Natur! und meine Reisegefährten, die 8 Jahre lang unter Bonaparte gedient, meinten, er sey furchtbarer, als eine Schlacht. Das Angstgeschrei unserer guten Wittgensteiner, besonders der Frauenzimmer, machte die Scene noch grausender, und am Ende waren wir doch alle recht herzlich froh, wenn das Element seine Wuth bezähmte. Die Oberfläche der See, von der irländischen Küste bis Neufundland, war mit tausenden von Seevögeln, als Tauchern, See-Enten und Meer-Schwalben, von denen manche so groß wie Gänse waren, bewohnt.

Bei der Bank von Neufundland, dem einzigen Ort im atlantischen Meere, wo Grund zu finden ist, und die, wegen des aus dem mexikanischen Meerbusen herkommenden Golfstroms, sehr vorsichtig passirt werden muß, und schon manches Schiff verschlungen hat, fanden wir ein französisches Fischerschiff, welches in Zeit von 5 oder 6 Wochen bereits 20,000 Stück Stock- oder Scottfische gefangen hatte. Wir tauschten hier einige davon, die von der Größe eines Kalbes waren, ein, und hatten nunmehr frische Lebensmittel, woran sich unsere Wittgensteiner und wir alle sehr labten.

Bemerken muß ich hier, daß die Engländer Versuche gemacht haben, die Tiefe des Atlantischen Meeres zu ergründen. Ein Schiff wurde mit nichts als Tauen ausgerüstet, an die man zentnerschwere Senkbleie hing. 500 Klaftern, aber nicht tiefer, sank das Blei, und in dieser Tiefe war der Gegendruck des Wassers so stark, daß jenes in den Fluthen schwamm.

Wir trafen hier auch ein amerikanisches Schiff, welches mit Eisen beladen und am Boden leck war. Es zog so stark Wasser, daß die Schiffsmannschaft Tag und Nacht pumpen mußte, um nur das Sinken zu verhindern. Es hatte nur noch eine Pumpe, die im Stande war; wir versahen es mit einer andern Pumpe, und segelten drei Tage in seiner Nähe, um die Mannschaft zu retten, falls es sänke. Um das Eindringen des Wassers einigermaßen zu vermindern, ließ der Kapitän des lecken Schiffs einen Segel auf beiden Seiten mit Theer bestreichen, dann wurde es an Stricke befestiget, und ein Matrose tauchte mit der einen Seite des Segels unter, ging unter dem Kiel des Schiffs durch, und brachte an der andern Seite das Seil wieder herauf; und auf diese Art wurde der Leck für einige Zeit doch wenigstens etwas gestopft, indem man von innen, wegen der starken Eisenladung, nicht zukommen konnte. Endlich trafen wir noch zwei bis drei andere Schiffe, an deren Obhut wir jetzt den Bedrängten verwiesen, und uns empfahlen.

Wir nahmen jetzt unsern Curs längs der Küste von Canada und Neu-England, südlich, und nach einer Seefahrt von 57 Tagen erblickten wir endlich die mit Wildniß bedeckten Küsten des gelobten Landes. — Unsere guten Wittgensteiner waren entzückt, und vergaßen bald die ausgestandenen Drangsale. Wir befanden uns jetzt an der Mündung des Delavare-Stroms, bekamen den Lootsen an Bord, und nun hörte das Commando unsers Kapitäns und Steuermanns auf.

Links des Stromes liegt der Staat Delaware, und rechts, der von Neu-Jersey. Die schön übertünchten Landhäuser, das lebendige Grün des Mais, die vielen Heuschober, die schattigen Gebüsche; alles dieses wirkte auf unsere Phantasie so sehr, daß wir glaubten: schon hier fließe Milch und Honig. Doch eines ganz andern bin ich einige Monate später belehrt worden, als ich das Innere des Landes besuchte, und statt dem herrlichen Eden, die dürren Sandwüsten der Mark Brandenburg und der Lausitz wiederfand. Zwei pyramidalförmig erbaute Schrotgießereien und ein Kirchthurm, sind die einzigen Küppeln, die über die Stadt Philadelphia prangen, wovon unten eine nähere Beschreibung erfolgen soll. Mitten im Fluß liegt, parallel mit der Stadt, eine Insel, die den Fluß in 2 Aerme theilt, wovon der auf der linken Seite den Hafen bildet. Die Zahl der darin liegenden Schiffe kommt der in Hamburg bei weitem nicht gleich; auch werden hier weder so bedeutende Handelsgeschäfte gemacht, als dort, noch ist der Wohlstand hier so groß und allgemein. Hamburg, (die unregelmäßige Bauart bei Seite gesetzt), ist ein Ort, desgleichen man in ganz Amerika nicht findet. Die Freiheit ist so groß, wie in der Republik, die Lebensart ist sehr wohlfeil, und die Menschen sind sehr bieder.

Kaum war das Schiff vor Anker gelegt, so bestürmte uns auch die Menge Neugieriger, aus allen Gegenden Deutschlands, mit Fragen über dies und jenes von Europa. Wir suchten uns vor allem andern Quartier. Meine Reisegefährten begaben sich zu verschiedenen Französischen Staabs-Officieren, doch Niemand wußte hier etwas von einer Expedition, die Joseph Bonaparte gegen Mexico ausrüsten wolle, und die das politische Journal mit so pomphaften Phrasen angekündigt hatte.

Die Gesellschaft zerstreuete sich jetzt; einige gingen hier, die andern dorthin. Die beiden Pohlen wollten mich mit aller Gewalt nach der Provinz Texas mitnehmen, woselbst wir, nach Vandammes Versicherung, wie die Götter leben würden. Mir war aber die Projektmacherei der Franzosen, die bald die Havannah insurgiren, bald Mexico erobern wollten, schon zum Abscheu geworden, und ich beschloß, mich ein= für allemal von ihnen loszusagen. Ich ließ die Pohlen ruhig nach ihrer Provinz Texas durch den Ohio=Staat und Neu=Orleans, eine Strecke von beinahe 3000 englischen Meilen, ziehen, und blieb in Philadelphia zurück. Anführen muß ich noch zur Warnung anderer Pohlen: daß jene, als sie sich bei dem Ex=König Joseph Bonaparte, der hier unter dem Namen eines Grafen passirt, anmelden ließen, wohl viermal abgewiesen, und erst das fünftemal auf vielfaches Bitten vorgelassen, und jeder mit 30 Dollars und einem Glückwunsch auf dem Weg, entlassen wurden. Sie hatten beide Blessuren in Spanien für Don Josephs Thron erhalten.

Mein Bruder hatte in Reading, einer Land=Stadt in Pensilvanien, ein Unterkommen gefunden, und nun traf ich Anstalten zu meiner Reise nach Süd=Amerika.

Don Lino de Clementy von Caracas, der Gesandte von Venezuela bei den vereinigten Staaten, nahm mich zwar gut auf, gab mir Empfehlungschreiben an das Gouvernement von Angustura mit, und die Versicherung: daß ich bei der Cavallerie in meinem ehemaligen Grade, als Pr, Lieutenant, angestellt werden sollte. Aber von einer Unterstützung, oder von Bezahlung der Reisekosten, war nicht die Rede.

Der Herr Gesandte, als Repräsentant der Republik, wohnte in einer entlegenen Straße und in einer so schlechten Wohnung, wie der geringste Bür=

gersmann. Aus seiner ganzen Haushaltung blickte bittere Armuth hervor, und nach der später mir bekannt gewordenen Versicherung eines Franzosen, soll er seinen Lebensunterhalt bloß aus dem Verkauf der Brillianten seiner Frau bestritten haben. Dieser Herr war General in der Marine, und der Schwager von Bolivar, und oft soll er mit seiner Familie Mangel am nothdürftigen Lebensunterhalt gelitten haben. Schon aus seiner Lage machte ich mir eben keine brilliante Vorstellung von der der Armee; indeß was blieb mir hier übrig? Ich suchte ein Schiff nach Westindien auf, und fand auch bald einen Amerikaner, der in einigen Tagen nach St. Bartholomai segeln sollte.

Eines Tages ging ich ins Postamt, um einige Briefe nach Europa abzusenden. Dort traf ich einen englischen Cavallerie-Officier, den Lieutenant Jaekel. Ich machte sogleich Bekanntschaft mit ihm, und glaubte einen Reisegefährten an ihm zu finden, hörte aber zu meiner nicht geringen Verwunderung, daß er mit noch mehreren Andern aus Süd-Amerika zurückgekommen sey. In seiner Wohnung fand ich noch mehrere, und unter ihnen auch einen Preußen, Namens Albrecht, der nach seiner Angabe zum 2ten ostpreuß. Infanterie-Regiment von den Garde-Detachements-Jägern als Lieutenant versetzt worden sey und dann seine Entlassung genommen habe. Schon im Jahre 1817 hatten sie (an 30 Officiere) sich nach der Terra firma eingeschifft, und alle waren wieder zurückgekehrt, bis auf 7, die das Reisegeld nicht hatten. Albrecht machte mir folgende Schilderung von der Patrioten-Armee, die ich wörtlich hier anführe.

„Die Officiere gehen barfuß; die Gemeinen haben eine wollene Decke, durch die in der Mitte ein Loch geschnitten ist, wodurch sie den Kopf stecken und damit die Blöße ihres Körpers bedecken; im übrigen sind sie völlig nackend. An einen Gehalt sey gar nicht zu denken, und eben so traurig sehe es mit den Lebensmitteln aus. Rindfleisch sey das einzige Nahrungsmittel, das geliefert werde, und dieses sey oft stinkend, und müsse ohne Salz und Brod genossen werden; indem beides in jenem Lande nicht zu haben sey, und die dasigen Einwohner daran gewöhnt wären, das Fleisch ohne Salz zu genießen. Unter den Truppen selbst sey keine Disciplin, häufig fehle es auch an Munition, und oft müßten mit Blut errungene Positionen wegen dieses Mangels wieder verlassen werden. Auch fehle es gar nicht an Officieren, sondern an Gemeinen, und häufig träfe es sich, daß fremde Officiere, wenn sie ihr Geld verreißt hätten, zur Muskete greifen müßten. Die Hitze sey für den Europäer fast unerträglich, und mehrere von ihren Reisegefährten, worunter auch der Graf Donop aus dem Hessischen, wären am gelben Fieber umgekommen. An Lazareth-Anstalten mangelte es gänzlich, und Kranke und Blessirte müßten auf die elendeste Art verkümmern; mehrere englische Officiere wären geradezu vor Hunger gestorben."

"Wenn sie ihres Lebens satt und überdrüßig sind," sagte Albrecht, "so gehen sie hin; sie können darauf rechnen, durch das Klima und das Elend, das Ziel ihrer Wünsche zu erreichen. Stehen ihnen aber noch andere Mittel und Wege zu ihrem Fortkommen offen, so lassen sie sich als Camerad und Landsmann rathen."

Ein ehrlicher Schweizer, der in Mexico, West-Indien und Süd-Amerika als Kaufmann war, machte mir ebenfalls eine solche Schilderung von diesem Lande, von dem brennenden und ungesunden Klima für den Europäer, die nur abschreckend war.

Meine schönen und glänzenden Ideen von Süd-Amerika waren mit einemmale über den Haufen geworfen. Anfänglich wollte ich diesen Gerüchten gar nicht Glauben beimessen, und die Verbreiter für Memmen halten. Doch der Gedanke: daß sie in Armeen gedient, die den Ruf der Tapferkeit für sich haben, daß nicht einer oder zwei, sondern oft 30 zurückkehrten, und Männer darunter seyen, die das Soldatenleben in Spanien und Portugall wohl kennen gelernt haben, brachte mich am Ende doch zu der Ueberzeugung, daß es dort nicht anders, als kläglich aussehen müßte. Ich blieb einstweilen in Philadelphia zurück.

Der vorerwähnte Schweizer, Namens Pedolin, sagte mir noch folgendes:

"West-Indien und die spanischen Mayne (die Küstenländer der Terra firma) sind keine Länder, wo der Europäer die Beschwernisse des Krieges ertragen, oder schwere Arbeiten verrichten kann. Die Hitze ist zu groß, die Nächte sind dagegen wieder kühl, und der Fremde, der sich der Nachtluft aussetzt, wird bald einen Anfall des gelben Fiebers bekommen."

Die Vegetation dagegen ist über alle Beschreibung fruchtbar, und man erstaunt über die große Ausfuhr von Colonial-Produkten von der Insel Cuba, an Zucker, Kaffe, Syrup, Rum, Indigo ꝛc., die in die vereinigten Staaten und alle Seestädte Europa's gemacht wird.

Die Sklaverei der Neger ist auf allen den Europäern gehörigen westindischen Inseln, und selbst bei den Engländern, noch beibehalten, weil nur diese Menschenklasse dort Feld- und andere schwere Arbeiten zu verrichten im Stande ist. Die Engländer führen zwar keine Sklaven von der afrikanischen Küste mehr ein, aber desto mehr thun es die Spanier und Amerikaner.

Die hier eingezogenen Nachrichten hatten mir ganz

andere Ansichten über die tropischen Länder beigebracht. Lange war ich unschlüssig, was ich thun sollte. Nach Europa wieder zurückzukehren, wäre zwar das klügste gewesen; dieß hielt ich indeß nicht für rathsam, und vor allem andern bemühte ich mich, mich mit der englischen Sprache noch mehr bekannt zu machen. Alle Nachrichten aus den öffentlichen Blättern, und auch die Aussagen reisender Kaufleute überzeugten mich nur zu deutlich, daß Lieutenant Albrecht und die englischen Officiere mir in vielen Stücken die Wahrheit gesagt hatten, und daß in spanisch Guyana, ein schlechtes Glück zu machen sey; und darum beschloß ich, die Zeit zu einer Reise ins Innere des Landes zu verwenden.

Wohl an 1500 Meilen weit habe ich die vereinigten Staaten bereiset, die fruchtbarsten und volkreichsten Provinzen besucht, und bin mit Menschen aus allen Ständen zusammen gekommen; daher darf ich es wohl wagen, ein Urtheil über dieses Land und seine Bewohner zu fällen. Das Resultat meiner Beobachtungen und Erfahrungen habe ich, der Ordnung wegen, in verschiedene Capitel abgetheilt, und gehe nunmehr zu dem ersten über.

Erstes Capitel.

Allgemeine Bemerkungen über die nordamerikanischen Staaten.

Das Gebiet der vereinigten Staaten wird unter folgende Rubriken eingetheilt.

In die nördlichen Staaten, dazu gehören Neu-England, als: Boston, Massachusetts, Vermont, und Rohde-Eiland.

Die östlichen sind: Neu-York, Pensilvanien, Neu-Jersey und Delaware.

Die südlichen: Maryland, Virginien, die Carolinas, Georgien und Floridas.

Die westlichen: Kentucky, Ohio, Tenessee, Indiana, Illinois, Louisiana und das Gebiet am Missoury-Strom.

Nur in folgenden süd- und südwestlichen Staaten, als: den Carolinas, Georgien, Florida, Louisiana und Tenessee werden tropische Gewächse, als: Baumwolle, Reiß, Indigo und sehr wenig Zucker erzeugt; in allen übrigen wird Getraide und Tabak angebaut. Weizen ist das Hauptprodukt des Landes, und nach diesem wird sehr viel Mais, auch Buchweizen und Hafer erzeugt. Die beiden ersten Sorten sind bei den Ackerbauern das, was die Hülsenfrüchte in Europa.

Gurken und rothe Rüben, die hier ganz vortrefflich gedeihen, Kartoffeln und sehr wenig Kraut, sind die einzigen Gemüse, die im Innern des Landes angebaut werden. Letzteres wird auch nur von den Deutschen gepflanzt. Gemüse ist in den Seestädten beinah in gleichem Preise mit dem Fleische.

Der Boden ist im Innern des Landes fast durch die ganzen vereinigten Staaten mehr oder minder bergigt, mitunter auch sehr steinigt, und der Ackerbau keinesweges leicht. In den Gebirgsländern ist das Klima ziemlich gesund. Am Gestade des atlantischen Meeres aber ist der Boden größtentheils flach, sandig mitunter auch morastig; und dieß mag auch wohl die Ursache seyn, daß diese Gegenden so ungesund sind. Längs der Küste, vom Delavar-Fluß an, bis ins Innere von Virginien, sahen oft die Menschen wie lebendige Leichen aus. In den nördlichen und östlichen Staaten waren die Plantagen der Bauern gewöhnlich 200 Acker oder Morgen stark. Jeder hat seine Besitzung isolirt, und alle seine Felder mit Planken eingezäunt, die bloß aus Riegelhölzern bestehen, die im Zickzack übereinander gelegt sind, und sehr viel Holz verwüsten, welches in den Seestädten schon 5 bis 6 Piaster per Klafter gilt. Die Viehzucht ist im Staate Neu-York, in den Seegegenden, wo es gute Triften giebt, sehr gut, und alles Schlachtvieh wird von dorther in die Seestädte gebracht. Das Fleisch sieht sehr schön und fett aus, ist aber nicht so schmackhaft als in Europa; und eben so sind die Gemüse und Gartenfrüchte. Die plötzliche und starke Hitze, die ein viel schnelleres Reifen befördert, mag hiervon wohl die Ursache seyn. Im Innern giebt es sonst wenig Wiesen, und alles Viehfutter muß durch Kleebau erzielt werden, der unter den Anglo-Amerikanern sehr vernachlässigt wird. Die Schafzucht bringt hier fast gar keinen Nutzen, und größtentheils sahe ich die Schafe ungeschoren den Schlächtern verkaufen. Wollenmärkte giebt es nirgends im Lande; und eben so sind die Wollen-Manufakturen fast alle eingegangen. Die Bauern lassen sich von der Wolle eine Art Halbtuch oder Teppiche wirken.

Dör-

Dörfer giebt es hier nirgends, und die Villages oder Flecken enthalten gewöhnlich einige Wirthshäuser und Kramläden.

Die Fruchtbarkeit des Bodens ist sehr verschieden. In den Küstenländern und insbesondere im Staate von Neu-Jersey habe ich Gegenden gefunden, wo der Boden nicht mehr als 3 oder 4 Korn, und manchmal den Saamen nicht wiedergab. In den fruchtbarsten Gegenden bei Lankaster soll der beste Boden 35 bis 40fältig die Aussaat an Weizen wiedergeben; 15, 20 und 25 Korn ist im Staate von Pensilvanien gewöhnlicher; und 10fältig geringer Ertrag, wenn den Aussagen der Amerikaner, bei denen das Aufschneiden ein Nationalfehler zu seyn scheint, sonst Glauben beizumessen ist. Ich für meinen Theil, habe weder die Aehren größer, noch die Weizenfelder fetter gefunden, als in den guten Gegenden Schlesiens, wo der höchste Ertrag an Weizen auf 18fältig ist.

Im Staate von Pensilvanien leben an 5 bis 600,000 Einwohner deutscher Abkunft, die fast alle noch die deutsche Sprache sprechen, außer in den Städten, wo schon die erste Generation die Sprache ihrer Eltern und noch mehr, ihre einfachen Sitten und Biederkeit, vergessen hat.

Die Deutschen sind entschieden die fleißigsten Landwirthe, und darum ist Pensilvanien auch der wohlhabendste und an weißer Bevölkerung der volkreichste Staat. Er enthält gegen eine Million Seelen, und ist über 250 englische Meilen breit und 325 lang.

Ist man aus den deutschen Kolonien heraus, so sieht man den Ackerbau und die Landwirthschaft so schlecht, daß man Pohlen oft für ein Paradies gegen Amerika hält.

Die von den Amerikanern verschriene Fruchtbarkeit in den westlichen Staaten, Ohio, Indiana und Illinois, grenzt ans Fabelhafte. Neues Land kann das erste und zweite Jahr, wegen zu großer Ueppigkeit des Bodens, nicht mit Weizen, sondern nur mit Buchweizen oder Wälschkorn bebauet werden. Der Ertrag am Weizen soll 60 bis 80fältig seyn. Dagegen ist das Geld wieder so rar, daß oft ½ oder ¼ Piaster, im Wirthshause oder Kramladen, nicht gewechselt werden kann, sondern der Wirth oder Krämer schneidet mit einem dazu verfertigten Schneidemesser, nach einem bestimmten Maße, soviel ab, als ihm von den erwähnten Stücken zukömmt. Ich selbst habe sehr viel dergleichen durchschnittene Münzsorten gesehen, die in den westlichen Staaten überall cursiren.

Die Kleidertracht ist in Amerika bei dem Landvolk nicht so unterschieden von der des Städters, wie in Deutschland; und in den wohlhabenden Gegenden diesseits der blauen Gebirge, sah ich unter den deutschen Bauern, die Kuhmagd sehr häufig im Negligée à la Fanchon und mit dem Federhut auf dem Kopf, aus dem Kuhstall kommen. Nach eben diesem Verhältniß war der Luxus der Knechte, und mancher wollte schon eine silberne Uhr nicht mehr einstecken, sondern verlangte eine goldene.

Der Lohn der Knechte geht von 75 bis 150 Piaster; der Lohn der Mägde und starken Buben ist 50 Piaster jährlich. Ein Piaster ist ohngefähr 1 Rthl. 10 Gr. preuß. Courant. Der Tagelöhner erhält in der Erndtezeit 1, und nach dieser ½ Piaster und Kost. (Piaster, Dollar, und spanische Thaler sind im Werthe sich gleich.)

Der Boden im Staate von Pensilvanien von der besten Qualität galt 100 Piaster per Acker, und bei den Städten, besonders bei Lankaster, oft 2 bis 300

Piaster, in Parzellen. Die Frucht ist aber seit meiner Ankunft bis zur Abreise um die Hälfte gefallen, und folglich ist es mit dem Boden der nämliche Fall.

In den blauen Gebirgen und in der Gegend von Lankaster und Reading wird einiger Bergbau in Eisen und Steinkohlen getrieben. In den westlichen Staaten verkauft das Gouvernement das noch nicht vergebene Land für zwei Piaster den Acker, jedoch nicht in geringerer Quantität, als 80 Acker. Das Kaufgeld muß in fünfjähriger Frist abgeführt seyn, und hat der Debent bis zu dieser Zeit nicht bezahlt, so verliert er das Land und das darauf gezahlte Kaufgeld.

Das Gouvernement leistet den eingewanderten Kolonisten nicht die geringste Unterstützung, und das Loos eines neuen Ansiedlers in den Wildnissen der westlichen Staaten, ist wahrlich nicht zu beneiden. Erst ihre Kinder genießen die Früchte ihres Fleißes. Der Gutsbesitzer, oder gebildete europäische Landwirth würde sich in denen Staaten Amerika's, wo keine Sklaverei ist, schwerlich gefallen. Der Landbesitzer muß hier mit seinen Kindern selbst arbeiten, wenn er einen Ertrag seiner Plantage für sich behalten will, weil Menschenhände hier zu theuer sind.

Viele Deutsche aus dem Würtembergischen, dem Badischen und der Schweiz, habe ich in der größten Armuth und im Elend gefunden; die meisten von ihnen hatten Bauergüter in ihrem Vaterlande. Sie verkauften sie, und in der Hoffnung, in Amerika reich zu werden, hatten sie ihr Geld verreiset, oder waren von den holländischen oder amerikanischen Kapitäns um die Fracht betrogen, und einige in Norwegen, andere wieder auf portugiesischen Inseln ausgesetzt worden.

Das Elend, welches die Unglücklichen Auswanderer im Jahre 1817 auf mehreren Schiffen ausgestanden, ist schauderhaft. Manche Schiffe hatten bis 1100 Passagiere; es brachen epidemische Krankheiten aus, und kaum der dritte Theil hat die Küsten des gelobten Landes betreten.

Wer nicht wenigstens noch 5 bis 600 Piaster bei seiner Ankunft hat, kann gar nicht daran denken sich gleich als Kolonist niederzulassen.

Kleidungsstücke und Getränke, wenn letztere sich nicht blos auf Kornbranntwein beschränken, sind ungeheuer kostspielig. Stiefeln kosten in den Seestädten bis 14 Piaster. Arbeitslohn für einen Rock muß selbst der ärmste Neger mit 10 Piaster bezahlen. Das Quart Bier kostet ohngefähr 4 Gr. und das kleinste Glas Rum 2 Gr.

Der Lohn der Handarbeiter ist in allen Ländern der Welt nur den lokalen Bedürfnissen angemessen; und so ist es auch in Amerika; inzwischen bin ich doch der Meinung, daß es für arme Tagelöhner und auch Dienstbothen hier besser ist, als in Deutschland.

Zweites Capitel.

Reichthum, Handel, Fabrikwesen und Gewerbe in Amerika.

Als die Furie des Krieges in den letzten 25 Jahren fast in ganz Europa wüthete, und dem Ackerbau die nothwendigen Hände entzog, das Blokadesystem alle Verbindung mit dem Ozean abschnitt, und den Engländern den Handelsverkehr mit dem Continent sperrte, blühte Amerikas glücklichste Periode. Dieser Staat allein genoß einen mehr als 30jährigen Frieden, und nur seine Schiffe durften in europäische Häfen einlaufen. Das Geld strömte, so zu sagen, in seine Seestädte, und sein blühender Handel bereicherte schnell den Kaufmann.

Stephan Girard, ein Franzose, ist jetzt ohngefähr in den 60ger Jahren; er kam vor etwas mehr als 30 Jahren als Krämer nach Philadelphia, und soll, als er seine Geschäfte anfing, keine 300 Piaster eigenes Vermögen gehabt haben; jetzt ist er der reichste Mann in den Vereinigten Staaten, und besitzt ein Vermögen von zehn Millionen Piaster.

Abraham Kolemann, ein Irländer, arbeitete in einer Eisenhütte als Tagelöhner, empfahl sich seinem Prinzipal durch seine gute Handschrift, die jener aus einer von Kolemann für seine Mitarbeiter geschriebenen Quittung kennen lernte, und wurde nunmehr zum Schreiber befördert. Er ist nach Stephan Girard der reichste Mann in Pensilvanien, und auch sein Vermögen, das mehr in Eisenwerken besteht, soll sich weit über 5 Millionen Piaster belaufen. Außer Girard sind noch 7 bis 8 Individuen in Philadelphia, die zu den Millionairs gehören. Menschen aus der niedrigsten Klasse wurden Kapitalisten. Ein alter Schlächter aus dem Wittgensteinischen erzählte mir, daß er vor 30 Jahren in Philadelphia die Straßen gefegt, und gegenwärtig 30,000 Piaster baares Vermögen habe.

Ein alter Elsasser, der mit Noth seinen Namen schreiben konnte, verdiente in einem Jahre an gesalzenen Fischen 10,000 Piaster.

Kaum war aber der Friede in Europa eingetreten, so fing es auch an, mit Amerika's Reichthum bergab zu gehen, und jetzt ist der Geldmangel so groß, wie vielleicht in keinem Staate Europas.

In den Seestädten ist die Zahl der Armen ungleich größer, als vielleicht in irgend einer deutschen Stadt.

In Neu-York sind bei einer Bevölkerung von 90,000 Seelen, 15,000 Menschen die vom Armenfond oder Privat-Mitleiden leben. In Philadelphia sind deren 20,000. In Baltimore 12,000. Der Bauer ist zwar reich an Landeigenthum, aber nicht an Geld, und ich selbst habe in Maryland Pflanzer gefunden, die Palais zu Häusern, 15 bis 20 Sklaven, 300 Acker Land, und nicht einen Piaster baares Geld im Hause hatten. In derselben Lage befanden sich fast alle Landeigenthümer, in einer Entfernung von 150 bis 200 Meilen von den Seestädten. Die Ursache davon ist hauptsächlich die: daß alle Fabrikatur vernachlässigt worden ist, und die Zunahme der städtischen Bevölkerung im Innern mit der, der ackerbauenden Klasse, nicht gleichen Schritt gehalten hat; es mangelt daher an Consumenten.

Der Transport der Produkte bis in die Seestädte ist kostspielig, das Geld für fremde Erzeugnisse geht für immer außer Landes, und darum ist Geldnoth und Armuth. Oft hörte ich die Handwerker, und sogar Weber klagen, daß sie in den fruchtbaren Thälern der Allegheny-Gebirge, selbst von den größten Bauern, ihren Arbeitslohn nicht erhalten könnten. Im Ohio-Staat werden Tagelöhner und Dienstbothen mit Frucht bezahlt.

Häuser, die in Philadelphia ehedem mit 22,000 Dollars bezahlt wurden, sind jetzt für 4000 verkauft worden. Plantagen, die vor zwei Jahren in Kentucky 10,000 Piaster gebracht hätten, wurden jetzt für 1200 verkauft. Dies ist doch offenbar ein Beweis von einer großen Verarmung. —

Die Staatsschulden belaufen sich ohngefähr auf

120 Millionen Piaster; das Gouvernement hat aber weder im Auslande, noch im Inlande Credit, und so sehr auch Preußen verarmt ist, und obgleich die Verwaltungs-Behörde des Staats und die Unterhaltung der Armee 5mal mehr kosten, als die der Vereinigten Staaten, und das Land für die Franzosen eine Zeche von 900 Millionen Thaler bezahlt hat, so ist es doch unbestreitbar: daß jenes dennoch viel wohlhabender ist, als diese. Wo man nur das Auge hinwendet, so veroffenbart sich financielle Armseligkeit in den letztern; nur unter den Handelsleuten trifft man Wohlstand an. Ein feiner Luxus, als z. B. Kunstsammlungen, schöne Palais ꝛc. findet man in Amerika nirgends und selbst Equipagen sind in Philadelphia ziemlich selten. Wenig reellen Genuß hat hier der Nabob von seinem Mammon, und zu den höchsten Freuden gehört gut Essen und Trinken.

Die glänzenden und mit romanhaften und poetischen Floskeln ausgeschmückten Schilderungen der tropischen Länder, die wir in den meisten Reisebeschreibungen finden, haben fast in ganz Europa solche überspannte Ansichten über die transatlantische Hemisphäre hervorgebracht, daß die alte Welt nur strotzenden Reichthum und Glanz von der neuen erwartet. Wenn man aber den Zustand der letzteren mit dem trockenen prosaischen Auge betrachtet; so verschwindet dieser Glanz, wie der Nebel beym Sonnenschein.

Nicht zu bestreiten ist es, daß die Vegetation ungleich üppiger ist als in Europa, und die Bergwerke viel edle Metalle enthalten. Dessenungeachtet aber dürften, selbst das goldreiche Peru, das mit Silber geschwängerte Mexico, das fruchtbare und mit einer glücklichen und weisen Verfassung begabte Nord-Amerika, vielleicht ungleich armseliger seyn, als das kalte und unfreundliche Land der Pohlen und die dürre und sandige Mark Brandenburg und die Lausitz.

Die sehr einleuchtende Ursache liegt theils an der ungleich minderen Thätigkeit der Einwohner, an der Unvollkommenheit ihrer Ackerwirthschaft, und dem gänzlichen Mangel an Kunstfleiß und Fabrikations-Industrie. Ueber den financiellen Zustand von Süd-Amerika habe ich nur durch glaubwürdige Handelsberichte und andere Augenzeugen einige Nachricht eingezogen, die ich in den späteren Capiteln zur Kenntniß des Lesers bringen will. Hier in diesem will ich meine Ansicht nur auf den gegenwärtigen, durch eigene Erfahrung mir bekannt gewordenen Zustand der Vereinigten Staaten von Nord-Amerika beschränken, und nunmehr ihr commercielles Verhältniß näher beleuchten.

Die Ausfuhr aus den Vereinigten Staaten, und zwar aus derey nördlichen und westlichen Gegenden, ist: Bauholz, Gerberloh, etwas Theer und Potasche, gesalzene Butter und Käse, Porter und Oel aus Philadelphia, die denen in London beinah gleich kommen, und besonders Weizenmehl. Alle diese Produkte, so weit sie Consumtibilien sind, beschränken sich jetzt, da der Friede Europa beglückt, und die Erndten seit einigen Jahren so ungemein gesegnet ausgefallen sind, lediglich auf den Archipelagus der Antillen, die Küsten des spanischen Süd-Amerika (spanische Maine); ferner auf die von Gujana und Brasilien. In die ersteren wird auch Bauholz verführt.

Die Ausfuhr aus den südlichen Staaten besteht, außer Maryland und Virginien, woselbst noch Getraidebau statt findet, meistens in tropischen Gewächsen, als: Taback, Baumwolle, Reiß, etwas Indigo, Zucker und Rum aus Louisiana. Die Baumwolle aus Louisiana ist die beste, und hat auch stets den höchsten Preis. Alle diese Produkte gehen nach Europa.

Nach der letzten statistischen Berechnung belief sich der Gesammtbetrag aller Ausfuhr aus den Vereinigten Staaten auf 75 Millionen Dollars.

Hiervon haben die Engländer für Fabrikate in einem einzigen Jahre erhalten 40,425,553, und Frankreich für Wein, Branntwein, Seidenwaaren, Flitterstaat und Gyps 10,666,784 Dollars. Rechnet man hiezu die Einfuhr-Objecte aus Chyna, als: Thee, der hier in großer Menge consumirt wird, Porzellan und Kanton-Kräp, welche alle mit baarem Gelde bezahlt werden müssen, die Seidenfabrikate aus Itallen, den Gin (Wachholder-Branntwein) aus Holland, den Nektar der Amerikaner; Tuch, Leinwand und Glaswaaren aus Deutschland, Hanf und Seegeltuch aus Rußland; so wird man es sehr natürlich finden, daß die Amerikaner von dem obigen Exportations-Betrage nicht nur kein Plus übrig behalten, sondern, wie sie selbst eingestehen, seit drei Jahren für 120 Millionen Dollars mehr ein-, als ausgeführt haben, wodurch fast alles baare Geld verschwunden und statt dem, schlechtes Papiergeld eingetreten ist; worüber weiter unten ein Mehreres gesagt werden wird.

Ganz Amerika ist mit englischen Waaren überschwemmt; alle ihre Fabriken, die in den nördlichen Staaten schon emporzuwachsen begannen, stehen still, und die Unternehmer sind alle an den Bettelstab gerathen.

Mannichfaltige Discussionen hat man im Congreß zu Washington über die Hemmung der Einfuhr fremder Fabrikate, und das Wiederaufleben der Landes-Industrie schon geführt; allein immer ist man noch zu keinem bestimmten Resultate gekommen. Der weise Jefferson, der Nestor transatlanticus, war dafür, daß Amerika sich nur auf den Ackerbau beschränken müsse, weil die Volkszahl noch zu gering, der Arbeitslohn zu hoch ist, und amerikanische Fabrikate mit denen aus der alten Welt keine Concurrenz aushalten würden. Er war dafür, daß, mit einem Worte, alles zum Pfluge und zur Axt greifen solle, was nicht dem Handelsgotte Mercur huldiget.

Er hat aber nicht bedacht, daß es besonders in den Städten eine Menge Menschen giebt, denen es an natürlicher Kraft zum Ackerbau fehlt; und da nun in den letzteren keine Fabriken solchen Menschen Beschäftigung geben; so ist die unvermeidliche Folge davon, daß sie im Elend verschmachten müssen.

Ein vorzüglicher Grund, aus dem die Einfuhr fremder Waaren nicht verboten wird, ist der, weil sie sechs Millionen an Impost-Gefällen einträgt, wovon ein großer Theil der Staatsausgaben bestritten wird. Durch das Verbot der Einführung fremder Waaren müßten auch zugleich höhere Auflagen verordnet werden, welche ungemein viel Schwierigkeiten finden dürften. Der Congreß befindet sich bei der Berathung über die Abhelfung dieses Uebels, in nicht geringer Verlegenheit; und dennoch sieht er sich gezwungen, ein anderes System zu ergreifen, wenn das Land vom gänzlichen Ruin gerettet werden soll. Welchen Echeque der Handel in den letzten Jahren erlitten hat, ist aus der Menge von Banquerotten ersichtlich, die sich seit zwei Jahren in den Vereinigten Staaten ereignet haben. Fast keine Woche verging, wo nicht der eine oder der andere in Philadelphia banquerott machte. In Baltimore fielen im Winter 1819 in 14 Tagen 55 Handelshäuser. In Neu-York sind in einem einzigen Jahre 6000 Banquerotte entstanden. Wenn auch die

punische Treulosigkeit des Handelspersonals und die
Nachsicht der Justiz diese Banquerotte sehr vermehren;
so sind sie doch immer ein Beweis von Verarmung,
und diese traurigen Folgen zeigen es zu deutlich: daß
Amerika keinen gegründeten, sondern nur einen vorüber=
gehenden Wohlstand gehabt hat, der hauptsächlich von
der, an tragischen Ereignissen so reichen Katastrophe der
alten Welt, abgehangen hat.

Was die Banquerotte selbst betrifft, so werden sie
nur zu oft mit vollen Taschen gemacht. Kann oder
will der Schuldner nicht bezahlen; so geht er ins Ge=
fängniß, läßt sich vor dem Gericht als banquerott an=
melden, legt vor einer versammelten Jury die Finger
auf das Evangelienbuch, und schwört, daß er nicht 5
Pfund oder 14 Dollars werth ist; und hiemit hat das
ganze Concurs=Verfahren ein Ende. Weder eine Re=
vision der Bücher, noch ein Liquidations= und Distri=
butions=Verfahren, ist hiebei nothwendig. Der Cherif
verkauft dasjenige, was dem Schuldner gehört und be=
friediget die Gläubiger, welche sich gemeldet haben;
und wer nicht da ist, dem wird der Kopf nicht gewa=
schen! heißt es hier. Nach vier oder höchstens sechs
Wochen erhält der Schuldner seine Freiheit wieder; er
soll zwar nach dem Gesetz unter seinem Namen keine Ge=
schäfte mehr betreiben, und erst nach sieben Jahren darf
ihn der Gläubiger wieder in Anspruch nehmen. Kann
oder will er abermals nicht bezahlen, so wiederholt er
das erste Manöver, wuchert neuerdings mit fremdem
Gelde, und erst wenn er ein Vermögen erworben hat,
befriediget er seine Gläubiger, wenn er ehrlich ist; im
Gegentheil findet er auch Mittel und Wege, diesem aus=
zuweichen. Es giebt Männer in den Seestädten, die,
nachdem sie 3= bis 4mal Banquerott gemacht haben,
endlich doch zu Vermögen gekommen sind.

In Philadelphia waren zu meiner Zeit an 500 Handlungs-Commis und Comtoiristen geschäftlos und nicht zu rathen ist es dem deutschen Handlungsdiener, sich dort Condition zu suchen. Diejenigen, welche in dieser Hoffnung hingekommen sind, mußten entweder ein Handwerk erlernen, oder im Innern des Landes Schulmeister werden, oder bei den Bauern fürs Tagelohn arbeiten, oder wenn sie noch einiges Geld und Credit hatten, den Hausierhandel im Innern des Landes treiben, um sich dadurch ihren kümmerlichen Lebensunterhalt zu erwerben.

Der Hausierhandel im Großen, befindet sich größtentheils in den Händen der listigen und schlauen Jänkys. Diese kaufen in den Seestädten auf den Auktionen Waaren ein, und setzen sie im Innern wieder an die Stoor Keepers (Krämer) ab. Diese Art ambulirender Handelsleute ist in Deutschland noch nicht so allgemein, und ich zweifle keineswegs, daß, wenn junge Handelsleute dieses System der Jänkys einschlügen, sie damit nicht unvortheilhafte Geschäfte machen dürften. Der Name Jänky wird allen Bewohnern der nördlichen Staaten, als: von Vermont, Rhode-Eiland, Connecticut, Massachusetts und Boston beigelegt. Inzwischen hören die Anglo-Americaner den Namen Jänky sehr gern, und in diesem Sinne ist er in Amerika das, was John Bull in England, nämlich das ganze amerikanische Volk.

Die Jänkys gehören zu den ältesten Ansiedlern in Nord-Amerika, sie besitzen ungleich mehr Mutterwitz, haben viel bessere Erziehungs-Anstalten und liefern mehr litterarische Produkte, als die Völker der übrigen Staaten in der Union.

Die nördlichen Staaten besitzen schon einige recht geschickte Kupferstecher, und da sie am besten bevölkert sind, so ist auch das Fabrikenwesen bei ihnen am weitesten gediehen.

Der hohe Arbeitslohn, den Handwerker und Fabrikenarbeiter in Amerika ehedem erhielten, hat in den letzten Jahren eine Menge Menschen dahin gelockt. Wie sehr finden sich diejenigen, welche jetzt dahin kommen, getäuscht.

Während Amerika mit England im Kriege und der europäische Continent von der See gänzlich ausgeschlossen war, gab es dort eine gute Periode für den Handwerker. Ganz anders ist es jetzt.

Alles, was man ansieht, vom Prachtschmuck bis zur Stecknadel, wird aus Frankreich und England eingeführt; selbst Schneider und Schuhmacher, die sich sonst von allen Handwerkern am besten standen, können jetzt kaum ihren Lebensunterhalt mehr verdienen, und in Philadelphia allein, waren an 2000 Schneidergesellen arbeitslos. Jedes städtische Gewerbe ist so sehr übersetzt, daß in Vielen gar kein Unterkommen mehr zu finden ist, und nur tief im Innern dürften Handwerker für die unentbehrlichsten Bedürfnisse, auf Fortkommen rechnen. Die häufigen Auswanderungen aus England, Irland und Deutschland, und vor allem andern die unbeschränkte Gewerbefreiheit, haben in jedem Geschäft die größte Concurrenz herbeigeführt. In Neu-York zählt man bereits 4000 Bier- und Branntwein-Schenker. Die Licens (Gewerbscheine) haben, ohne diejenigen, welche dieses Geschäft ohne Licens in den Kellern betreiben. Der Betrag der Schenkhäuser übersteigt also den in London, welches eine eilfmal größere Bevölkerung hat, und dient zum Beweise, daß Nüchternheit eben nicht die größte Tugend des amerikanischen Volkes ist.

Drittes Capitel.

Western Country oder die westlichen Staaten am Ohio-Fluß.

Hat der europäische Glücksritter die Gefahren der Seereise glücklich bestanden, einen Theil seines Vermögens in den deutschen oder niederländischen Seestädten verzehrt, und den andern für die Ueberfahrtsfracht hingegeben; hat er endlich nach einer zwei- bis dreimonatlichen Fahrt die Küsten des gelobten Landes betreten, so kehrt er entweder im Wirthshaus zum großen Friedrich König von Preußen, oder in der deutschen Harmonie bei Gundeloch ein, und verzehrt dort, unbekümmert für die Zukunft, den letzten Rest. Frägt er endlich irgend Jemanden: Freund! wirds hier nicht bald Milch und Honig regnen? Werden die gebratenen Tauben nicht bald ins Maul fliegen? Wie kömmt's, daß die Straßen nicht mit Silber gepflastert sind?

Mein bester Freund! erwiedert ihm der gewinnsüchtige Jänky, hier bist du ganz unrecht; in der Western Country, am Ohio-, Illinois- und Wabasch-Fluß, da findest du alles dieses, dort ist Columbiens Paradies. Verliehre ja keine Zeit, schnüre dein Bündel und eile, dort wartet deiner Glück und Reichthum.

Kobbet, der Freund des armen Volks in England, sagt vom Illinois-Staat folgendes:

„der ausgewanderte und an Lebensbequemlichkeiten gewöhnte Engländer, nachdem er den dritten Theil seines Vermögens verreiset, hat sich in den Wildnissen des Illinois-Staates nichts als Leiden erhohlt. Hier hauset er unter Bären, Wölfen und Panthern, sein Wohnhaus ist schlechter als sein Kuhstall in Europa war, sein Tisch ist ein alter Baumstumpen, seine

Kost ranziger Speck, sein Labetrunk Whiski und schlammiges Wasser; bis in die nächste Mühle hat er 50, bis in die Apotheke 200 Meilen (es sind englische Meilen, viere auf eine deutsche gerechnet, darunter zu verstehen,) einen Arzt findet er nirgends, eine Schule und Gotteshaus eben so wenig. Solch ein Land ist nicht für den Engländer."

Ich sage: und eben so wenig für den an Geselligkeit gewöhnten Deutschen; schon mancher ist am Heimweh gestorben.

Wenn die Deutschen der vaterländische Boden nicht mehr ernährt, wenn sie die Noth zur Auswanderung zwingt — denn nur in diesem Fall ist sie zu billigen — so mögen sie ja truppweise auswandern, und bei ihrer Auswanderung beisammen bleiben, auch darauf sehen, daß wo möglich alle Handwerker für die nothwendigsten häuslichen Bedürfnisse in der Kolonie sind. Ferner haben sie auch Sämereien von allen europäischen Gemüsen mitzunehmen, von denen die Amerikaner schon die meisten gar nicht einmal dem Namen nach, mehr kennen. Die tägliche Kost des amerikanischen Bauern, ist Speck in der Pfanne gebraten, rothe Rüben, saure Gurken und Aepfelmus, auch ein Gries von Mais; statt der Suppe wird jedesmal Kaffe aufgetragen.

Nicht minder werden auswandernde Colonisten auch Obstbaum- und Weinreben-Saamen mitzunehmen haben; denn gerade der Mangel an europäischen Getränken ist dem Europäer am fühlbarsten. Bier ist unbedingt nirgends im Lande, und die erste Sorge des Colonisten ist die: einen Obstgarten anzulegen, um Zider oder Aepfelwein daraus zu gewinnen. Auf den Anbau des Weins haben sich die Amerikaner noch nirgends gelegt, weil er, ihrer Angabe nach, wegen der Strenge des Winters nicht fortkäme. An der Küste des atlantischen Meeres sah ich indeß die Weintraube sehr häufig wild wachsen, und ziehe den Schluß daraus, daß die Weinrebe hier wohl fortkommen würde, wenn man sie gehörig behandelte, indem ich den Winter keinesweges strenger fand, als in der Rheingegend, und fast den ganzen Winter durch, selbst auf meinen Reisen, ohne Handschuh war.

Die wilde Traube ist blau und ungleich kleiner, als die veredelte; sie verhält sich zur letzteren, wie die saure zu der veredelten Kirsche.

Der Schlüssel zur Western Country oder zum sogenannten Paradies, ist Pittsburg, eine Stadt von ohngefähr 8000 Einwohnern, sie liegt 300 Meilen von Philadelphia und Baltimore am Fluß Ohio, der in den Apalachen im Staat von Virginien entspringt und hier schiffbar wird, im Sommer aber oft so seichtes Wasser hat, daß alle Schifffahrt gehemmt ist. Nach einem Lauf von 1200 Meilen ergießt er sich in den Missisippi, und von seiner Mündung ist es noch eben so weit bis Neu-Orleans.

Alle Produkte der Staaten Ohio, Kentucky, Illinois und Indiana, werden auf flachen Böten nach Neu-Orleans zum Markt verführt, und alle verarbeiteten Waaren und Luxus-Artikel von dort wieder hergeholt. Unmöglich kann der Preis der Naturalien daher an Ort und Stelle sehr hoch seyn, und augenscheinlich müssen alle Fabrikate wieder ungleich höhere Preise haben, als in und um die Seestädte. Während meinem Aufenthalt in der westlichen Hemisphäre, galten Hafer und Mais der Scheffel $\frac{1}{4}$, Roggen kaum $\frac{1}{2}$ und Weizen $\frac{3}{4}$ Dollar. Ein Blockhaus ohne Fenster ist das Palais; Götterbrodt ist Speck und Nektar der Whisky. Ich passe! Und verlange nicht mit Vater Abraham, Isaak und Jacob zu Mittag zu speisen.

Unsäglich ist die Mühe, welche dazu gehört, die ungeheuren Stämme zu fällen und den Busch in ein Weizenfeld umzuschaffen. An den starken Bäumen wird bloß die Rinde ringsum durchgehauen, damit der Stamm abstirbt, das Gesträuch wird weggeschafft, unter den dürren Stämmen wird der Erdboden aufgerissen und Weizen gesäet, und erst dann, wenn der Stamm gänzlich vertrocknet ist, wird er durchs Feuer verzehrt. Ehe die Stöcke verfaulen, die hier nirgends ausgerodet werden, vergehen 15 bis 20 Jahre, und nun erst hat der Colonist klares Ackerland.

Vermögen durch den Landbau zu erwerben, daran ist gar nicht zu denken. Alle Vortheile bestehen darin, daß die Kinder des Colonisten, die hier, da sie ohne alle Bildung aufwachsen, ganz verwildern, alle ein Stück Land bekommen.

Der gebildete Europäer wird im Paradiese sich schlecht gefallen, und eine noch schlechtere Rolle dort spielen. Nur der starke, handfeste Ackerbauer, wenn er bei seiner Ankunft noch 100 Karolinen im Vermögen, ein starkes und gesundes Weib und starke arbeitsfähige Kinder hat, wird, wenn er sich 15 oder 20 Jahre gemüht und geplagt, endlich eine Plantage zu Stande bringen, und erst jetzt seine Rechnung finden.

Wer nicht im Stande ist, sich Eigenthum anzukaufen, wird wohl thun, sich eine Plantage zu pachten. In Pensilvanien liefert der Pächter die Hälfte des erzielten Getraides, in den westlichen Staaten aber nur ⅓ davon an den Eigenthümer als Pachtkanon ab; jedoch muß sich Ersterer alles Vieh selbst anschaffen, und deshalb gehört auch zur Entrirung einer Pacht einiges Kapital. Zuweilen findet sich auch irgend ein arbeitsscheuer Anglo-Amerikaner, oder ein Mann, der neben der Ackerwirthschaft auch ein bürgerliches Gewerbe treibt, welcher einem arbeitsamen Deutschen die Bestellung seiner Wirthschaft gegen den dritten Theil aller Erzeugnisse überläßt.

Der Staat Ohio ist 3 bis 400, der von Indiana 6 bis 800 und der von Illinois 1000 bis 1200 Meilen von den Seestädten entfernt. Die Reise dahin ist für einen Mann mit Familie oft eben so langwierig und kostspielig als die über die See. Jeder Familienvater, wenn er nicht schon ein wohlhabender Mann ist, kann also gewiß darauf rechnen, bei seiner Ankunft in dem Illinois-Staat verarmt zu seyn.

Bei Williamsport an der Susquehanna fand ich einen Schweizer, der mit seiner Frau und zehn Kindern 1000 französische Kronenthaler zur Reise verwendet hatte. Im Städtchen Williamsport selbst, erzählte mir ein alter deutscher Schulmeister, der früher wahrscheinlich ein Handelsmann im Nassauischen gewesen, daß ihm und seiner Familie die Reise an 1300 Thaler gekostet habe. Für eine erwachsene Person beträgt die Fracht 75 Dollar, (ein Dollar ist gleich 1 Thaler 10 Gr. Preuß.) für Kinder unter 12 Jahren halb soviel, für 2jährige den vierten Theil, und nur Säuglinge passiren frei.

Der Weg, den unsere Deutschen bei der Auswanderung einschlagen, ist gewöhnlich mit dem Ruin ihres Vermögens verbunden. Die Engländer und Irländer reisen für 20 Dollar von Liverpool nach Amerika, und verpflegen sich selbst. Viel besser thäten die Deutschen Emigranten, sich zu vereinigen, eine gewisse Summe zusammen zu schießen, dafür ein Schiff zu miethen, und das Geschäft mit dem Schiffseigenthümer abzuschließen, als sich von den wucherischen Kapitäns so pressen zu lassen. Gewöhnlich müssen solche durch die Reise verarmte Leute ihre Carriere beim Tagelöhner wieder anfangen, und wahrlich, tausend Kronenthaler werden dort vom Tagelöhner eben so wenig leicht und schnell verdient, als in Europa. Schon am Juniata- und Susquehanna-Fluß fand ich in den Thälern Kishikokilis, Buffalo, Brosse ꝛc. eine ungemein große Geldarmuth, obgleich diese Gegenden noch um 100 Meilen den Seestädten näher sind, als der Ohio-Staat. Hier hören die Negligées a la Fanchon und der Luxus auf. Die Busch-Ladis (Bauerdirnen) hatten des Sonntags in der Kirche ein armseliges Kattunkleidchen an, ihr Kopfputz war ein grober Mannshut, ihre Fußbekleidung die der Apostel; mit zwei oder drei Thalern hätte man ihre ganze Garderobe ausgekauft. Fünfmal mehr werth war der Anzug der jungen Schweizerdirnen aus den Kantonen Bern und Solothurn, die voriges Jahr ins gelobte Land eingewandert sind, um dort ihr Glück zu machen.

Wer daheim 20 oder 15 Morgen Landes hat, der bleibe nur ja dort wo er ist. Glücklicher lebt er bei seinen 15 Morgen, als im gelobten Lande mit hunderten, und derjenige, welcher tausend Kronenthaler übrig hat, ist offenbar ein Thor, wenn er sie auf der See verreiset, um dort einige Seehunde, Wallfische und Meerschweine zu sehen. In Schlesien und Pohlen kann er sich dafür schon eine artige Besitzung kaufen, und dort ein wohlhabender Mann seyn, ehe er in Amerika erst soviel wieder verdient, um nur daran denken zu können, sich als Colonist niederzulassen.

Wenn die Regierung der Vereinigten Staaten Schiffe in die deutschen und niederländischen Seehäfen schickte, und den deutschen Colonisten wenigstens freie Ueberfahrt gäbe, wenn sie ihnen das Land umsonst ertheilte, wie es ehemals üblich war, wenn sie ihnen auch nur vorschußweise einige Hülfe leistete; so würde ich gern zurufen: ziehet hin! Hier ist das schwäbische Himmelreich! Immer kreischen der Beefsteack, die Wurst und der Speck in der Pfanne! Immer ist der Kuchen und die Whisky-Bottel (Branntwein-Pulle) auf dem Tisch! An Lebensmitteln fehlt es in Amerika nirgends, und im Innern des Landes wird niemand vor Hunger sterben.

Süd-Deutschland ist schon überbölkert, dort müssen die Menschen auswandern. Zu groß ist ihre Vorliebe für das gelobte Land und zu glänzend sind ihre Begriffe vom dasigen Reichthum und der Glückseeligkeit, als daß meine Schrift irgend einen Eindruck auf sie machen könnte. Mögen sie sich daher wenigstens rathen lassen, bei ihrer Auswanderung planmäßig zu Werke zu gehen, und diejenigen Grundsätze bei ihrer Ansiedelung befolgen, welche Herr Doktor Haller aus Stuttgard in seiner Colonie beobachtet. Diese liegt am Fuß der Alleghany-Gebirge ohnfern Williamsport, und nur zwei Stunden vom Susquehanna-Fluß, auf welchem alles Getraide mittelst flacher Bote in die 300 Meilen davon entfernt liegende Seestadt Baltimore geführt wird. Die Frauenzimmer spinnen Flachs und Wolle und weben Leinwand und Tuch. Die jungen Bursche betreiben alle häuslichen Gewerbe, indem sie Zimmerleute, Maurer, Schmiede, Gerber, Schuhmacher und Schneider sind. Alle Bedürfniß-Artikel werden in der Colonie erzeugt und verfertiget, und da sie den für die Amerikaner so verderblichen Luxus gänzlich verbannt hat, so braucht sie durchaus nichts von den Krämern und Handwerkern, und behält daher alles Geld an sich. Mancher Hausvater hat 20, mancher schon bis 50 Acker Land geklärt, den sie mit 5 Thaler pro Acker bezahlt haben. Die Wohnhäuser sind nach deutscher Art erbaut, und die Colonie ist in Dörfer eingetheilt. Ein wahrer Genuß war es für mich, mitten im Jänky-

Lande die Felder mit allen deutschen Gemüsen: Erbsen, Bohnen, Hirse, gelben und weißen Rüben, Mohn, Sallat, Kraut und Kartoffeln bepflanzt zu sehen. Herr Haller ist Prediger, Arzt und Jugendlehrer in der Gemeine, die sich insgesammt zur Sekte der Separatisten bekennt, und trug einen langen schneeweißen Bart; jeden Abend versammelte sich in seinem Hause eine Anzahl Gemeindeglieder, denen er Vorlesungen über religiöse Gegenstände hielt. Der Anzug der Männer bestand aus einem Jäckchen und Pantalon von Leinwand und einem Strohhut, und von gleichem Stoff war der Anzug der Frauenzimmer. Schon die erste Generation dieser Colonisten wird zum Wohlstand gelangen.

In den nicht gar sehr weit davon entfernt liegenden Thälern: Kishikokilis, Buffalos, Brosh, Zucker, Mitney und Pens-Wallen ist Land im Ueberfluß vorhanden, und für 4 bis 6 Dollar der Acker zu kaufen. Der Boden ist so fruchtbar, wie bei Lankaster, der Absatz auf dem Susquehanna-Fluß nach Baltimore leichter als auf dem Ohio nach Orleans, indem ersterer Ort nicht weiter als 300 bis 350 Meilen von hier entfernt liegt. Einen kräftigen deutschen Amerikaner, der bei Lankaster seine Plantage verkauft, und sich hier vor etwas länger als 20 Jahren niedergelassen hat, schätzte man auf hunderttausend Thaler an Grund und baarem Vermögen werth.

Das irische Volk war unbedingt ärmer, als die geringsten Bauern in Schlesien. Die Ursache ist: weniger Industrie und sein Wohlleben.

Daß Amerika von Glücksrittern bevölkert worden ist, zeigen die Nachkommen der dritten und vierten Generation noch sehr deutlich. Derselbe Hang zum Auswandern, und in entfernten Landen ihr Glück zu suchen, belebt auch diese noch. Millionen Acker Landes liegen in den Staaten Neu-York, Pensilvanien und Virginien noch wüst und unbebaut, welches theilweise für ⅛ oder ¼ Thaler pro Acker zu verkaufen ist: und dennoch strömt Alles in die Wildnisse der westlichen Staaten, aus denen ich manche im größten Elend wieder zurückkommen sah. Andere wanderten sogar aus dem Tempel der Freiheit in das Gebiet der Sklaverei, nämlich nach Canada aus. Des Nord-Deutschen Liebe und Anhänglichkeit am vaterländischen Boden findet man dort nicht. Auch ermangeln die Landwucherer (Land-Jobbers) nicht, die Herrlichkeiten der Western-Countrys mit den glänzendsten Farben und in den pomphaftesten Phrasen herauszustreichen, um ihre vom Gouvernement auf Spekulation erkauften Ländereien wieder an den Mann zu bringen. Ein großer Theil dieser Land-Jobbers hatte durch den Wechsel der Zeit, durch das Fallen des Grundeigenthums im Preise, ihren schnell erworbenen Reichthum, eben so schnell wieder verlohren. Nicht besser ist es allen denen ergangen, welche ohne hinlängliches Vermögen in solchen Zeiten Ländereien gekauft, wo diese den höchsten Preis erreicht hatten; und vielleicht in ganz Deutschland dürften im Bauernstande nicht soviel Banquerotte zu finden seyn, wie in Amerika seit 3 Jahren sich ereignet haben.

Die von den Amerikanern selbst anerkannte Hauptursache der Geldarmuth im Innern, ist darin zu suchen: daß alles Fabrikenwesen vernachlässiget worden, und die städtische Bevölkerung mit der Ackerbautreibenden nicht gleichen Schritt gehalten hat; es fehlt daher an hinlänglichen Consumenten, und gleichsam ersticken muß der Bauer in seinem Natural-Reichthum. Fabriken und Gewerbs-Industrie befördern nicht nur die städtische Bevölkerung, sondern ziehen auch Geld ins

Land. Der Bauer erzeugt und der Städter verzehrt, und unter solchen Umständen können beide bestehen.

Viertes Kapitel.
Charakter, Sitten und Gebräuche der Amerikaner.

Unter die schwierigsten Aufgaben gehört wohl unstreitig die: über den Volkscharakter in Amerika ein bestimmtes Urtheil zu fällen. Ich sage ausdrücklich „Volkscharakter." Denn der gebildete Mensch ist überall gleich, und bildet nicht den Volkscharakter.

Weit entfernt bin ich, mich zum Richter über den Charakter einer Nation aufwerfen zu wollen, die eine so liberale und von allen Völkern beneidete Verfassung hat. Dazu gehört ein anderer Mann als ich. Selbst Lavater dürfte hier in ein Labyrinth von Schwierigkeiten gerathen, aus dem er sich so leicht nicht herausfinden würde. Eine Nation, die aus Emigranten von allen Völkern der Welt zusammengesetzt ist, muß bei der Beleuchtung ihres Charakters, selbst dem Auge des größten Menschenkenners so buntscheckig erscheinen, wie die mit allen National-Farben gezeichnete Landcharte von Europa, und erst in späteren Jahrhunderten, wenn sich Alles gehörig amalgamirt hat, kann man einen bestimmten National-Charakter von den Amerikanern erwarten.

Hier ist ein Strich Landes, der vor anderthalb Jahrhunderten das heutige Botany=Bay war, und mit Capitalverbrechern und Freudenmädchen von der niedrigsten Klasse bevölkert worden ist. Dort wieder ein anderer, den ein arbeitsames, nüchternes, in seinen Sitten einfaches und religiöses Volk angebaut hat. Hier ist der trunkene, prahlerische und zu Schlechtheiten nur zu sehr aufgelegte Irischman, dort wieder der gutmüthige Bergschotte. Der spekulirende Engländer, der gewinnsüchtige Franzmann und Holländer durchkreuzen sich in den Städten und auf dem Lande. Im Hintergrunde steht das deutsche Lastpferd, stets gewaffnet mit Axt, Spaden und Dreschflegel. Sein Motto ist: a free country! a fin country! (Ein freies Land! Ein schönes Land). Auf seiner Tafel ist täglich Kirchfest und Gevatterschmaus; sein Speicher strotzt von Weizen, seine Milchkühe sind fett, und kräftig seine Rosse. Zwar sind seine Sitten eben nicht in der Pariser Schule gebildet, auch ist sein Geist nicht der feinste, und wenig kümmern ihn Franklins Raub der Donnerkeule des allmächtigen Jupiters und die Debatten des Congresses zu Washington; aber ehrlich ist sein Charakter.

Seine jetzige Klage war täglich: „der Speck und der Flauer (Weizenmehl) sind spottwohlfeil! Der Whisky lohnt nicht mehr der Mühe, daß man ihn brennt."

Die Klage des Irischen: „o my dear Sir! black people had a very low priz." „Mein bester Herr! Die schwarzen Menschen gelten ein wahres Spottgeld; wir müssen alle zu Grunde gehen. Wollte Gott! daß Bonaparte doch bald wieder in Freiheit wäre, damit in Europa wieder der Krieg ausbräche.

Nur der ruhige Quäker, der fromme Mennonist, Dunker und Anabaptist ertragen den Wechsel der Zeit mit religiöser Ergebung und sagen: wir wollen lieber arm seyn, als auf Kosten des unschuldigen Menschenbluts von Europa, Reichthümer erwerben.

Schon jetzt hat der Leser einiges Licht über die Denkungsart der transatlantischen Völker, und kann das Urtheil über sie beinah selbst fällen.

Im Staat von Pensilvanien, wo die deutsche Bevölkerung und die Quäker die größte Zahl der Einwohner bilden, kann das Urtheil über den Volkscharakter nicht anders, als günstig seyn. Dasselbe kann auch vom Staat Neu-Jersey und allen übrigen nördlichen Staaten gelten, wo die ruhigen Quäker sich niedergelassen haben, und die Einwohner ihren Boden mit eigener Hand bestellen. In den Sklaven-Staaten ist Müssiggang der Hauptzug des weißen Volks, und nur zu sehr bewährt sich hier das alte deutsche Sprichwort: „Müssiggang ist aller Laster Anfang! Indolenz, Trunk, Wollust sind seine leiblichen, Rachsucht und Bosheit seine Enkelkinder. Auf ihren Tabaks-, Reis-, Baumwolle- und Indigo-Feldern klebt die Thräne und der Fluch des Unglücks, denn grade die Sklavenhalter fühlen den Wechsel der Zeiten am meisten, auch sind sie jetzt unstreitig die ärmsten.

In den Seestädten sind neben ehrlichen, rechtschaffenen und höflichen Leuten, Glücksritter und auch Gesindel soviel, als irgendwo. Alle Laster und Ausschweifungen der alten Welt haben hier schon ihren Sitz aufgeschlagen. Unter der niedern Klasse leuchtet die Rohheit des irischen und englischen Pöbels auch hier überall hervor. Gewinnsucht ist der Stempel des Glücksritters, dem kein Mittel zu schlecht dünkt, sie zu befriedigen.

Dolose Banqueroutteurs, Falschmünzer, Gauner und jetzt auch Diebe und Straßenräuber findet man in dem Lande der Freiheit und Gleichheit, des Glücks und des Reichthums soviel, wo nicht mehr, als in dem verdorbensten Orte Europas.

Gewaltsamer und Meuchelmord, oft von der schauderhaftesten Art, theils aus Rachsucht und Bosheit, theils aus Raubgier, wurden hier unbedingt häufiger verübt, als in Deutschland, fast könnte ich sagen in Europa; denn es verging beinahe keine Woche, wo ich nicht eine oder mehrere Mordthaten in den Zeitungen angekündiget fand.

In Neu-Jersey hatte ein unnatürlicher Sohn seinem Vater im Wortwechsel mit der Axt die Hirnschale zerschmettert. In Pensilvanien hatte ein fanatischer Vater den Sohn im Schlafe ermordet, weil er von der Sekte der Methodisten nicht zurücktreten wollte. In Neu-York hatte ein Trunkenbold seine Frau und sechs leibliche Kinder, die schwarze Magd und ihre Tochter mit der Axt in Stücken zerhauen, und die zerfleischten Leichname auf dem Feuerheerd verbrannt. In Virginien hatte ein bestialischer Vater seine leibliche Tochter geschändet. Meuchelmord im Duell auf Büchsen, welcher, obgleich diese blos mit Pulver geladen waren, dennoch für den einen tödtlich wurde, weil sein feiger und verrätherischer Gegner heimlich eine Kugel in den Lauf geschoben hatte, Vergiftungen aus Eifersucht und verschmähter Liebe, Ermordung eines Schwarzen oft aus Muthwillen oder Bosheit sind hier nicht ungewöhnliche Verbrechen.

Die Gelindigkeit der Justiz, die Nachsicht der Eltern gegen die Excesse der Kinder in der frühesten Jugend (oft sah ich Kinder im Streit mit alten Leuten Steine aufheben, die sie dem sie strafen wollenden Greis an den Kopf zu schleudern drohten), die schlechten Schulanstalten im Innern des Landes, der brennende tropische Himmel und die absolute Schlechtheit der gemeinen irischen Volksklasse, sind die sehr erklärbaren Ursachen, daß die Amerikaner, trotz ihres Gemüthsphlegmas, sich von Leidenschaften so sehr beherrschen und hinreißen lassen. Egoismus und Prahlerei stehen unter den Schwachheiten oben an, wovon selbst die Deutschen schon nicht mehr frei sind, und sehr oft hört man sie sagen:

„Ihr Europäer seyd ja alle nur Sklaven!" — „Und wenn sich alle Völker Europas gegen Amerika vereinigen, so richten sie doch nichts aus." — „Die Amerikaner sind das tapferste und aufgeklärteste Volk der Welt."

In wiefern diese Anmaßungen gegründet sind, wird sich aus den späteren Kapiteln beurtheilen lassen.

Ein auffallendes Phlegma des Amerikaners, welches zuweilen in orientalische Apathie ausartet, ist eine Eigenschaft, welche von keinem Reisenden unbemerkt geblieben ist. Das Klima, der übermäßige Genuß hitziger Getränke und das ekelhafte Tabakkauen, das beim Sackträger und Karrenschieber, wie beim geistvollen Dichter und vornehmen Staatsmann gebräuchlich ist, mögen die wahrscheinlichsten Ursachen hiervon seyn. Auch sehr viel Tabak und Cigarren werden geraucht, und sehr oft sah ich den 5jährigen Buben mit dem brennenden Zigarro im Munde auf der Straße einherschreiten, oder sich mit Vertraulichkeit beim vornehmsten Gentlemen (Herrn) Feuer ausbitten. Die ehrbare Quäker=Matrone und die junge Lady pafften aus ihren Pfeifenstummeln. Das weibliche Geschlecht der vornehmeren Klasse habe ich indeß nicht rauchen gesehen.

Der Faustkampf oder das Boxen ist unter der niederen Klasse auch hier noch gebräuchlich, und mancher verliehrt dadurch seine Gesundheit oder das Leben. In Virginien und Kentucky wird dieser Kampf mit bestialischer Grausamkeit geführt, wie ich von Augenzeugen gehört habe, indem einer dem andern ein, zuweilen auch beide Augen auszudrücken, oder die Hoden abzureißen trachtet. Das erstere wird auf folgende Art vollführt: der Kämpfer umwickelt die Finger mit den Haaren des Gegners, und drückt mit den Daumen ihm ein oder beide Augen aus. Zuweilen beißt der Sieger dem Be=

siegten das Ohr oder die Nase ab, und tritt ihm mit beiden Füßen auf die Brust, wenn er ihn niedergeboxt hat.

Fröhliche Volksgesänge bei Feldarbeiten habe ich nirgends gehört, und vergeblich sucht man hier die Fröhlichkeit und Heiterkeit des deutschen oder französischen Landvolks.

So bigot auch die Amerikaner sind, so werden die Hauptfeste: Weihnachten, Ostern und Pfingsten, theils gar nicht, theils nicht mit der bei uns gewöhnlichen Feierlichkeit begangen, indem ich sie am ersten Weihnachtsfeiertage, der grade auf einen Werktag fiel, alle groben häuslichen und Feldarbeiten verrichten sah. Der Sylvester-Abend wird dagegen durch das ganze Land unter Lärmen und Schießen gefeiert, und mit noch größerem Pomp wird das Unabhängigkeitsfest begangen. Alles ist in Bewegung, und abwechselnd verkünden Gewehrsalven und der Donner des Geschützes den ersten Tag der Freiheit. Nur der ernsthafte Quäker, der andächtige Anabaptist und Dunker verschmähen das eitle Gepränge.

Selbst unter der schon polirten Klasse findet man Unanständigkeiten, die wir in Deutschland beim Esels- und Schwarzvieh-Treiber vergeblich suchen, und nur zu häufig hörte ich, wenn der Magen mit Speck, Beefsteack und Pökelheringen ꝛc. überladen war, oft Rülpse, gleich einem Pistolenschuß, herausknallen. Die Lieblings-Bequemlichkeit mit welcher der Amerikaner gewöhnlich sitzt, ist: die Beine auf den Stuhl, auf den Tisch, oder auf den Ofen und zuweilen auch zum Fenster hinaus dem Kopf parallel gestreckt.

Deutsche findet man fast niemals oder höchst selten in krimineller Untersuchung, (nur Landleute sind hierunter zu rechnen). Deutsche Amerikaner und Schwarze auf dem Lande nicht minder.

Ein schöner Zug des Amerikaners, worin er stets vor dem Europäer glänzen wird, ist seine ausgezeichnete Gastfreiheit. Unter der gebildeten Klasse habe ich auch ganz vorzügliche Menschen gefunden. Ihre Artigkeit kömmt beinah der des Franzosen gleich. Das weibliche Geschlecht genießt hier soviel Achtung, daß es selbst unter der niedrigsten Klasse etwas unerhörtes ist, wenn ein Ehemann seine Lebensgefährtin thätlich behandelt. Zu ehelichen Verbindungen mit Deutschen der niederen Klasse fühlen selbst die Germano-Amerikanerinnen keine große Neigung, weil sie den Herrscherton des deutschen Mannes scheuen. Die Englischen nehmen wieder dieß zum Vorwande, daß die Deutschen und Franzosen ihre Weiber so schwere Arbeiten verrichten lassen.

Unter den Anglo- und Germano-Amerikanern selbst herrscht wieder gegenseitige Abneigung, und selten gehen sie miteinander Ehen ein. Der deutsche Bube (junge Bursche) weiß, daß er an der irischen Lady keine gute Haushälterin findet, und das junge deutsche Frauenzimmer (hier Weibsmensch) oder ihr Vater nehmen zum Vorwand, daß der Jänky den Whisky liebt, und nicht fleißig genug schafft, (arbeitet). Dem Irischen ist das deutsche Mädchen wieder nicht fein genug. Der junge Deutschländer oder Deutschländerin sind gewöhnlich arm, und müssen für die Ueberfahrtsfracht serven (sich auf gewisse Jahre verkaufen lassen). Nur zu auffallend müssen sie den Bauernstolz der jungen Amerikaner und Amerikanerinnen empfinden, deren Eltern oder Großeltern 50 Jahre früher gleich jenen als arme Serven verkauft wurden, und darum rathe ich jedem jungen auswandernden Deutschen, sein Liebchen sich mitzunehmen.

Wie das gemeine Volk irischer Abkunft gegen die Deutschen gesinnt ist, beweist folgende Aeußerung eines jungen Amerikaners, die er voriges Jahr im Hafen bei der Ankunft eines deutschen Schiffes that:

„Was wollen diese armseligen Menschen hier in unserem Land? Sie kommen her, uns das Brod wegzunehmen, indem sie wohlfeiler arbeiten werden, als wir. Wäre es nicht besser, wenn sie alle in der See umgekommen wären?"

Häufig hörte ich Deutschamerikaner sagen: „Die Deutschländer taugen alle nichts mehr, sie sind nicht mehr so arbeitsam, wie die Alten es waren."

Am heftigsten eiferten die deutschamerikanischen Weiber gegen die Deutschen: „die Zeiten sind darum so schlecht, weil schon zuviel Menschen in Amerika sind; es kommen zuviel Deutschländer und Schwaben ins Land," hieß es sehr oft.

Solche Redensarten beweisen die Dummheit dieser Völker recht handgreiflich; denn das Gebiet der Vereinigten Staaten ist von solchem Umfang, daß, wenn die Bevölkerung von Boston zum Maßstabe angenommen würde, 180 Millionen, und nach der von Italien, 500 Millionen Menschen dort leben könnten; und gegenwärtig sind kaum 10 Millionen Einwohner vorhanden.

Fünftes Capitel.

Staatsverfassung und Freiheit des Volks.

Die nordamerikanische Republik besteht aus 21 verschiedenen Staaten, die bereits im ersten Kapitel namhaft gemacht sind. Ihre weise Verfassung in allgemeiner Hinsicht, ist nichts weiter als die englische

Magna Charta, mit Weglassung des Oberhauses. Der Congreß zu Washington ist das natürliche Haus der Gemeinen in England, und besteht aus einer Versammlung der Deputirten jedes einzelnen Staates, die vom Volke durch die Election (Wahl) gewählt worden sind.

Wahlfähig sind alle Freeholders (ansässige Bürger) und ihre Söhne, wenn sie das 21ste Jahr zurückgelegt haben; ferner alle diejenigen, welche Taxen (Abgaben) bezahlen, und das Bürgerrecht entweder durch Naturalisation (ein 5jähriger Aufenthalt mit öffentlicher Betreibung eines bürgerlichen Geschäfts) oder durch Geburt erlangt haben. Alle schwarzen und farbigen freien Leute sind nicht stimmfähig. Der Congreß berathet und beschließet alle die allgemeine Wohlfahrt des Landes betreffenden Maßregeln, als Kriegserklärung, Friedensschlüsse, Vermehrung der Armee und Marine, Alliance- und Handelstraktaten, Bestimmung der Zollgefälle von fremden Waaren, (denn nur solche sind dem Zoll unterworfen) Abschaffung oder Beibehaltung der Sklaverei.

Nur in politischer Hinsicht bildet Amerika ein Ganzes, so wie der heilige deutsche Bund. Der Congreß bekümmert sich also durchaus nicht um die innere Verwaltung der einzelnen Staaten, die wieder in 21 verschiedene, von einander ganz unabhängige Staaten zerfallen, wovon ein jeder seine eigene Verfassung, sein Abgaben-System, sein Militär und sein eigenes gesetzgebendes Corps hat, welches letztere wieder unter der Leitung des Gouverneurs das Staatsruder führt. So wie der Präsident und die Mitglieder des Congresses, so werden auch der Gouverneur und die Mitglieder des gesetzgebenden Körpers auf drei Jahre für ihre Functionen gewählt. Ihre Verwaltungsperiode beschränkt sich nur auf drei Jahre; inzwischen können sie doch dreimal hintereinander gewählt, und nach einer 9jährigen Function erst nach Verlauf einer 3jährigen Periode, wieder zur Wahl gebracht werden.

Der Gouverneur vergiebt alle Richterstellen auf Lebenszeit, und auch alle Subalternen-Functionen, welche letztere einem Individuo, selten ohne erhebliche Gründe, entzogen werden.

Jeder Staat ist in Countys (Kreise) und diese wieder in Townships (Distrikte) abgetheilt. In jedem County befindet sich eine Common Court (Untergericht), die aus einem Richter und zwei Beisitzern besteht; letztere brauchen nicht Rechtsgelehrte zu seyn.

Die Abgaben der Grundbesitzer werden nach den County-Ausgaben repartirt, wovon die Besoldung der Beamten des Countys und die Communal-Lasten, als Brücken- und Chaussee-Bau, und die Beiträge zur Besoldung der Officianten des Staates bestritten werden; sie belaufen sich in den volkreichsten Staaten von einer kultivirten Grundfläche von circa 2 bis 400 Ackern, auf 50 Dollars jährlich. Vom unkultivirten Land, dessen mancher Jobber bis hunderttausend Acker und mehr besitzt, wird nichts entrichtet.

Auch die städtischen Abgaben werden nach dem Betrage der Communal-Ausgaben repartirt, und mancher Hausbesitzer zahlt bis 100 Dollar und mehr alljährlich. Jeder Gewerbetreibende entrichtet für seinen Licens (Gewerbeschein) auch eine Abgabe, die unserer Gewerbsteuer beinah nicht viel nachgiebt, wo nicht gar übersteigt.

Das Costom House (Packhof) zieht die Zölle von allen eingehenden fremden Waaren ein, welche sich von 6 bis 30 Procent belaufen, je nachdem das eingeführte Objekt mehr oder minder ein Luxus-Artikel ist.

Die Land-Office erhebt und verrechnet alle Kaufgelder für die verkauften Staats-Ländereien. Diese, die

die Zölle und die Postgefälle, fließen zur Staatskasse der Union. Staatseigenthum ist alles an Privatleute noch nicht verkaufte Land.

Das Postwesen wird zwar für Rechnung des Staates verwaltet, aber nicht die geringste Vertretung leistet das Gouvernement, wenn auch Millionen von Privateigenthum auf der Post verloren gehen, oder geraubt werden.

Vom Forstwesen wissen die Amerikaner nicht das geringste; eben so wenig von Forstbeamten, und nicht wenig schienen sie verwundert, wenn ich ihnen sagte, daß in Deutschland Forsten gepflanzt würden.

Die Besoldung der Beamten ist folgende:

Der Präsident hat 25000 Dollars.

Der Staatssecretär 6000 Dollars.

Der Gouverneur 6000 Dollars.

Die Richter 1800 bis 2500 Dollars.

Der active General 3000 Dollars.

Die Zeitungsschreiber schimpfen auf die öffentlichen Beamten, die nicht in der Gunst des Volkes stehen, schelten sie Aemterjäger, zuweilen auch gar Betrüger, wie z. B. den jetzigen Gouverneur von Pensilvanien, Herrn Findlai, dem sie öffentlich vorwarfen, daß er mit Staatsgeldern gewuchert; klagen manche an, daß sie Aemter verkaufen, oder aus Begünstigung vergeben; allein selten richten sie etwas damit aus. Ihr Geschrei verhallet wie der Ton im Gewölbe und der Angegriffene hält es nicht einmal der Mühe werth, darauf etwas zu erwiedern.

Das Volk prahlt damit, daß es König und Gesetzgeber sey, erscheint vor Gericht mit bedecktem Haupt und glimmendem Zigarro im Mund, legt sich der Länge nach auf die Bank und streckt die Füße über die Lehne der andern Bank hinaus; allein das Gesetzgeben und

Regieren verrichten diejenigen, die es verstehen und dazu berufen sind; sie thun was ihnen gut und zweckmäßig dünkt, und kehren sich wenig an das Geschrei der Zeitungsschreiber und des Pöbels; und wenn man die ganze Wirthschaft dort ein wenig näher beleuchtet, muß man am Ende doch ausrufen: — C'est tout comme chez nous! —

Die Rechtsverfassung ist der Form nach rein englisch. Alle Verhandlungen geschehen öffentlich, und die Jury-Männer sind, sowohl in Civil- als Kriminalfällen, die Richter über „Guilty or not Guilty!" Schuldig oder Nichtschuldig! Letztere sind zwölf ansässige Männer von unbescholtenem und rechtlichem Charakter, die mit keiner Parthei in irgend einem rücksichtlichen Verhältniß stehen; sie werden vom Cherif oder Executor gewählt und vor dem Anfang der Rechtsverhandlungen vereidet: ihr Gutachten nach wahrer Ueberzeugung den Gesetzen gemäß abzugeben. Vom Anfang bis zum Ende wohnen sie den Verhandlungen bei, die alle mündlich geführt werden. Die Partheien müssen sich stets durch Mandatarien vertreten lassen. Auch das Zeugenverhör geschieht mündlich; wohl aber werden die erheblichsten Punkte vom Clark (Gerichtsschreiber) und den beiderseitigen Mandatarien aufgezeichnet. Auch sind letztere berechtiget, an den Zeugen selbst Fragen zu thun, und ihn auf diesen oder jenen Umstand aufmerksam zu machen.

Nach geschlossenem Zeugenverhör erfolgen die mündlichen Deductionen und nach diesen wendet sich der Richter an die Jury-Männer, hält eine kurze mündliche Relation, macht jene auf die erheblichsten Punkte aufmerksam, und nun verfügen sich die Geschwornen in ein Nebenzimmer zum Ausspruch des „Schuldig oder Nicht." Ist dieser geschehen, so rechtfertiget der Richter die Entscheidung durch die darauf passenden Gesetzstellen, und fertiget das Erkenntniß aus.

Die Jury-Männer müssen alle einerlei Meinung seyn, und wenn dieß nicht zu bewirken ist; so muß eine neue Jury zusammenberufen werden. Die Function der Jury geschieht unentgeldlich. Wenn auch durch dieses einfache Verfahren die Processe mit weit mehr Schnelligkeit zur Endschaft gebracht werden, und die Gerichtskosten sehr unbedeutend sind; so ist das Proceßführen dessenungeachtet eine sehr kostspielige Sache, indem die Advocaten an keine Taxe gebunden sind, weshalb manche von den berühmtesten bis 20,000 Dollars jährliche Einnahme besitzen. Die Zahl der Advocaten ist sehr bedeutend, und wo man nur das Auge in den Seestädten hinwendet, sieht man ein Advocaten-Schild mit der Inschrift: „Attorney at Law" (Gerichts-Anwald.

Nur in Civilprocessen findet eine Appellation an die Soupreme Court (Obergericht) statt; in Criminalfällen ist nur eine Instanz. Auch befassen sich die Gerichte nur mit Rechtsstreitigkeiten und Untersuchungen, für alle nichtstreitige Angelegenheiten sind besondere Bureaus.

Der Friedensrichter (Justice) kann in allen streitigen Fällen bis zu 100 Dollars erkennen; auch er hat eine kleine Jury von drei Mann für sich; er wird vom Gouverneur bestellt, und ist ungefähr das, was der Maire in Frankreich.

---

* 4

Sechstes Kapitel.

Zustand der Wissenschaften, Künste und Erziehungsanstalten.

Wenn ich in früheren Jahren, wo nichts als Verheerung in Europa wüthete, und den Verfall aller Wissenschaften und Künste drohte, die Berichte der Präsidenten Maddison und Jefferson über den blühenden Zustand der Wissenschaften und Künste, der Fabriken, des Handels, über den zunehmenden Reichthum, die Cultur des Volkes, die Civilisirung der Indianer ꝛc. las; dann rief ich oft aus: Was ist London und England gegen Columbien. Hier ist Athen, Rom, Corinth und Syracus. Alle Schätze Libiens und des Epirus sind hier aufgehäuft. Birmingham und Manchester sind Krähwinkel gegen Philadelphia und Lankaster. Gobelins-Tapeten, Flöten-Uhren und alle Artikel des Luxus werden hier gefertigt. — Wie ganz anders habe ich das an Ort und Stelle gefunden! Selbst ihr Lieblingsinstrument — das Brummeisen — wird aus Nürnberg eingeführt. Mit der Kunst-Fabrikation sieht es ein- für allemal schlecht aus.

Vielleicht haben jene Völker zu dieser Branche keine Neigung und kein Talent? — Ein republikanisches Land! wo sich der menschliche Geist bis an den Olymp emporschwingen kann; wo die Mausefalle der Zensur nicht freimüthige Gedanken des Kraftgenies auffängt; da müssen bald Homere, Virgiliusse und Horatiusse, Socraten und Platonen am litterarischen Firmamente glänzen.

Die Zeitungen sind in der alten Welt gewöhnlich die Trompete, womit Fama die Lorbeerkränze der Priester der Pallas und des Apoll ausposaunt. Vielleicht wirst du dort die Ankündigung und Kritik der neuesten litterarischen Produkte finden? Ich verfüge mich ins Atheneum und in die Börsenhalle, nehme die politischen Blätter von Osten und Westen, von Norden und Süden der Union zur Hand, und suche vergeblich. — Endlich einen Artikel:

Allgemeine Landes-Cultur! —

John Dudley im Staat von Virginien hat den ersten Preis erhalten, weil er den fettesten Ochsen in County aufgemästet hat; er wog 7000 Pfund.

Peter Blake hat eine Sau von zweitausend Pfund Gewicht geschlachtet. — Miff. Paterson hat dem Stoorkeeper N. N. 11 Schock Eyer, den Bestand von einer Woche verkauft, und sich anheischig gemacht, durch die Legezeit ihm allwöchentlich denselben Betrag zu liefern.

Fruchtbar sind Columbiens Gefilde! Fett sein Schlachtvieh. Aber steril ist das Feld der Litteratur, und mager sein Leipziger Meßkatalog. Ich darf zu Beweisen nicht erst schreiten, weil wir noch Nichts in unserer Muttersprache von den Amerikanern übersetzt haben, was nur einer besondern Aufmerksamkeit werth wäre.

Es werden zwar Bücher dort geschrieben, wie überall in der Welt. Allein Abhandlungen über materielle Gegenstände, Sammlungen von Thatsachen und Compilationen sind noch lange keine Geistes-Produkte. Solche blühende Gewächse, wie Wieland, Schiller, Klopstok, Göthe, Herder und Körner, Karamsin und selbst der Perser, dessen Name mir nicht gleich beifällt, die der despotische oder sklavische Boden der alten Welt so herrlich erzeugt hat, sucht Ihr vergeblich auf dem Gefilde der Freiheit; und wer weiß: ob oder wann sie einst aufkeimen werden?

Selbst in der Astronomie, die doch eigentlich die Mutter der Nautik ist, haben sie noch nicht das Geringste geleistet, und nicht einmal eine Sternwarte befindet sich in Philadelphia. Voriges Jahr war ein Comet sichtbar; man gaffte ihn an, wie die Indianer den Mond, wenn ihn der große Hund zu verschlingen droht, und prophezeiete Krieg! — Fern sey es von mir, den Amerikanern Geistesgaben absprechen zu wollen. Die Ursache der litterarischen Sterilität liegt theils darin, weil das Genie und die Wissenschaften von der Regierung gar keine Unterstützung und Aufmunterung finden, theils in der Gleichgültigkeit des Volks gegen wissenschaftliche Cultur; das erste Bestreben der europäischen Emigranten ist — Geld erwerben. — Für nichts anderes haben sie Gefühl und Sinn, und dieser Geist pflanzt sich bis auf die dritte und vierte Generation fort.

Auch sind die höhern Bildungsanstalten, und selbst die Lebensbedürfnisse, viel zu kostspielig, als daß der Knabe oder Jüngling ohne Vermögen nur daran denken könnte, sich den Wissenschaften zu widmen.

Universitäten mit allen vier Fakultäten, wie die in Deutschland, sind hier nicht vorhanden. Die hiesigen Universitäten sind weiter nichts als unsere Liceen. Hat der Schüler die Humaniora absolvirt; so geht derjenige, welcher sich dem Rechtsstudium widmet, zu einem Advokaten und lernt dort in drei Jahren, gegen ein Lehrgeld von tausend Thalern, Theorie und Praxis, und nach abgelegtem Examen ist er befugt zu praktisiren. Der Theologe besucht oft nicht einmal das Gymnasium, sondern macht seinen Scholar- und academischen Cursus beim ersten besten Landpfarrer, läßt sich vom Consistorio prüfen, wobei man es, da noch soviel Predigerstellen, wohl gegen 400 an der Zahl, vakant sind, nicht so genau nimmt; und nun kann er eine Predigerstelle annehmen, wo er sie bekömmt. Manche Prediger verstehen nicht ein Wort Latein, vielweniger Griechisch oder Hebräisch. Ehemalige Handlungsdiener, Officiere, Rechtsgelehrte und Oekonomen aus Deutschland habe ich als Prediger gefunden, die hier einen großen Ruf und auch mehrere theologische Zöglinge bei sich hatten. Selbst der ehemalige General-Policey-Direktor Schulz aus Magdeburg ist jetzt, nach namenlos ausgestandenem Ungemach, Prediger in Ebensburg, dicht am Ohio-Staat, und sein Sohn der Rittmeister, einstweilen Schulmeister, und nebenbei Doktor, so wie ein großer Theil seiner Amtskollegen.

Die medicinischen Lehranstalten scheinen mir noch die besten hier zu seyn. Auch sind in den See- und größern Landstädten überall wissenschaftlich gebildete Aerzte, im Innern aber wimmelt es noch von Quacksalbern. Gewöhnlich haben die Aerzte im Innern auch ihre eigenen Apotheken. Auf die deutschen Aerzte setzen die deutschen Pensylvanier mehr Vertrauen, als auf die amerikanischen, und diejenigen, welche ich getroffen, fanden doch meistens ihre Rechnung.

Nur die Katholiken, Presbyterianer und Reformirte, Lutheraner, Herrnhuter und theilweise auch die Methodisten haben studierte und wissenschaftlich gebildete Prediger; keinesweges aber die übrigen Sekten, bei welchen Krämer, Handwerker und Bauern das Amt der Seelsorge verrichten.

Vier- bis sechshundert Dollars ist im Lande die gewöhnliche Besoldung des gelehrten Predigers, der außer seinem Gehalt auch noch Geschenke für Trauungen und Leichenreden erhält. In den Seestädten hat er 1500 bis 2000 Dollars.

So wie die Wissenschaften hier um Jahrhunderte

gegen die in Europa zurückstehen, eben so ist dieß auch bei den Künsten der Fall. Das Schauspiel ist für den Europäer kaum auszuhalten. Opern werden in Philadelphia niemals aufgeführt, indem man nicht einmal im Stande wäre, das Orchester aufzubringen. Mahlerei merkt man kaum. Von der Bildhauerei habe ich außer Franklins Statue über dem Portal der Bibliothek nichts weiter gesehen. Die Tonkunst soll hier noch gebohren werden; auch werden die Amerikaner wohl schwerlich jemals etwas darin leisten. Ein Klavier oder Fortepiano findet man zwar in jeder anständigen Familie, doch keine der Ladys leistet etwas darauf. Sie haben weder Geduld noch Sinn dafür, und eben so schwer würde es halten, selbst aus den vornehmsten Häusern ein halbes Dutzend junger Damen in Philadelphia aufzufinden, die nur die französische Sprache verstehen. Unsere herrlichen Meisterwerke der Tonkunst sind hier eben so unbekannt, wie bei den Chinesen und Japanern. —

Politische Zungendrescherei ist das Element, worin Alles lebt und schwebt; achthundert Zeitungen erscheinen in den Freistaaten, wovon ich wenigstens diejenigen, die in den Hauptstädten der verschiedenen Staaten verlegt werden, in den Händen gehabt habe. Alle diese 800 wiegen aber an gelehrtem Werth nicht eine unserer deutschen Zeitschriften auf, die Wieland, Kotzebue und mehrere andere zu Tage gefördert haben. Niemals findet man eine gelehrte Abhandlung darin. Sind daher auch die deutschen Blätter jetzt eben nicht sehr gehaltreich, so sind es die über dem Meer gewiß noch weit weniger.

Sehr oft bezeugte ich meine Verwunderung über die geringen Fortschritte der amerikanischen Litteratur, und stets wurde dieß zur Entschuldigung angeführt:

das Land ist noch zu jung! Die Menschen müssen zuerst für die nothwendigsten Bedürfnisse sorgen, ehe sie auf Nahrung des Geistes denken können. Erst wenn der Reichthum mehr allgemein seyn wird, werde man sich mehr auf die Wissenschaften legen. Diese Entschuldigungsgründe sind allerdings sehr erheblich; denn da in Amerika ein jeder für sich selbst sorgen muß; so geräth dort der Mensch ohne Vermögen, wenn er nur einen Tag müßig bleibt, schon in Verlegenheit.

Landbau und Handel sind das Fundament der dasigen Staatswirthschaft und nur diese beiden Gewerbe haben alle Staatsmänner Amerikas, als zur National-Wohlfarth nothwendig, ins Auge gefaßt, und darum findet man dort das Volk auch nur in zwei Classen eingetheilt: in Handelsleute und Ackerbauer; sehr richtig beurtheilen daher diejenigen die Amerikaner, welche aus ihnen einst Carthaginenser prophezeien. — Griechen und Römer dürften sie schwerlich werden.

Bei den englischen Ackerbauern fand ich sehr häufig wissenschaftliche Bücher über Erdbeschreibung und Geschichte 2c. Bei den Deutschen die Bibel, den Eulenspiegel, Räubergeschichten und andere Historien; auch fast bei jedem die Zeitungen. In jeder County-Stadt werden zwei, drei bis vier Zeitungen, in englischer und auch in deutscher Sprache verlegt. Fast jeder Buchdrucker ist auch zugleich Redakteur einer Zeitung. Im Innern des Landes erscheint gewöhnlich wöchentlich nur ein Exemplar davon und der ganze Jahrgang der deutschen Zeitung kostet einen, der der englischen zwei Dollar.

In den County- oder Kreis-Städten sind in den bevölkerten Gegenden überall County-Bibliotheken, welche durch den Beitrag der Bauern und übrigen Mitglieder angeschafft worden sind. Jedes Mitglied ist, gegen einem gewissen jährlichen Beitrag, berechtiget, die Bibliothek zu benutzen. Diese lobenswerthe Anstalt, die ich meinen deutschen Landsleuten sehr zur Nachahmung empfehle, das allgemeine Lesen der Zeitungen, der Einfluß auf die öffentlichen Angelegenheiten, die Theilnahme an der Rechtspflege, machen den amerikanischen Bauer mit der Verfassung seines Landes und der gesammten inneren Verwaltung aufs genaueste bekannt, bilden seinen Verstand aus, und geben ihm einen solchen Ueberblick, daß er, trotz der schlechten Schulverfassung in Amerika, doch in vieler Hinsicht das Uebergewicht über den deutschen Bauer gewinnt; ich nehme die wohlhabenden Gegenden Deutschlands aus.

Die Landschulmeister werden überall von den Bauern angesetzt; sie erhalten kein bestimmtes Gehalt, sondern nur ihr Schulgeld $1\frac{1}{2}$ bis $2\frac{1}{4}$ Dollar vierteljährig für ein Kind, je nachdem der Unterricht blos elementar oder wissenschaftlich ist. Neben diesem erhalten sie auch Kost, entweder der Reihe nach, oder dafür eine Entschädigung durch Geld. Im Sommer werden die Schulen selten besucht, und nun hört auch das Schulgeld des Busch-Pädagogen auf, und wenn er nicht nebenbei mit Doktor-Stoff handelt, oder ein Handwerk versteht, so muß er mit der Art und der Sense sein Brod erwerben.

Die Zeit des Unterrichts beschränkt sich nicht blos bis aufs 12te oder 14te Jahr der Zöglinge, wie in Deutschland, sondern da die Amerikaner die Schule so unregelmäßig besuchen, sowohl bei Mädchen als jungen Burschen gewöhnlich bis zum 20sten Jahre. Oft saßen Kinder von 7 Jahren und verheirathete Männer an einer Tafel; ihr Lehrer war ein deutscher Handlungsdiener von 18 oder 20 Jahren, mit dem die Eleven zuweilen das Bett theilte, wenn er zu den Eltern ins

Quartier kam. Diese unmoralische Sitte habe ich bei den Deutschen viel häufiger gefunden, als bei den Englischen. Auch ist das Amt eines Jugendlehrers hier nichts weniger als sehr geachtet, und wird von den Amerikanern gewöhnlich unter den niedrigsten Erwerbzweigen gerechnet, den nur selten Amerikaner, sondern meistens ausgewanderte Europäer ergreifen, Deutsche oder Irländer, die oft die Noth zu Schulmeistern gemacht hat. Unmöglich kann man daher vom Unterricht in der Moralität und Sittenverfeinerung sehr viel erwarten, und in der That muß man oft über die Rohheit der Menschen erstaunen, und sich darüber wundern, daß sie bei aller ihrer Wohlhabenheit, doch so wenig auf ihre Erziehung verwenden.

Musiklehrer und Organisten sind beinah nirgends im Lande, und darum müssen die Orgeln in den Kirchen oft still stehen, weil sie niemand spielen kann. Ich zweifle keinesweges, daß deutsche Musiklehrer im Innern des Landes ein Fortkommen finden und manche auch vielleicht sehr willkommen seyn würden, indem die wohlhabenden Bauern bei Lankaster, Harisburg, Little-York, Carleil, Reading, von denen manche bis hunderttausend Thaler im Vermögen haben, ihren Kindern gewiß eine bessere Erziehung geben würden, wenn sie nur die Gelegenheit dazu hätten. Der ganze musikalische Unterricht in Amerika beschränkt sich auf den Kirchen-Choral. Alle Sonnabende oder Sonntage versammeln sich die jungen Leute in irgend einem Hause zum Unterricht im Singen, den ein Irländischer Schulmonarch ertheilt.

Die Scale ist nach englischer Art, und wenn ich mich nicht irre, heißen die 5 Linien
re, mi, fa, sol, la.

Da nun in diesen Singschulen die Kirchengesänge

mit vielem Fleiß und muſikaliſcher Präciſion einſtudirt werden, ſo ſind ſie in dem engliſchen Proteſtantismus ungleich melodiſcher, als in dem deutſchen.

Nach der Beleuchtung des Zuſtandes der Wiſſenſchaften und Künſte und des Erziehungsweſen, gehe ich nunmehr zu der mechaniſchen Geſchicklichkeit der Amerikaner über.

In der Mechanik ſind die Amerikaner ungleich weiter vorgeſchritten, als in den Künſten und Wiſſenſchaften; auch haben ihre Waſſermühlen unſtreitig den Vorzug vor den unſrigen, indem ſie ungleich weniger Menſchenhände zum Mahlwerk gebrauchen, als wir. Auch haben ſie die Dampfkraft zuerſt zur Schifffahrt angewendet, und die Zahl der Dampfböte iſt in Amerika größer, als ſelbſt in England. Ihre Pfahl-Rammen ſind ſo bequem und zweckmäßig eingerichtet, daß ſie zum Einrammen ſelten mehr, als 5 Mann brauchen, wohingegen bei uns 25 Menſchen erforderlich ſind. Der Ambos wird mittelſt eines Rades 18 bis 20 Fuß hoch hinaufgewunden, und fällt dann, durch Hülfe der Maſchinerie, mit aller Kraft auf den Pfahl. Nicht minder haben ſie eine Büchſe erfunden, aus welcher durch eine einzige Ladung und mit einem Abdruck 14 Kugeln hintereinander abgeſchoſſen werden, von denen auf eine Diſtanz von 200 Schritten, nicht eine die Scheibe gefehlt hat. In Seegefechten ſind ſie mit ſehr gutem Erfolg gebraucht worden. Auch dürften dieſe Mordinſtrumente bei Landarmeen, beſonders gegen Kolonnen und Kavallerie ſehr zweckmäßig angewendet werden können.

Siebentes Capitel.

Philadelphia. Religionssekten und ihr Cultus.

Erster Abschnitt.

Bauart der Stadt, die Einwohner und ihre Sitten.

Philadelphia ist die Hauptstadt in den Vereinigten Staaten; sie ist vor etwas länger, als hundert Jahren, von den unter William Pen ausgewanderten Quäkern gegründet worden und zählt jetzt bereits gegen 130 bis 140,000 Einwohner aus allen Nationen Europas, unter denen aber doch die Engländer und die Deutschen oder ihre Abkömmlinge die zahlreichsten sind. Deutsche Sprache und Sitten sind schon bei der ersten Generation der Abkömmlinge der deutschen Emigranten erloschen, und selbst diese, da sie größtentheils aus der ordinären Volksklasse abstammen, wenn sie mehrere Jahre hier gewesen, sind oft so charakterlos, daß sie sich schämen ihre Muttersprache zu reden. Mangel an Nationalstolz wirft man dem Deutschen überall im Auslande ganz mit Recht vor. Der Engländer und Franzose bleiben ihren Sitten, Gebräuchen und Nationalcharakter bei weitem mehr treu.

Was die Bauart der Stadt betrifft, so bildet sie ein regelmäßiges Quadrat, welches durch die breiten Straßen, die an beiden Seiten mit Trottoirs von Ziegelsteinen gepflastert, versehen sind, in grader Linie und in der schönsten Symmetrie durchschnitten wird.

Von den Gebäuden verdienen nur das Theater und die Bank von Stephan Girard, wegen des geschmackvollen Styls, in dem sie erbauet sind, die Aufmerksamkeit des Fremden; alle übrigen Häuser, die durchgängig nicht mit Kalk abgeputzt sind, sind zwar neu, aber durchaus ohne alles Gepräge der Kunst, ja sogar ohne Geschmack, mit einer Menge von hohen Feueressen und Schindeldächern, erbaut. Das Innere der Häuser kann man eigentlich nicht Zimmer, sondern eher Klosterzellen nennen, weil sie sehr eng sind; eben so unverhältnißmäßig klein sind die Fenster.

In der Stadt selbst sind zwar einige mit Bäumen bepflanzte und mit Eisengittern oder Umschrot versehene Plätze; allein um die Stadt ist eben so wenig, als im ganzen Lande eine Allee zu finden. Auch sieht man keine andere, als Gemüse oder Grasgärten, und die wenigen, welche etwa vorhanden sind, besucht niemand.

Nur die Straßen sind hier die elisëischen Felder, auf denen die Schönen ihre pariser Costums sehen lassen. Nur hier findet man zu jeder Stunde des Tages bis in die späte Nacht Gesellschaft, und niemand findet es anstößig, wenn eine junge ehrbare Dame, auch erst um eilf Uhr des Nachts, ihre Promenade ganz allein beginnt. Straßen-Promenaden und Patrouillen in die pariser Putzladen und Krambutiken sind, außer etwanigen Visiten, der einzige Zeitvertreib des schönen Geschlechts, das hier nur zum Lebensgenuß, wenn man Nichtsthun so nennen kann, von der Natur beglückt zu seyn scheint; indem der gute Ehemann mit dem Korbe am Arm sogar allen Küchenvorrath auf dem Markt einkauft. Dieses absolut weibliche Onus ist hier auch auf die Männer übergegangen, und nichts ungewöhnliches ist es, den zehnfachen Millionär Stephan Girard mit einem gerupften Kapaun, den Dr. Juris mit einem Gebund Fische, und den Dr. Medicinae mit der Butterbüchse oder einem Gericht Spargel oder Sallat in der Hand, vom Markt zurückkehren, zu sehen. Das republikanische Allesgleich und die ausgezeichnete irische Artigkeit der Männer gegen das zweite Geschlecht haben wohl auch dieser, dem Deutschen so neuen Gewohnheit, ihr Entstehen gegeben.

Bei diesem Capitel muß ich den Leser doch auch mit der vornehmeren Classe des weiblichen Geschlechts in Amerika ein wenig näher bekannt machen. Dieses ist in der Regel schlank und gut gewachsen. Der Körper ist ungemein zart, die Brust flach und sehr dürftig; die Gesichtszüge sind zart und regelmäßig und die Augen feurig, und so lange die Mädchen jung und unverheirathet sind, kann man sie mit allem Recht schön nennen.

Ihrem zarten und blassen Teint geben sie durch pariser Schminke oder auch durch eine chinesische Wurzel, welche diese Eigenschaft besitzt, daß der Schweiß das angenehme Roth nicht zerstört, den Anstrich der Lebendigkeit; und selbst die jungen sittsamen und allen Modeflitter verbannenden Quäker-Ladys, sieht man mit künstlich rothen Wangen.

Werden die Mädchen aber erst Frauen, haben sie ein oder zwei Kinder gebohren; verschwunden sind dann auch alle Reize, und Todtenblässe deckt ihr Antlitz. Sey es nun die drückende Sommerhitze, oder das Ungesunde der Atmosphäre oder die Lebensart; kurz nirgends in Amerika sieht man die strotzende und blühende Fülle der Gesundheit des Europäers. Auch altert der Amerikaner ungleich früher, als der Europäer.

Auch das Zarte und Sanftmüthige unserer deutschen Weiber findet man hier nicht bei dem weiblichen Geschlecht. Wird es durch irgend etwas gereizt, so sprühen gleich die Augen Flammen und die schönen Gesichtszüge gehen in fast konvulsivische Verzerrungen über. Oft sah ich junge Mädchen selbst gegen ihre Eltern in einem solchen Zustande. Den Putz lieben sie leidenschaftlich, auch ist das Phlegma der Männer nicht auf sie übergegangen; dessenungeachtet aber haben sie nichts von dem unschuldigen Muthwillen ꝛc. an sich, der das schöne Geschlecht in Europa oft so liebenswürdig macht, und wirklich interessant für den Europäer ist ein amerikanisches tête à tête, in dem oft nicht zehn Worte in der Stunde gewechselt werden. In den Händen einer vornehmen Amerikanerin sah ich nie einen Strumpf, nie hörte ich einen Laut auf dem Fortepiano, auf der Harfe oder Guitarre, nie hörte ich nur einen lieblichen Triller ihrer Philomelen-Stimme, so oft ich auch in den schönen Sommerabenden auf den Straßen, wo die vornehmste Classe wohnt, auf und nieder ging; sogar ein Buch sah ich sie höchst selten in der Hand halten, und manche saßen gleich egyptischen Mumien stundenlang am Fenster.

Die jungen Quäkerinnen, in ihrem einfachen Gewand von Levantin, zeichneten sich meistens durch eine größere Fülle der Gesundheit und einen kräftigeren Körperbau vor den übrigen aus; und eben so war dieß bei den Männern der Fall. Die mäßige Lebensart, die Enthaltsamkeit vom Genuß spirituöser Getränke und ihre wärmere Kleidung, die bei dem so häufigen Wechsel der Witterung nothwendig ist, konserviren ihre Gesundheit besser, als bei den übrigen Amerikanern, die diese Vorsicht nicht gebrauchen; denn auch die deutschen Sekten, die fast ganz nach der Gewohnheit der Quäker leben, zeichnen sich schon vor den übrigen Religionsverwandten eben so, wie die Quäker, aus. In Philadelphia hat die Quäkersitte noch immer viel Decenz erhalten, und darum sieht man dort auch sehr wenig rauschende Vergnügen. —

Die vorzüglichsten Etablissements und Merkwürdigdigkeiten sind: eine öffentliche vom Dr. Franklin gestiftete Bibliothek, ein Naturalien-Kabinet, worin einige ausgestopfte Thiere und eine ziemlich bedeutende Anzahl ausgestopfter Vögel, worunter fast alle amerikanische Gattungen, einige Insekten und andere, besonders indianische, Merkwürdigkeiten sind. Gegen dasjenige, was wir in Europa gewöhnlich als Naturalien-Kabinet zu betrachten gewohnt sind, verdient es kaum einer Erwähnung. Ferner sind in Philadelphia: ein Theater, welches jetzt wahrscheinlich von einem schwärmerischen Sektenbekenner angezündet worden, ein Gerichtshof, ein Stadthaus, (Mayors Office) worin der Alderman (Oberbürgermeister) in Polizei- und Bagatell-Sachen entscheidet, ein Lyceum, eine Bildungsanstalt für Aerzte, ein Gefängniß und ein Arbeitshaus, drei Hospitäler für Kranke und eine Wasserleitung.

Unter den Einwohnern befinden sich auch eine Anzahl schwarzer und farbiger Leute, (wohl an 15,000 Seelen), die entweder als Tagelöhner, oder Domestiken und einige wenige auch als Handwerker ihren kümmerlichen Lebensunterhalt verdienen. Einen wohlhabenden Neger zu finden, gehört unter die größten Seltenheiten. In ihrer Haushaltung ist weder Ordnung, noch Eintheilung, auch sind sie von der Sucht nach Reichthum bei weitem nicht so sehr durchdrungen, wie der Weiße. Ihre Lebensart ist die des gemeinen Volks in Amerika: die Männer lieben den Trunk und die Weiber sind ausschweifend. Zu einer rechtmäßigen Ehe wollen sich immer sehr viel Schwarze noch nicht bequemen, und die meisten leben in einem Concubinat, welchen sie zu jeder beliebigen Zeit wieder aufheben; auch ist Eifersucht eben nicht die größte Leidenschaft des Afrikaners. Ueber den moralischen Zustand der in den Städten wohnenden Neger, kann man in der That nicht das beste

Urtheil fällen; jedoch muß man eine Entschuldigung darin für sie suchen, daß die Regierung des Landes nicht die geringste Aufmerksamkeit auf sie verwendet, obgleich sie einer vormundschaftlichen Leitung noch sehr bedürftig sind. Ueberall werden sie mit Verachtung behandelt und als eine verworfene Race zurückgestoßen; daß sie in einigen Provinzen ihre Freiheit erlangt, Schulen und auch schon studirte Prediger haben, verdanken sie einzig und allein den rechtschaffnen Quäkern. Sogar in Philadelphia darf kein Schwarzer auf seinen Namen ein Haus oder Grundstück besitzen, und gewöhnlich wohnen sie in einem besonderen Viertel der Stadt. Der südliche Theil von Philadelphia ist das Quartier der Neger und armen Klasse, und kömmt man dorthin, so sieht man das amerikanische Elend in einer so gräßlichen Blöße, wie man es nirgends in Europa (die Lazaronis in Italien ausgenommen) antreffen wird. Hier hausen auch alle verworfenen Geschöpfe, die schaarenweis um die Matrosen-Tavernen von Whisky berauscht, herumtaumeln. Ueber nichts wundern sich die Deutschen mehr, als soviel Trunkenbolde unter dem weiblichen Geschlechte zu sehen.

Zweiter Abschnitt.

Religionssekten und ihr Cultus.

In Philadelphia haben nachstehend benannte Religions- und Sektenverwandte ihre Kirchen.

 1) Die Presbyterianer   8 Gotteshäuser.
   (hier Meeting-House genannt).
 2) Die Episcopalianer   4 — —
 3) Die Methodisten   5 — —
 4) Die Katholiken   4 — —
 5) Die Baptisten   5 — —
 6) Die Quäker   4 — —

7) Die Fighting-Quäker   1 Gotteshaus.
   (Diese ziehen zu Felde).
8) Lutheraner   3 Gotteshäuser.
9) Die Kalviner (Reformirte) 3 — —
10) Die Juden   2 — —
11) Die Universalisten   1 — —
12) Die schwedischen Lutheraner 1 — —
13) Die Herrenhuter   1 — —
14) Die Congrelato-Casualisten 1 — —
15) Die Unitarier   1 — —
16) Die Cononunter   1 — —
17) Die schwarzen Baptisten   1 — —
18) Die schwarzen Episcopalianer 1 — —
19) Die schwarzen Methodisten 2 — —
20) Die Deisten   1 — —
   (Diese leugnen die Gottheit
   Christi).

Im Innern des Landes sind noch nachstehende deutsche Sekten

1) Mennonisten.
2) Dunker.
3) Amisch-Männer (Anababtisten).
4) Schwengfelder.
5) Separatisten.
6) Harmonisten.

In Neu-England sollen sich noch zwei merkwürdige Sekten, die Hicker-Quäker und Adamiten befinden.

Alle hier angeführte Sekten sind Bekenner eines wahren und alleinigen Gottes, und gründen ihre Religions-Dogmen auf die heilige Schrift.

Die Verschiedenheit ihres Kultus rührt von der Verschiedenheit der Auslegung paradoxer Stellen in der Bibel her. Manche haben weder Taufe, noch Abendmahl, wie die Quäker und Schwengfelder; andere taufen erst, wenn der Mensch erwachsen ist: wie die Mennonisten, Dunker und Amischmänner. Die Taufe geschieht zwar nicht im Fluß Jordan, die sie zum Vorbild genommen, aber doch in den Flüssen Ohio, Susquehanna und Lecha und unterscheidet sich wieder darin: daß einige nur bis an die Knie, andere aber bis über die Ohren den, zur Eingehung in das Himmelreich, nothwendigen Actus bekommen, als: die Dunker und Amisch-Männer, welche völlig untergetaucht werden. Bei den letzteren trägt jeder Mann, bei den ersteren aber tragen nur die Prediger einen Bart. Unter jenen ist selbst in der Kleidung wieder ein Unterschied, indem die eine Sekte Knöpfe, die andere nur Häkchen an den Kleidern trägt. Ihre Namen sind alle aus dem alten Testament entlehnt, als: Abraham, Isaak, Jakob, Rachel, Sahra. Unter den übrigen Sekten verdienen vorzüglich näher angemerkt zu werden:

1) die Quäker, sie stammen aus England, und sind durch William Pen, den Sohn eines englischen Gouverneurs, nach Amerika geführt worden. Sie sind ein biederes, fleißiges, sparsames und sehr ruhiges Volk; sie trinken keine spirituösen Getränke, selbst nicht einmal Wein, gehen zu keinen Lustbarkeiten, fröhnen der Mode nicht, bekleiden keine Aemter und Ehrenstellen, fluchen und schwören niemals, vergießen kein Menschenblut, und reden jedermann mit „Du" an. In ihrem Gotteshause sieht man weiter nichts, als die vier Wände und die Bänke. Ihr Gottesdienst besteht darin: sie versammeln sich zu einer bestimmten Stunde im Gotteshause, sitzen in stummer Betrachtung und mit bedecktem Haupte ohngefähr eine Stunde; dann erhebt sich derjenige, der sich stark genug dazu fühlt, und hält eine sehr erbauliche Rede. Ist diese geendet,

so halten sie noch eine kurze stumme Betrachtung, und nach dieser verläßt Alles das Gotteshaus.

Man sagt: zuweilen fühlten auch Frauenzimmer, selbst junge Mädchen den Beruf, sich gegen die Sünden der Menschheit zu ereifern. Nie habe ich dies gesehen; vielmehr schien der Prediger, ein Mann von gesetzten Jahren, der mit noch 5 oder 6 anderen Männern in einer besondern Bank saß, sich auf sein Thema wohl vorbereitet zu haben. Auf der andern Seite der Front (der gewöhnliche Sitz der Prediger) saßen eben soviel bejahrte Frauen, und nur daraus schließe ich: daß auch sie das Kanzelfach zuweilen betreiben.

So einfach nun der Gottesdienst der Quäker auch ist; so lärmend und tobend ist

2) der, der Methodisten, einer Sekte, die ebenfalls aus England abstammt.

Er beginnt mit einem sehr melodischen Gesang, nach welchem der Prediger auf die Kanzel tritt. Die Predigt währt lange, doch unterscheidet sie sich anfänglich wenig von unseren gewöhnlichen Kanzel-Reden. Erst gegen das Ende geräth der Prediger immer mehr und mehr in Begeisterung, die so auf seine Zuhörer wirkt, daß sie laut stöhnen, mit den Füßen scharren, und mit den Händen um sich schlagen, um dadurch den Teufel abzuwehren, den sie immer in der Nähe glauben. Hin und wieder erfolgt ein lauter Schrei bei dem einen oder dem andern der Zuhörer. Endlich geräth der Prediger gleichsam in Wuth, schreit Ach und Weh! heult, wirft sich nieder, oder springt in die Höhe, klatscht mit den Händen und ruft aus: Seht! Seht! den Teufel. Jetzt erfolgt ein Zetergeschrei von allen Seiten, welches, besonders das der Frauenzimmer, einem durch Mark und Beine fährt. Endlich muß der garstige boshafte Teufel, der durchaus ihr Gebet nicht zu Gott gelangen lassen will, Reißaus nehmen. Da läuft er zur Thüre hinaus, da fährt er zum Fenster hinaus, da sitzt er noch auf dem Baum.

„Lobet Gott mit Hand und Fuß, mit Mund und Herz, ihr frommen Christen! Der Heiland ist uns gewogen; rufet Glory! Glory! Glory!" erschallet es von der Kanzel.

Alles was noch einen Stein auf dem Herzen hat, oder den der Geist eines Verstorbenen plagt, oder der noch einige Dutzend Teufel im Leibe fühlt, klatscht in die Hände, springt, tobet, raset, brüllet und fährt auf einem Platz dicht an der Kanzel und dem Altar unter schauderhaften Gebehrden und Gesichtsverzerrungen, in seinem wüthenden Tanz so lange fort, bis er unter krampfhaften Zuckungen, Heulen und Wimmern, gleich den heuchlerischen Derwischen in Wielands Oberon, zu Boden stürzt.

So habe ich den Gottesdienst der schwarzen Methodisten jedesmal, wenn ich ihre Kirche besuchte, gefunden, und wenn der, der weißen für gewöhnlich auch nicht so grell war, so ist er doch bei gewissen Feierlichkeiten und besonders bei dem Camp Meeting (Feld-Gottesdienst) eben so und zuweilen noch schauderhafter.

Hat der nunmehr ganz erschöpfte Prediger dieser wüthenden Wort-Gottes-Verkündigung endlich ein Ende gemacht, so erfolgt noch ein melodisches Lied, während welchem mancher alte Sünder oder Sünderinn in ihrer Bank trippeln und ihre Bocksprünge in kürzeren Tempos machen; und hiemit schließt der Gottesdienst.

Camp-Meeting werden im Frühjahr und Herbst im freien Felde, gewöhnlich in Büschen und Wäldern gehalten. Drei Tage und Nächte lang währt diese Feierlichkeit, wo alle die bereits geschilderten Auftritte und Zügellosigkeiten und unvermeidlich auch Ausschweifungen vorkommen. Mehrere deutsche Amerikaner erzählten mir: ein Sohn habe einmal, durch die Dunkelheit der Nacht getäuscht, mit der leiblichen Mutter ein frommes Schäferstündchen gefeiert. Zuweilen legen die Methodisten im Gotteshause vor der ganzen versammelten Gemeine laut und öffentlich ihr Sündenbekenntniß ab, und gar possirlich sind oft die reumüthigen Beichten alter, zur Bekehrung schreitender Trunkenbolde und die, den Schwächen des Fleisches unterworfener junger Mädchen, welche oft stotternd und mit klopfendem Herzen bekennen: daß der wüste (garstige) Teufel, in der Gestalt des Großknechts oder des jungen Schulmeisters, sie ums Kränzchen gepreßt.

Eine glaubwürdige deutsche Müllersfrau in der Brosch-Walley, erzählte mir: sie habe im Gotteshause der Methodisten eine liederliche deutsche Weibsperson, die eben erst zu der Sekte übergetreten war, gesehen, welche auch so lange gesprungen sey, bis sie unter krampfhaften Zuckungen, (die niemals fehlen dürfen) zu Boden gestürzt wäre. Der Rock habe sich überschlagen und vor Angst sey der bekehrten Sünderinn das Wasser entgangen. Der dicht neben ihr stehende Prediger habe jetzt frohlockend ausgerufen: Seht! Seht! Nun fährt der Teufel aus ihr! Nun ist sie rein. —

Jedermann wird hieraus ersehen, daß der Teufel der ärgste Feind der Methodisten ist, und daß sie keine Furcht vor Gott, sondern nur vor dem Teufel haben; denn immer das dritte Wort in ihren religiösen Gesprächen oder Gebeten ist der Teufel; er ist der Urheber alles Uebels. —

In ihrem häuslichen Leben sind sie sehr religiös, und verrichten des Morgens und Abends unter Gesang

und Gebet ihre Andacht; wobei einer der Mannsperso=
nen stöhnend und jammernd den Vorbeter macht. In
allen ihren Gebeten herrscht Schwärmerei und über=
spannte Metaphysik oder Misticismus, wie folgender
Auszug eines Gebetes, welches ich bei einem deutschen
Methodisten gehört, zeiget:

"Du Ewiger! erleuchte mit dem Lichte deiner
Weisheit das ungläubige Menschengeschlecht,
daß es endlich zur wahren Erkenntniß komme,
und der unsrigen soviel werden, als Sterne
am Himmel und Sand im Meere."

Diese Sekte ist die zahlreichste an Anhängern in
den Vereinigten Staaten, zu der auch schon mehrere
Deutsche übergetreten sind. Sie findet unter der Hefe
des Volks den meisten Anhang; auch bekennen sich die
meisten farbigen und schwarzen Leute zu ihr.

3) Die Presbyterianer sind von unsern Reformir=
ten wenig unterschieden; die übrigen Sekten bekennen
sich, wenn auch unter verschiedenen Modifikationen,
doch alle zum Protestantismus.

4) Die Schwengfelder stammen aus Schlesien,
und sind vor ungefähr 80 Jahren aus dem schlesischen Ge=
birge unfern der sächsischen Gränze, ausgewandert. Sie
wohnen, wie alle deutsche Sekten, auf dem Lande; sie
sind Leinweber und Ackerbauer, und allgemein als
biedere, fleißige und rechtschaffne Leute bekannt.

Ihre Kolonie ist in Pensilvanien in einer sehr
fruchtbaren Gegend im County von Montgomery, nicht
weit von Reading. Auf meiner Reise nach den Alleg=
henys besuchte ich sie und erfuhr von einer Frau: daß
ihre Großmutter aus der Gegend von Greifenberg aus=
gewandert sey, die ihr oftmal erzählt habe: sie hätte
in ihrem Vaterlande die Frösche hüten müssen, damit
sie den Pfarrer nicht im Schlafe stöhrten.

5) Der Herrenhuter religiöser und feierlicher Gottesdienst ist in Deutschland hinlänglich bekannt; sie sind nicht nur die biedersten, sondern auch die gebildetsten und aufgeklärtesten Menschen in ganz Amerika, und haben noch den Vorzug vor den Quäkern, denen man Geiz, Bizarrerie, Geringschätzung gegen Andersdenkende, und wenig Liebe zu den Wissenschaften, vielleicht nicht ganz ohne Grund vorwirft.

Die Herrenhuter wohnen in Bethlehem, Nazareth, Lüditz und Emaus. Erstere beide Oerter liegen am Lecha-Fluß, in einer sehr romantischen Gegend, ohngefähr 60 Meilen von Philadelphia. Auch jenseits des atlantischen Oceans machen sie sich um die Erziehung der Jugend sehr verdient, und haben auf allen ihren Kolonien, wo sich ein Schwesternhaus befindet, Institute.

Sie besitzen ansehnliche Ländereien, die gemeinschaftliches Gut sind, und darum findet man unter ihnen, wie unter den Quäkern und den deutschen Sekten, die sich insgesammt gegenseitig unterstützen und aufhelfen, durchaus keine dürftigen Menschen. Deutsche Sprache, Sitten und Lebensart haben sich außerhalb der Seestädte unter ihnen noch ganz rein erhalten.

6) Die Separatisten sind bereits aus der Beschreibung der Dr. Gallerschen Kolonie bekannt.

7) Die Harmonie besteht aus einer Gesellschaft Würtemberger, welche sich unter der Leitung eines gewissen Rapp im Staat Illinois am Wabash-Fluß niedergelassen hat. Die Mitglieder sind deutsche Emigranten, an die sich jetzt auch schon mehrere junge Amerikaner anschließen. Jeder eintretende muß sein ganzes Hab und Gut an den Vorsteher abliefern, sich aller ihm angewiesenen Arbeiten unterwerfen, und wird von der Kolonie mit Unterhalt und Kleidung rc. versorgt.

Diese Gesellschaft bildet eine ökonomische Compagnie, die ihre eigenen bürgerlichen und Religions-Gesetze hat, und macht gleichsam einen besonderen Staat aus.

Ein Mitglied kann erst nach einer zehnjährigen Frist ausscheiden, und erhält seinen Antheil am gemeinschaftlichen Gewinn, nebst dem eingezahlten Kapital; wer früher austritt, verliehrt das Eingezahlte. Herr Rapp ist, als Chef der Gesellschaft, gesetzgebende und ausübende Gewalt, jedoch sind die Mitglieder in peinlichen Fällen, die sich indeß hier noch nicht ereignet haben, den Gesetzen des Illinois-Staates unterworfen. Er hält die Mitglieder zur größten Thätigkeit an, und schon im Jahre 1818 hatte diese im Jahre 1816 erst gebildete Gesellschaft, 6000 Buschel Weizen eingeerndtet. Herr Rapp erläßt zuweilen Interdicte an die Ehemänner: bei ihren Frauen nicht zu schlafen. Letztere wollen den Amerikanern am wenigsten behagen, und schon häufig diente ihnen die bei den Herrenhutern noch übliche deutsche Sitte unter Eheleuten, in zwei verschiedenen Betten zu schlafen, zur Scheibe des Spottes und der Witzelei; denn der Grundsatz: Mann und Weib nur ein Leib! ist so tief unter ihnen eingewurzelt, daß selbst die ekelhaftesten Krankheiten kein Hinderungsmotiv sind; und im Maryland-Staate sah ich selbst einen Pflanzer, dem der Krebs bereits die ganze Oberlippe, auch einem Theil der Nase verzehrt hatte, und dennoch theilte er (von Alter ein Funfziger) mit seiner jungen und hübschen Ehekonsortin zu meinem größten Erstaunen das Nachtlager. Er hatte mit ihr zwei Kinder erzeugt, auch befand sich diese abermals in den Umständen, ihn mit einem dritten zu beschenken, er küßte die Kleinen, und die ganze Familie trocknete sich in ein Handtuch ab.

8) Die Hicker-Quäker. Diese Sekte soll in Neu-

England existiren; ich habe sie indeß nicht selbst gesehen, sondern nur von den Amerikanern die kraßesten Schilderungen von ihr gehört. Die Bekenner dieser Sekte sollen zuweilen nächtliche Versammlungen halten, wo die Weiber Communio bonorum universalis (allgemeine Gütergemeinschaft) sind, und jede Mannsperson einen Griff in den Glückstopf der Communion thun darf.

Bei der Neigung der Amerikaner zum Aufschneiden, würde ich dieses Gerücht nicht einmal der Erwähnung würdigen, wenn ich es nicht ziemlich allgemein gehört, und selbst eine offizielle Bekanntmachung der Behörden von Neu=England in den öffentlichen Blättern gelesen hätte: daß einer Sekte, welche bei ihren religiösen Versammlungen in der Modetracht des Vaters Adam und der Mutter Eva erschienen wäre, das Handwerk gelegt worden sey.

Die hier speziell angeführten Sekten sind bei weitem noch nicht alle; es giebt deren noch mehrere; auch bilden sich noch immer neue. Fällt es irgend einem Schwärmer ein, eine neue Sekte zu stiften, so bringt er die unsinnige Ausgeburt seiner schwärmerischen Phantasie ans Tageslicht, und gleich hat er Anhang beim gemeinen Volke. Während meinem Aufenthalt in den Vereinigten Staaten hat ein Schuhmacher aus dem Wittgensteinischen, dem die amerikanische Constitution und die Bibel den Kopf schon halb verdreht hatten, sich auch zum Propheten aufgeworfen, und eine neue Sekte (deutsche Presbyterianer) gestiftet, von der er selbst Prediger war.

Dritter Abschnitt.

In polizeilicher Hinsicht finden hier auch noch die englischen Gesetze statt. Musik ist des Sonntags, selbst im Privat=Hause, bei nachdrücklicher Geldstrafe verboten; dagegen aber stehen die Hallen des Bachus und der Venus, außer den Stunden des Gottesdienstes, zu jeder Zeit offen, worin sich die jungen Leute für das ihnen untersagte Tanzvergnügen auch reichlich schadlos zu halten suchen; nicht minder glaube ich bei den schwärmerischen Sekten, worunter ich auch die deutschen Alttestamentarier rechne, sehr viel Hang zur sinnlichen Liebe, als der einzigen ihnen noch erlaubten Lebens-Würze, bemerkt zu haben. —

Wie die Local-Polizei in Philadelphia beschaffen ist, ergiebt sich daraus: daß zuweilen fünfmal des Tages Feuerlärm gemacht wird. Glücklicherweise sind die Löschanstalten ziemlich gut, und die Spritzen so handig, daß sie von einem Trupp Knaben fortgezogen werden können. Aller Unrath aus den Küchen und Stuben wird auf die Straßen geworfen, und bleibt oft so lange liegen, bis ihn ein Regenguß wegspült. Der Abfall von den Victualien geht in Fäulniß über, und verbreitet den durch das heiße Klima im Sommer ohnehin schon ausgeheckten Krankheitsstoff, noch mehr, so, daß Philadelphia in der heißen Periode, obgleich das gelbe Fieber dieß Jahr dort nicht grassirte, dennoch einem Kirchhofe glich, indem wöchentlich mehr als hundert Menschen beerdigt wurden. Die Leichen werden dort, schon einige Stunden nach ihrer Entstehung, zur Erde bestattet.

Täglich forderte in Baltimore das gelbe Fieber seine Opfer, das auch in Neu-York eingerissen war, und dennoch bestand eine immerwährende Communication mit diesen Plätzen.

Vier tausend Hunde liefen herrenlos auf den Straßen von Philadelphia umher; das Gouvernement ließ, da bei der starken Hitze mehrere toll geworden waren, jeden auf der Straße herumlaufenden Hund todtschlagen. Schon darüber erhob das amerikanische Volk einen Lärm, und glaubte, durch die Keulen der Hundemörder, die Pfeiler seines Freiheits-Tempels erschüttert. Eher will es die nachtheiligsten Mißbräuche ertragen, eher im Schmutz ersticken und in der Pest umkommen, als sich in seinen Freiheits-Privilegien beschränken lassen. Außer den Hunden liefen auch noch viel fette Sauen und Milchkühe, bei Tage und bei der Nacht, auf den Straßen umher.

Vierter Abschnitt.
Die im Jahr 1819 ausgewanderten deutschen Bauern in Amerika. Verkauf derselben für die Fracht.

Die amerikanischen Schiffs-Kapitäns wohlwissend, wie schwierig es jetzt ist, Passagiere, die die Fracht nicht bezahlt haben, an den Mann zu bringen, und ihr Frachtgeld dafür zu lösen, lassen sich mit diesem Geschäft gar nicht mehr ein. Es waren 2 preußische und 1 holländisches Schiff in Philadelphia, die weiße Serven in Amsterdam geladen hatten. Mädchen von empfehlendem Aeußern und Kinder gingen fast meistens ab, und zum Erstaunen war es: wie die guten Kleinen der armen Schwaben, sich um jeden Kauflustigen, der aufs Schiff kam, drängten, und sich ausputzten, um nur bald einen Käufer zu finden. Manche mußten 6, manche 9 Jahre für ihre Fracht (35 Piaster) dienen, und erhielten Schulunterricht, Kost und Kleidung. Nicht eines sah ich eine Thräne vergießen, wenn es sich von den Eltern trennte, die auf dem Schiff zurückbleiben mußten, bis ihr Auslöser erschien. Oft kamen Eltern und Kinder bis hundert Meilen weit auseinander, manchmal ziehen jene in die Wildnisse des Ohio, lassen die Kinder als Serven in den Seestädten zurück, und sehen sich zuweilen Zeitlebens nicht wieder. Schrecklich ist doch das Loos der armen Deutschen! Kann das Land seine Bewohner nicht mehr nähren, so sollte doch die Regierung für ihre anderweitige Unterbringung sorgen. England würde ihnen gewiß freie Ueberfahrt in seine Kolonien geben, wenn die Regierung sich für die Unglücklichen verwendete, die hier wie das Vieh verkauft werden. Die Männer wollte niemand mehr frei machen. Endlich fanden sich Agenten, die die Erbauung der Festungen im neuen Alabama-Staate in Entreprise übernommen hatten, und diese lösten sie zu Hunderten aus, ließen sie gleich auf ein anderes Schiff bringen, und nach dem Mobile- und Alabama-Gebiet in West-Florida transportiren, wo sie unter militärischer Bedeckung in Gemeinschaft mit den zu gleichem Behuf erkauften Negersklaven an den Festungswerken arbeiten müssen. Sie dürfen nur zwei Jahre serven, und erhalten nach dieser Zeit noch 50 Piaster. Das Klima ist im Sommer dort so brennend, wie in West-Indien, der Boden voller pestilenzialischer Sümpfe, und fast alle Jahre stellt sich das gelbe Fieber ein, welches diesen Sommer (1819) den dritten Theil der Einwohner wegraffte. Es wurde den Unglücklichen vorgespiegelt, daß sie zum Ackerbau gebraucht werden sollten.

Einem preußischen Kapitän sind die Passagiere durchgegangen, und er verlohr an 10,000 Franken Frachtlohn. Nicht besser erging es einigen Spekulanten, die für mehrere ausgewanderte Deutsche in der Absicht die Fracht bezahlt haben, daß sie ihnen dafür Feldarbeiten auf ihren einzukaufenden Ländereien verrichten sollten. Aufgeredet durch das Gesindel in den Seestädten, daß die hiesigen Gesetze kein auswärtiges Abkommen schützten, sind ihnen die meisten durchgegangen, und am Ende mußten sie den Rest selbst gehen laſſen, indem die Reiſe nach den weſtlichen Staaten, zu Lande beinah eben ſo viel gekoſtet haben würde, als die Ueberfahrt über die See; und was koſtet die Unterhaltung ſo vieler Menſchen nicht? bis die nöthigen Lebensmittel dem Boden abgewonnen werden. Solche Spekulationen ſind Luftſchlöſſer, wodurch die Unternehmer (Leute aus dem Heſſiſchen) ihr in Europa erſpartes Vermögen von mehreren tauſend Thalern gänzlich verlohren haben. Dem Kapitän Steiger aus der Schweiz erging es nicht beſſer.

Fünfter Abſchnitt.

Die unglücklichſten aller Europäer in Amerika. — Die Offiziere und Männer von wiſſenſchaftlicher Bildung.

Wie traurig es manchen europäiſchen Offizieren, ſowohl aus Frankreich, als aus Deutſchland ergeht, und wie weit die Verzweiflung den Menſchen doch oft verleiten kann, wird dieſer Abſchnitt zeigen.

Ein Oberſt von der franzöſiſchen Kaiſergarde hielt einen Zuckerbäcker-Schop in Philadelphia.

Ein franzöſiſcher Subaltern-Offizier handelte auf offener Straße und in Wirthshäuſern mit Kakes (Zwieback).

Ein franzöſiſcher Diviſions-General hielt in Philadelphia ein Bording- und Lodging-Haus (Gaſt- und Speiſe-Haus). Die Frau Generalin verſah die Küche, und der General ſchenkte Porter ein.

Drei andere franzöſiſche Militärs, worunter zwei Offiziere und ein Regiments-Chirurgus, trieb die Noth und Verzweiflung bis zu einem — Rencontre mit der Poſt. Sie wurden aber alle drei eingefangen, und nur ihre elende Lage, und die Vorliebe der Amerikaner für die Franzoſen, retteten ſie vom Strange. Das

Urtheil fiel auf zehnjähriges Gefängniß aus, aus welchem sie zu entkommen versuchten, aber wieder eingefangen wurden.

Verschiedenen deutschen Offizieren ging es ebenfalls höchst traurig. Einen Kapitän von vornehmer Herkunft fand ich in einem Wirthshause als Barkeeper, (Marqueur) und seine schöne junge Frau als Stubenmädchen, jedoch mit 20 Piaster monatlichem Gehalt und freier Station angestellt. Ein eigenes Gefühl bemächtigte sich meiner, als er mir meine Reise=Tasche abnahm, und ein Glas Rum einschenkte, welches er auch jedem Bauer thun mußte. Ein unglücklicher königl. baiersch. Premier=Lieutenant hatte ein noch traurigeres Loos; anfänglich arbeitete er bei einem Bauer als Knecht, dann bei einem Goldarbeiter als Blechschläger und in der Folge lernte er die Huthmacher=Profession in Pittsburg. Auch er war ein sehr gebildeter und rechtschaffner Mensch. Bei den Bauerarbeiten kam ihm oft das Blut aus dem Halse geschossen, weil er zu schwächlich und derselben ungewohnt war.

Ein Schweizer, ehemals Kapitän in der Bonapartischen Armee, verdiente mit einem Guckkasten, womit er bei den Pflanzern im Lande umherzog, sein Brod.

Ein Referendarius aus einer nun preußischen Provinz, schätzte sich glücklich einen Schulmeister=Posten zu erhalten. Im größten Elend traf ich diesen Menschen auf meiner ersten Wanderung nach dem blauen Gebirge auf der Landstraße. Der Leichtsinn sah ihm aus den Augen, und von der Moral dürften seine Zöglinge wahrlich nicht viel profitiren. Ein gutmüthiger deutsch=amerikanischer Bauer, der mich für ein kleines Geschenk, ohngefähr $\frac{1}{4}$ Piaster werth, bis Bethlehem 55 Meilen von Philadelphia, mitnahm, übte auch an ihm eine gleiche Gefälligkeit; hielt ihn mit der Zehrung frei,

nahm

nahm ihn in seiner Wohnung auf, indem kein Schulmeister-Dienst in der dasigen Gegend gerade vacant war, und versah ihn 2 Monate lang mit allen Bedürfnissen, wofür jener ihm die Kinder unterrichten sollte. Nach dieser Zeit verunreinigte sich der Schulmann mit der Frau, und es kam zur Trennung. Dieser Undankbare verklagte nunmehr seinen Wohlthäter, der ihn als einen Bettler von der Landstraße aufgenommen hatte, beim Friedensrichter, und erpreßte von ihm, der nichts weniger als wohlhabend und Vater von acht unerzogenen Kindern war, 12 Piaster. Seiner Angabe nach, war er ein naher Verwandter von demjenigen, welcher der hauptsächliche Urheber meines Ruins und meiner Auswanderung gewesen ist. Ein solches Betragen ist der sauberen Sippschaft würdig. Möge der Ehr- und Pflichtvergessene sich immerhin hinter dem Deckmantel der Form verbergen! Der Untersuchung und dem Urtheil des ewigen Richters wird er nicht entgehen. Und wehe ihm! wenn ich einst Rechenschaft von ihm fordern darf. —

Siebentes Capitel.

Excursionen in verschiedenen Gegenden der Vereinigten Staaten: Pensylvanien, Neu-York, Neu-Jersey, Delavare, Marryland und Virginien; spezielle Bemerkungen über das Land, die Menschen und insbesondere über den Ackerbau, über das Thierreich und die Vegetabilien.

Eine Erzählung der Fata und Aventuren, wie man sie oft in Reisebeschreibungen, besonders in denen der Engländer findet, die eher einem Romane gleichen, worin der Herr Reisende die Rolle des ersten Romanen-

Helden spielt, eine Erzählung der Liebes-Intriguen, die in fremden Ländern angeknüpft worden, und wo der Beefsteake und der Boudin am besten geschmeckt haben, beabsichtigte ich keinesweges in mein Werk über Amerika aufzunehmen. Es soll, wie der Leser schon aus dem ersten Capitel wird ersehen haben, bloß eine Schilderung des gegenwärtigen Zustandes des transatlantischen Continents, eine Notiz für den Geschäftsmann, ein Wegweiser für den Auswanderer, und eine Warnung für den jungen unerfahrnen Menschen und den Glücksgierigen seyn, nicht ohne Noth in einen fremden Welttheil auszuwandern, wo er sich in seinen Erwartungen oft gänzlich getäuscht, und dort von allen Angehörigen verlassen, dem Elend preis gegeben sieht.

Auch habe ich diese Schrift nicht für den Gelehrten verfasset; denn dazu hatte ich mich zu wenig vorbereitet, und daher habe ich mich auch sehr wenig darum bekümmert: wie viel Gattungen von Fröschen, Molkendieben, Fledermäusen, Raupen und Pilzen es dort giebt.

Raupen, die seit mehreren Jahren in Europa so große Verheerungen gemacht, indem sie ganze Wälder unserer tausendjährigen Eichen bis aufs Gerippe aufgefressen haben, sind mir dort wenig oder gar nicht vorgekommen, und eben so wenig Pilze habe ich daselbst gefunden, welche letztere mich auch um so weniger interessirt haben, da ich durchaus kein Freund davon bin. Die Ursachen der Seltenheit dieser gefräßigen Insekten und schwammigen Vegetabilien werden vielleicht im Linneischen System aufzufinden, oder den Naturforschern besser bekannt seyn. Ich, als ein Laie in der Naturkunde, bin der schlichten Meinung: daß der Boden und die Atmosphäre ihnen nicht ganz günstig seyn müssen.

Von den Conchilien haben a) die schönen, großen und fetten Austern mich am meisten interessirt, die das ganze Jahr hindurch in großem Ueberfluß zu haben sind. Es giebt deren zwei Sorten; frische Austern (fresh oisters) und See-Austern (salt oisters). Erstere werden im Fluß- und letztere im See-Wasser mittelst eiserner Rechen von dem Grunde des Wassers aufgefangen.

b) Die Schildkröten haben nicht minder meine Aufmerksamkeit an sich gezogen, die von solcher Größe sind, daß manche 15 bis 20 Pfund wogen, auch wurden sie nach dem Pfunde verkauft, und galten den Preis des Rindfleisches.

Im Gebiet der Mineralien und Fossilien giebt es keine Brillanten und Diamanten, auch kein Gold und Silber in den Vereinigten Staaten, und diejenigen Steine, welche keinen Werth haben, scheinen den Herren Amerikanern auch wenig zu interessiren. Meiner Meinung und Beobachtung nach, dürften die blauen und Alleghenny-Gebirge und besonders die Gebirge in den südlichen Staaten an werthvollen Objecten des Mineral-Reichs sehr reichhaltig seyn, und in der That muß man sich darüber wundern, daß dieses gewinnsüchtige Völkchen, auch selbst in dem oft sehr belohnenden Zweige der Wissenschaften, noch keine bemerkbare Fortschritte gemacht hat, und sich auch nicht darauf zu legen scheint.

c) Unter den Insekten verdienen die kleinen Johannis-Käfer hier angemerkt zu werden, welche dort in sehr großer Menge und so glanzvoll sind, daß sie mir bei dunkler Nacht auf meinen Wanderungen, wenn ich bei den irischen Jänkis kein Nachtquartier erhalten konnte, oft den Weg erleuchteten.

d) Von den Amphibien will ich bloß über nachstehend benannte eine kurze Notiz mittheilen.

1) Der Alligator (oder das amerikanische Krokodill) hält sich schon in den Sümpfen von Maryland, Virginien, den Carolinas, Georgien, den beiden Floridas und der Louisiana auf, fällt auch Menschen, besonders beim Baden an, ist aber so feig, daß er augenblicklich die Flucht ergreift, wenn man ihm nur mit dem Daumen einen Stoß ins Auge versetzt. In Süd-Amerika wurde ein junges Mädchen von einem Krokodill beim Baden überfallen, und rettete dadurch ihr Leben, daß es ihm mit beiden Daumen in die Augen fuhr. Das Krokodill ergriff zwar die Flucht, aber die herzhafte Süd-Amerikanerinn hatte doch die eine Hand in diesem Kampfe verlohren.

2) Der heulende oder brüllende Frosch. Sein Geheul gleicht dem eines Täubers, ist aber ungleich stärker.

3) Die Klapperschlange (Rattle-Snak), die in den blauen und Allegheny-Gebirgen, und in den westlichen Staaten zu finden ist. Am Ontario-See giebt es deren so viel, daß es dort für die Schiffer zu landen gefährlich ist. Am blauen Gebirge werden sie im Winter in ihrer Verstarrung aus der Erde ausgegraben, Kopf und Schwanz werden ihnen sogleich abgestochen, das Fett wird aus dem Rumpfe ausgeweidet, und in die Apotheken verkauft. Ich habe keine lebende, sondern nur die Haut der Klapperschlange gesehen, kann aber nach den über dieselbe eingezogenen Erkundigungen folgende Beschreibung darüber mittheilen.

„Sie ist eine gute Elle bis $\frac{5}{4}$ lang, hat eine grün und gelb gestreifte Hornhaut, zwei Klappern unter dem Bauche, womit sie bei jeder Bewegung ein Geräusch verursacht. Der Schwanz ist etwas spitzig und mit einem Stachel versehen, womit sie sogar ins Holz Löcher sticht. Ihr Gift hat sie in einem Zahn und verwundet durch den Biß, sucht sich aber auch mit dem Schwanzstachel zu wehren. Ein Bauer in den Alleghenys erzählte mir: daß die Arbeitsleute beim Heudörren eine Klapperschlange auf der Wiese gefunden und sie mit dem Rechen an den Boden festgedrückt hätten, worauf sich dieselbe zu wehren gesucht, und wohl an eilf kleine Löcher mit dem Schwanzstachel in den Rechenstiel gestochen hätte. Ihr Biß ist gewöhnlich tödtlich, und erst vorigen Sommer wurde ein junges Bauermädchen aus Ebensburg im westlichen Pensylvanien, beim Haferrechen von einer Klapperschlange zwischen 8 und 9 Uhr des Morgens, in den Fuß gebissen. Sie eilte gleich nach Hause, und konnte, (sey es Angst oder Wirkung des Gifts) das väterliche Haus kaum mehr finden. Die Entzündung griff so schnell um sich, daß der um 2 Uhr Nachmittags erst herbeigekommene Arzt keine Rettung mehr bewirken konnte. Das Mädchen klagte über ein solches Brennen im ganzen Körper, als wenn sie in einem Feuerbett läge, und gab, unter krampfhaften Verzuckungen und auf die schmerzvollste Art, Nachmittags um 5 Uhr den Geist auf.

Die Indianer sollen ein Mittel besitzen, welches den Biß unschädlich macht. Auch dringt das Schlangengift nicht durch Wollen-Zeug, und gewöhnlich tragen die Feldmesser, welche in den Wildnissen beschäftiget sind, Strümpfe von Fries über die Stiefeln. Das Schwein ist das einzige lebende Wesen, dem kein Schlangenbiß schadet, und mit dem größten Heißhunger verzehret es alle Schlangen, die es antrifft. Dieser Umstand dürfte zu der Untersuchung Anlaß geben: ob Schweinefett nicht gegen den Schlangenbiß heilsam sey?

4) Die Kupperschlange (Kooper-Snak) hat eine sehr schöne schwarze sammetartige Haut, mit rothen

und gelben Flecken untermengt, und ist nächst der Klapperschlange die giftigste. Auf den Alleghenys sah ich eine Kupperschlange, sie war 3 bis 4 Ellen lang, und blieb unbeweglich liegen, obgleich ich bis auf 8 Schritte an sie heranritt.

Außer den hier angeführten beiden, giebt es noch eine Menge Schlangenarten in Nord=Amerika, deren Erwähnung mich hier zu lange aufhalten würde. Bekanntlich legt die Schlange Eier in den Sand und läßt sie durch die Sonnenstrahlen ausbrüten; geräth sie aber mit ihren Jungen in Gefahr, so öffnet sie den Schlund und läßt jene in den Rumpf schlüpfen. Im Thale Kishikokilis hörte ich, daß die Leute beim Heudörren eine ungemein dicke Schlange mit der Heugabel durchstochen hätten, und 102 junge Schlangen zischend aus der Oeffnung des Rumpfes herausgekrochen wären. Auch dieses mir als gewiß versicherte Factum lege ich den Naturforschern zur Prüfung vor: welche Meinung die richtige sey? Nämlich ob diejenige, „daß die jungen Schlangen wirklich in den Rumpf gekrochen," oder die, „daß sie bereits ihrer Geburt nahe waren, als die alte durchstochen wurde." Denn bekanntlich giebt es eine Art unschädlicher Schlangen, die ihre Jungen gebährt.

5) Die Seeschlange, ein Ungeheuer, welches im Frühjahr 1819 bei Boston unfern der Küste gesehen wurde. Sie soll sich in den nördlichen Gewässern der See aufhalten, und zuweilen im Frühjahr und Herbst, bis an die nördlichen Küstenländer der Vereinigten Staaten verirren. Ein öffentlicher Beamter, welcher sie eines Morgens mit seiner ganzen Familie gesehen hatte, theilte nachstehende Beschreibung davon mit: „sie soll 150 Fuß lang, ihr Kopf so dick wie eine Tonne, und ihr mit einer schwarzen und glatten Haut

überzogener Rumpf von dem Umfange eines Eichbaums gewesen seyn."

e) Quadrupeden wilder Art, sind dort: Büffel oder wilde Ochsen, Elendthiere, Hirsche, Panther, Bären, Wölfe, wilde Katzen, Bisamthiere, Biber, Raguns und Hasen.

Das Reh kannten die Amerikaner nicht. Der Hase war kaum so groß als das Kaninchen. Der Büffel hat sich in die äußersten Wildnisse jenseits des Mississippi zurückgezogen, wohin die mit Feuergeschoß bewaffnete weiße Bevölkerung noch nicht vorgedrungen ist. In Betreff des Wildes findet das Naturrecht statt, nach welchem jenes nicht ein Gegenstand des Eigenthums ist, sondern außer der Schon-Zeit von Jedermann, wo es nur immer angetroffen wird, erlegt werden kann. Aus diesem Grunde ist, bis auf eine Distanz von 200 Meilen von der Küste, beinah gar kein Hochwild mehr anzutreffen.

In den Wildnissen des Innern sind wilde Thiere jeder Art noch so zahlreich, daß bei einer im Winter 1819, im Staate von Neu-York in den See-Gegenden (Láks-Country), gehaltenen Jagd, zu der sich 1500 Schützen versammelten, und die 14 Tage gewährt hat, nicht weniger als 500 Hirsche, 300 Bären, 250 Wölfe, 40 Panther und 25 Elendthiere geschossen wurden. Von der jetzigen Existenz des amerikanischen Elephanten, (Mammouth) hat man immer noch keine Spur entdeckt; inzwischen ist man doch allgemein der Meinung, daß erwähntes Thier hier existirt haben müsse, indem man erst neuerdings im Staat Ohio an einem Gewässer ein Gerippe gefunden hat, welches noch größer, als das eines Elephanten, war.

Die reißenden Thiere: Panther, Bären, Wölfe verursachen oft an den Viehheerden der Kolonisten, zuweilen, auch den Menschen selbst Schaden. Im Ohio-Staat, unfern der Stadt Canton, hatte ein Bauer 14 Schweine durch Waldmast fett gemacht, die mit einemmale nicht, wie gewöhnlich, nach Hause kamen. Der Bauer nahm seine geladene Flinte und begab sich in den Busch, die Schweine aufzusuchen. Hier fand er bald noch einige Reste von Knochen und Haut, und nicht weit von diesen, einen fetten Bär, den er augenblicklich erlegte. Der Unhold hatte die gesammte Heerde umgebracht, und sich so lange in der Nähe der fetten Cadaver aufgehalten, bis er sie alle verzehrt hatte. Vor zwei Jahren hatte eine Panther am Fuße der nördlichen Alleghenys in Pensylvanien eine Frau zerfleischt.

f) Gegenstände der Ornithologie, die ich selbst gesehen, sind: der wilde Auerhahn und der Fasan, die in Menge, sowohl auf den Gebirgen, als auch in den westlichen Staaten anzutreffen sind; nächst ihnen giebt es auf dem Lande ungemein viel Schnepfen und Krams- oder Großvögel. Die Art und Weise, wie letztere in Europa gefangen werden, ist hier noch gar nicht bekannt; auch hat der Amerikaner für solche Leckerbissen keinen Sinn, und darum denkt auch niemand daran, sie zu fangen. Die Vögel haben meistens ein schönes buntes Gefieder.

g) Von den zahmen und Hausthieren sind alle europäische Arten bereits eingeführt. Die Pferde in Pensylvanien sind schwerfällig und stark, die in Virginien sind leicht und gute Renner, und gleichen sehr der polnischen Race.

Hierdurch endiget sich der ins naturhistorische Fach geschehene Einblick, und jetzt kehre ich zu dem eigentlichen Zweck — der Schilderung des Landes — zurück. Umständliche Bemerkungen in geographischer und statistischer Hinsicht, halte ich für überflüßig, da wir über jeden Staat, wo Cultur und gesetzmäßige Verfaſſung herrſcht, geographiſche und ſtatiſtiſche Notizen in Handbüchern finden.

Meine Reiſe-Bemerkungen in chronologiſcher Ordnung anzuführen, würde das Werk langweilig machen, indem der Leſer bald hier, bald da, die etwanigen ihn intereſſirenden Nachrichten zuſammen ſuchen müßte. Aus dieſem Grunde habe ich es nicht für rathſam gehalten, das Reiſejournal, ſo wie ich es von dem Tage an, wo ich Amerikas Boden betreten, geführt habe, abdrucken zu laſſen, ſondern das Reſultat meiner Beobachtungen ſyſtematiſch geordnet, und kehre nunmehr zur Baſis des transatlantiſchen Reichthums zurück. Dieſer iſt:

1) Der Ackerbau, welcher auf dem Strich Landes zwiſchen Philadelphia und Lankaſter die erſte Stufe der Vollkommenheit in Amerika erreicht hat. Die Ackerbauern (farmers) ſind meiſtens Quäker, in deren Adern das engliſche Blut noch ganz rein wallet. Ihr Abſcheu gegen den Trunk iſt die Urſache, daß keiner eine Branntweinbrennerei auf ſeiner Beſitzung duldet, und darum iſt ihre Wirthſchaft bloß auf den Feldbau beſchränkt, welcher hier dem in England, ſo wie ich ihn längs der Themſe zwiſchen Gravesand und London gefunden habe, völlig gleicht; auch iſt der daſige Boden, ſeiner Lage nach, dem letzteren ſehr ähnlich, indem er, wie dieſer, aus Anhöhen und Thälern beſteht. Die letzteren ſind in ganz Amerika der alleinige angebaute Theil und die Anhöhen faſt überall noch Buſchland. Da die Quäker die älteſten Einwohner von Penſylvanien, auch ſehr fleißige und ſparſame Menſchen ſind, ſo befindet ſich unter ihnen auch der meiſte Wohlſtand, und es iſt nichts ungewöhnliches, Bauern von hundert bis zweimalhunderttauſend Thalern Vermögen zu finden.

Die Gegend zwischen Philadelphia und Lankaster kann man mit Recht ein halbes Paradies nennen. Die Häuser und Wirthschafts-Gebäude sind schön und massiv, und alles um sie herum verkündet Wohlstand. Die westliche und nördliche Seite von Philadelphia ist beinah so bevölkert, wie die besten Gegenden von Frankreich, Italien und den Rheingegenden; denn man trifft längs der schönen Chaussee fast Haus an Haus und mehrere kleine Städte an.

Lankaster ist von Philadelphia 60 Meilen entfernt, und nimmt unter den Landstädten einen der ersten Plätze ein. Die Stadt ist schön gebauet, hat breite und regelmäßige Straßen, bildet, wie Philadelphia, ein Quadrat, und enthält 6 bis 7000 Einwohner, worunter viele Deutsche sind. Sie liegt an keinem Fluß, weshalb aller Handel und Verkehr unmittelbar nach der Hauptstadt getrieben wird, und aus diesem Grunde dürfte dieser Ort, in welchem ich übrigens keine Armuth erblickt habe, doch nie zu einem großen Reichthum gelangen. In früheren Zeiten lieferten die deutschen Bierbrauer sehr viel Bier nach Philadelphia, weil man dort kein gutes Bier aufbringen konnte, wovon man die Schuld dem Wasser beimessen wollte; jetzt ist dieses Hinderniß beseitigt, wie bereits aus dem zweiten Capitel, über Handel und Ausfuhr-Produkte, näher zu ersehen ist.

Hier in Lankaster residirt auch Crösus der II., der Irländer Abraham Kolemann. Crösus der I. ist Girard). Da es in Amerika in der That unter die großen Seltenheiten gehört, einen ausgewanderten Irländer wohlhabend oder gar reich zu sehen, so muß ich bei diesem irischen Glückskind ein wenig länger verweilen.

Mstr. Kolemann wanderte, wie viele seiner Landsleute, aus Irland nach Amerika aus (To make a fortune!) um sein Glück zu machen! fing seine Carriere in einem Eisenwerk bei Lankaster als Tagelöhner und Holzspalter an, empfahl sich seinem Prinzipal durch seine gute Handschrift, wurde nunmehr zum Schreiber befördert, entritte als solcher einen Liebeshandel mit des Prinzipals Tochter, wurde ihr Mann, und übernahm nach des Schwiegervaters Tode einen Theil des Eisenwerks, wußte die Antheile seiner Herrn Schwäger, welche schlechte Wirthe waren, nach und nach an sich zu bringen, und besitzt gegenwärtig ein so ungeheures Terrain von Eisenminen und Grundstücken, daß er, nach der Aussage seiner Mitbürger, gar nicht einmal zu schätzen ist; indem ihn manche für noch reicher als Girard halten wollen. Seine liebe Ehehälfte soll dabei aber so geizig seyn, daß sie die Bitte der Armen — um einen Kupferpfennig — oft zurückweiset. —

Zur Charakteristik der Quäker muß ich noch eine Unterredung mit einem derselben, Namens Hopes, in Erwähnung bringen, bei welchem ich einst übernachtete. In seiner Haushaltung herrschte, obgleich er im Wittwerstande lebte, Ordnung und Reinlichkeit, das Meublement war anständig, die Abend-Mahlzeit gut, und unterschied sich auffallend von dem Durcheinander der Irischen und Deutschen.

„Du bist Soldat gewesen?" fragte er mich; „das ist ein böses Handwerk, dem Menschen das größte Gut, das Leben, zu rauben. Nicht für Millionen, nicht für die ganze Welt, wollte ich einem Menschen das Leben nehmen!"

Ich. „Wenn du aber in Gefahr kämest, dein eigenes Leben durch einen andern zu verliehren, wirst du ihm nicht das seinige nehmen, um dein eigenes zu retten?"

Quäker. „Nein! Eher will ich das meinige verlieren."

Mstr. Hopes schien übrigens kein guter Republikaner zu seyn, und beschwerte sich, daß die Abgaben jetzt höher wären, als zur Zeit der englischen Regierung; er besaß ungefähr 800 Morgen Landes und bezahlte kaum 100 Dollars jährliche Steuern. Ich fand an ihm und seiner Familie, die aus zwei erwachsenen Söhnen und einer Tochter bestand, sehr biedere und für ihren Stand hinlänglich gebildete Menschen, welche keinesweges die Rohheit in Sitten an sich hatten, wie ich sie bei den deutschen und irischen Amerikanern gesehen habe. Zur Schlafstätte wurde mir eine sehr anständig meublirte Stube mit einem reinen Bett angewiesen, welche sich von denjenigen, die ich oft bei Deutschen fand, gar sehr unterschied. Den nächsten Morgen empfahl ich mich, und als ich von den in der Scheuer beschäftigten Söhnen Abschied nahm, fragte mich der älteste: ob ich mich nicht bald zum Ehestand entschließen würde? es sey doch auch Zeit mit mir; worauf ich ihm erwiederte: es sey allerdings Zeit, allein meine gegenwärtige Lage sey viel zu traurig, als daß ich jetzt daran denken könnte, und hierauf entfernte ich mich, mit der Versicherung, sie bald wieder zu besuchen.

Wenn ich in der Lage gewesen wär, mir eine Lebensgefährtin in Amerika auszusuchen, so wäre es gewiß keine andere, als eine Quäkerin gewesen. Ihr ganzes Betragen und ihre Grundsätze waren von der Art, daß ein Mann, der für häusliches Glück nicht gefühllos ist, mit einer Quäkerin nicht anders als glücklich leben, und gewiß versichert seyn kann, an ihr eine treue und zärtliche Ehegattin zu finden. Ich habe auch Deutsche gefunden, welche mit Quäkerinnen verheirathet waren; doch hatten sie auch deren Religionsgesetze angenommen, weil eine Quäkerin einen Mann von einer andern Sekte oder Religion nicht heirathen darf. Dasselbe Gesetz besteht auch bei den Dunkern und Amisch-Männern, und ein Frauenzimmer von der Sekte der letzteren, die einen andern Glaubensgenossen heirathet, wird aus ihrer Kirchengemeinschaft ausgestoßen; eben das steht auch dem Manne bevor, der sich betrinkt oder seine Ehegattin mißhandelt. Die Frauenzimmer von allen diesen Sekten tragen durchaus nichts von Gold an sich, und der Anzug der Dunker und Amisch-Männer, sowohl beim männlichen als weiblichen Geschlecht, ist noch eben so, wie der ihrer Großältern in der Schweiz und den übrigen Rheingegenden war.

Lebte das ganze Menschengeschlecht nach dem Muster der Quäker, so gäbe es auf der Erde gewiß keine Soldaten und keine Advokaten, keine blutige Kriege und keine ruinirte Menschen. Selbst der größte Religionshasser, Voltaire, sagt von den Religionsgesetzen der Quäker: „diese sind von allen die vernünftigsten."

Zum allgemeinen Lobe muß ich dies den englischen und auch irischen Amerikanern nachsagen, daß sie mich immer eher und mehr zu würdigen wußten, als die Deutschen. Sehr häufig thaten sie die Frage an mich: ob ich mich nicht verheirathen wollte? und wenn ich zuweilen einen Scherz mit ihnen trieb, wurde er mit Artigkeit erwiedert. Den deutschen Ladys kann ich dieses Compliment nicht machen, und ich glaube auf allen meinen Wanderungen unter den Deutschen vielleicht nicht drei gefunden zu haben, die mich für etwas anderes, als einen schwäbischen Bauer hielten. Mangel an Bildung, Bauernstolz, Geringschätzung und Hochmuth gegen die deutschen Auswanderer, besonders bei der wohlhabenden Klasse, und mitunter auch Unverschämtheit und Wollust sind mir häufig als Hauptzüge zur Charakteristik der jungen deutsch-amerikanischen Ladys vorgekommen.

Unweit Lankaster auf der Straße nach Harisburg hielt ich bei einem alten Mennonisten Nachtquartier. Auch er machte mir allerlei Vorschläge, mich als Bauer niederzulassen. Nach einer Weile kam der Herr Schulmeister zum Besuch. Man sprach sehr religiös: was für Lieder David zu seinem Harfenklange gesungen habe; und als endlich der Mennonist einen Vorschlag zum Anstimmen eines Psalmen Davids machte, zog der fromme Schulmann mit der Tochter ab. Die Alten und ihre Pflegekinder begannen den Hymnus: „Du liebes Kindlein Jesu Christ! — zu Bethlehem geboren bist! Alleluja! Alleluja!" 2c. und der Schulmeister schien jetzt das Capitel, David und Bathseba, mit der jungen Mennonistin abzuhandeln.

Bei einem Friedensrichter entblödete sich dessen 17jährige Cousine nicht, mit ihrem Galan das Bett zu theilen, obgleich die ganze Familie des Oncle und ich in derselben Stube schliefen.

Der Charakter der Deutschen ist auch schon sehr verschieden, je nachdem schweizerisch, elsasser, schwäbisch, pfälzisch oder holländisches Blut in ihren Adern fließt.

Ihr Mangel an Bildung ist außer der schlechten Schul- und Kirchen-Verfassung, auch dem Isolirtwohnen der Landleute zuzuschreiben.

Um sie in ihrem ganzen Wesen recht sinnbildlich darzustellen, muß ich einige Auszüge aus Gesprächen mittheilen, die ich mit ihnen geführt habe.

1ster Amerik. „Du Deutschländer! isch wahr? daß der Mannskerl im Deutschlande erst heirathen darf, wenn er 24 Jahr alt ist."

Ich. „So ist es in manchen Ländern allerdings."

Amerik. „Ei das isch ja a dummes Land! hier kann einer heirathen, sobald er a Weibsmensch hat."

Man findet hier auch wirklich so unreife Eheleute, daß, obgleich der Mann nicht mehr als 17 und die Frau 15 bis 16 Jahre zählten, sie dennoch schon Familie im Hause hatten. Solche Leute kommen gewöhnlich nie auf den grünen Zweig, wenn sie als Tagelöhner ihren Unterhalt verdienen müssen. Unter den letzteren fand ich sehr oft die bitterste Armuth, und in der Regel hatten sie eine viel schlechtere Wohnung, als das Schwarzvieh der Bauern in Deutschland. Häufig zahlten Tagelöhner für eine ordentliche Wohnung 50 Dollars jährlich.

2ter Amerik. „Ei, du hast a gute Lernung! Du könntest ja Schulmeister werden."

Ich. „Ich verstehe Latein, und könnte wohl auch Prediger werden."

Amerik. „Da darfst du aber nit fluche, nit Karte spiele und nit zu die Weibsmenscher laufe. — Das ist wahr ihr Deutschländer habt alle a gute Lernung; viel besser als die Amerikaner."

3ter Amerik. Wie gleichest du dieses Land?

Ich. „Recht gut! es ist ein fruchtbares, schönes und freies Land!"

Amerik. „Ja, es ist a feine Landschaft! Wir haben hier keine Könige und keine Edelleute. Der Bauer kann hier treiben, was er will."

Dies hat seine vollkommene Richtigkeit; der Bauer kann Branntwein brennen, backen, schlachten, Mühlen anlegen, seine rohen und verarbeiteten Erzeugnisse zu Markte führen, wohin er nur immer will, ohne nur die geringste Abgabe davon zu entrichten. Die Branntweinbrennereien sind sehr zahlreich, aber nirgends ist eine Bierbrauerei auf dem Lande zu finden.

„How do you liket this country?" oder: „wie gleichſt du dies Land?" war ſtets die erſte Frage aller Amerikaner, und wenn ich es nicht jedesmal bis an den Himmel erhob, ſo hieß es: nun, warum biſt du nicht draußen geblieben, wenn's dir hier nicht gefällt?

1ſte amerik. Frau. „Ei, du ſchwatzſt ja ſo plen=deutſch! Aus was for a Land biſt denn?"

Ich. „Ich bin ein Preuße."

Amerik. Frau. „Ja die Preuße ſchwatze das beſte deutſch; die Preuße und die Amerikaner. Die Schwabe und viele von die Deutſchländer ſchwatze ſo wüſcht (wüſt), daß mer ſe gar nit verſtehe könne."

Eine dicke amerik. Müllerfrau, mit ziemlich gutem rheinländiſchen Dialekt: „Nun haben wir doch einmal wieder einen klugen Deutſchländer geſehn; die meiſten, die wir bis jetzt ſahen, waren doch ſo entſetzlich dumm, daß ſie kaum wußten, woher ſie waren, und wie es in ihrem Lande zugeht."

Die meiſten ſchienen ſich über die Schwaben luſtig zu machen, von denen ihnen ein liſtiger Schneider aus dem Badiſchen oder der Pfalz allerlei poſſirliche Anekdoten erzählt hatte.

Inzwiſchen habe ich doch bei den ſchwäbiſchen Auswanderern bemerkt, daß der 9 oder 10 jährige Bube des Tagelöhners, der für die Fracht verkauft wurde, eine beſſere Erziehung und bei weitem mehr Schulkenntniſſe hatte, als der ungehobelte Republikaner von 20 Jahren, obgleich ſein Vater ein Vermögen von 40 bis 50,000 Dollars beſitzt.

Eitelkeit ſcheint eine Nationalkrankheit der Amerikaner zu ſeyn, ſo wie das gelbe Fieber. Faeron, ein Engländer, erzählt in ſeinen Skizzes of America: die Mitglieder des Congreſſes zu Waſhington hätten noch, zu General Waſhingtons Zeiten einſt drei Tage darüber gestritten, ob die Amerikaner nicht das aufgeklärteste Volk der Welt wären, und endlich nach vielen Debatten diese Frage mit einer sehr unbedeutenden Stimmenmehrheit affirmative entschieden.

3te amerikanische Frau. "Habt ihr in Deutschland auch Weizen? Habt ihr auch Wälschkorn? Habt ihr auch Indischens (Indianer)? — Sind in Deutschland auch Schwarze? — Wächst in Deutschland nicht der Kaffee?"

Ich. "Der Kaffee wächst ja in Amerika."

Amerik. Frau. "Wir glauben, weil ihr Deutschländer uns alle schöne Sachen ins Land bringt, daß auch der Kaffee bei euch wächst. Wie ist es möglich, daß die Sachen dort so wohlfeil gemacht werden können?"

Unter den Deutschen wurde häufig ganz Europa für Deutschland gehalten.

Die deutsche Sprache wird in den deutschen Kolonien noch überall gesprochen, und gewöhnlich lassen die deutschen Kolonisten ihren Kindern erst deutschen und dann englischen Unterricht ertheilen. In manchen Gegenden, besonders in denen außerhalb Pensilvanien, mangelt es an deutschen Lehrern. Wenn auch die Amerikaner deutschen Ursprungs für die Sprache ihrer Voreltern noch immer viel Vorliebe haben, und die Frauenzimmer in manchen Gegenden nicht ein Wort englisch verstehen, so haben sie doch die deutschen Sitten und Lebensart schon völlig abgelegt und in die Sprache, welche gewöhnlich im Pfälzer oder auch im Elsasser Dialekt gesprochen wird, sehr viel englische Wörter eingemischt, wie folgende Redensart einer jungen Lady zu ihrem Vater zeigt.

"Tady! Unser Gaul ist über die Fens gstschumbet."

(Vater! Unser Pferd ist über dem Zaun gesprungen."

2te amerik. Lady. „Deutschländer! wenn du mir ein paar gülbene Ohrringle schenkst, so kannst du bei mir schlafe."

Also ein paar gülbene Ohrringe sprengen die ehernen Pforten deines Schlafgemachs. Wunderlich! sagte ich zu meinem Freund, dem Kaufmann Herrn Andreas Stoffel aus Graubündten: diese modernen Lacedämonierinnen leben in dem Lande, wo Milch und Honig fleußt, und Whisky regnet; und dennoch scheint Danaens Gold-Regen auch auf sie Eindruck zu machen, obgleich sie ihn noch nie sinnbildlich gesehen haben. Wie sehr verschieden sind meine jetzigen Ansichten über diesen zarten Punkt von dem Urtheil, welches ich sechs Monate früher, nämlich in den ersten vier Wochen nach meiner Ankunft in Columbien, über das schöne Geschlecht gefällt, welches ich der Seltenheit wegen wörtlich aus meinem Reise-Journal ausgezogen habe.

Keuschheit und strenge Sittsamkeit sind ein Hauptzug des weiblichen Geschlechts, und wohl bemerkt man in jeder Familie, daß französische Etiquette, französisches Sittenverderbniß und französische Heere hier ihren Wohnsitz noch nicht aufgeschlagen haben. Kurz, meine Feder ist nicht im Stande die herrlichen Eigenschaften der Abkömmlinge unserer deutschen Auswanderer in Amerika zu schildern.

Gastfrei habe ich den Amerikaner überall gefunden und je tiefer ich ins Land kam, desto größer war die Gastfreiheit der Menschen; besonders suchten manche von der weniger wohlhabenden Klasse zuweilen alle ihre Delikatessen von eingemachtem Obst hervor, um damit gleichsam zu glänzen, um mir ihre Glückseeligkeit und die Herrlichkeiten des Landes zu zeigen. Gewöhnlich erwiederte ich ihre Gefälligkeit durch ein kleines Geschenk von leichten französischen Flitter-Waaren, die ich auf Anrathen eines Schweizers, der schon mehrere Jahre in diesem Lande war, in den Seestädten für einen sehr billigen Preis gekauft hatte, und wodurch ich oft viel Freude machte. Wohl muß ich den Deutschen in Amerika das Zeugniß ertheilen, daß sie fleißige und biedere Menschen sind, indessen giebt es auch schon genug schlechte und gewissenlose Subjekte unter ihnen, und wenn ich hiemit anführe, daß ausgewanderte Deutsche von der niedrigsten Klasse, ja sogar ein ehemaliger Soldat von den würtembergischen schwarzen Jägern, die sich ehedem in Schlesien durch ein feines Betragen grade auch nicht sehr empfohlen haben, über die Grobheit der Amerikaner beklagten, so wird sich daraus ergeben, daß Feinheit der Sitten wenigstens nicht ihre beste Eigenschaft ist.

Das weibliche Geschlecht zeigte auch durch seine Fruchtbarkeit, daß es von den Rheinländern und besonders von den Schwaben abstamme; denn auch dort ist es nichts ungewöhnliches, Ehefrauen zu finden, die bereits 17 Kinder geboren haben. Ich glaube, daß sich sehr viele der jungen Amerikaner scheuen, zu gestehen, daß ihre Eltern aus Schwaben herstammen, indem fast alle diejenigen, welche ich um das Vaterland ihrer Eltern oder Großeltern frug, mir die Pfalz als solches angaben.

Durch die Erzählung dieser Schwänke, bin ich ganz von der Hauptsache, dem Ackerbau, abgekommen. Die Landwirthschaft ist in Amerika noch nirgends auf dem Standpunkt, wie in Europa; sie bildet dort noch keinen Zweig der Wissenschaften, obgleich in Neu-York ein Journal über Landwirthschaft geschrieben wird. Der Landwirth hat in der Regel zu wenig Bildung,

und darum muß man sich unter der dasigen Landwirthschaft unter den Deutschen eine deutsche und unter den
irischen eine polnische Ackerbauerwirthschaft vorstellen,
in der die Schaafzucht gar keinen, und die Viehzucht
nur um die Seestädte einigen Nutzen gewährt. Es ist
daher der Boden nur die einzige Nutzungsrubrik.

Die Plantagen oder Bauereien sind, dem Flächen-
maße nach, sich ziemlich gleich und enthalten gewöhnlich 160 bis 200 Acker Landes. Eine solche Besitzung
gewährt einen Nutzungs-Ertrag von ungefähr 700
Dollars, und eine der größeren, von 400 bis 600 Acker,
1450 Dollar. Auf einer solchen Plantage kann der
Besitzer an 200 Tonnen Weizen-Mehl, à 200 Pfund,
gewinnen. Ehedem galt die Tonne 12, jetzt nur
6 Dollar. Neben dem Weizen hatte mancher bis 1000
Buschel Wälschkorn erzielt, wovon der Buschel sonst
mit 1, jetzt aber kaum mit einem halben Dollar bezahlt wurde. Gerste wird nirgends und Hafer nur
sehr wenig gebaut; Wälschkorn vertritt gewöhnlich die
Stelle des letzteren.

Wirthschaftsrechnungen führt niemand, und selbst
in denen Gegenden, wo der Grundbesitzer bis 500
Sklaven hält, war die Wirthschaft von der Art der
alten polnischen Starosten. Schlacht-Viehzucht gewährt
nur in den sumpfigen und morastigen Gegenden, als:
in der Laks-Country (Seegegend) im Staate Neu-
York, und in den von Virginien, Nutzen, indem es in
den übrigen Landschaften an natürlicher Gräserei sehr
mangelt, und die Viehfütterung durch Kleebau erzeugt
werden muß. Vergeblich sieht man sich hier nach den
fetten Alpentriften, oder nach blumigen Wiesen und
Auen um. Die große Hitze dörret im Sommer das
Gras aus, und in den Büschen und auf den Bergen
und Hügeln ist nicht ein grüner Halm zu sehen.

Der eingewanderte Kolonist kann also nicht drauf rechnen, mit Vieh- und Schaafzucht in den Wildnissen der westlichen Staaten auf großen Gewinn zu speculiren, wie es selbst meine Absicht war, indem es an Fütterung, hauptsächlich aber an Händen zum Scheren der Wolle mangelt; sogar in denen Staaten, wo Sklaverei herrscht, kaufte ich selbst für eine goldene Repetir-Uhr eine ganze Heerde von Schaafen, die zu scheren man die Mühe scheuete.

Es wird also jetzt sehr einleuchtend, daß Landwirthe in einiger Entfernung von den Seestädten, wenn sie auch 2 bis 400 Morgen Land besäßen, dennoch oft nicht einen Thaler baares Geld im Vermögen hätten.

Inzwischen giebt es im Staat von Pensylvanien diesseits der blauen und Allegheny-Gebirge, auch verschiedene deutsche Ackerbauern, die zum Wohlstande gelangt, und folglich Cröfusse im verkleinerten Maaßstabe zu nennen sind.

Abraham Mensch, in der Gegend von Bethlehem, hatte bei seiner Verheirathung 50 Pfund (150 Dollars) im Vermögen, trieb die Profession eines Grobschmidts, und als ich seine Bekanntschaft machte, war er in den 60ger Jahren, und hatte bereits 9 Kinder ausgestattet, von denen sämmtliche ihre eignen Plantagen hatten, ausgenommen einen Sohn, welcher ein Prediger war; er selbst hatte noch eine Bauerei von 18,000 Dollars im Werthe und hielt nebenbei eine Taverne.

Bei Libanon fand ich einen alten Würtemberger, der in seiner Jugend auch als ein armer Knabe nach Amerika gekommen war, und dessen Sohn, ein Mann von ungefähr 45 Jahren, die vom Vater erkaufte Plantage mit 800 Acker Land besaß. Bei Harisburg erzählte mir ein Friedensrichter, daß sein Vater, ein ehemaliger Badener, für die Ueberfahrtsfracht verkauft wurde und bei seinem Ableben 1200 Acker Land à 100 Dollars, also 120,000 Dollgrs, bloß an Grundvermögen hinterlassen habe. — Erwäget man dieses wieder, so muß man am Ende selbst gestehen, daß Amerika doch das Land für den fleißigen Armen ist; besonders kann es dem jungen Burschen, gleichviel, ob er frei oder nicht frei hinkommt, nicht fehlen, einst ein wohlhabender Bauer zu werden. Dieß kann aber dem fleißigen Deutschen eben so wenig in Ungarn, Rußland und Polen und in allen denen Ländern entgehen, wo noch viel unbebauetes Land ist.

Nachdem ich nun dem Leser eine Uebersicht von dem Ackerbau mitgetheilt, so kehre ich zu den Bemerkungen, die ich auf meinen Wanderungen gesammelt habe, zurück. Im Monat September 1818 machte ich den ersten Ausflug nach Reading, einer Landstadt, die 50 Meilen von Philadelphia am Flusse Scool Kyll (Schulkill) liegt, und ungefähr 4000 Einwohner, größtentheils Deutsche zählt, die den Sitten ihrer Voraltern, von allen amerikanischen Städtern, noch am meisten treu geblieben sind.

Der Schulkill-Fluß entspringt im blauen Gebirge, fließt bis Philadelphia und ergießt sich hinter der Stadt in den Delaware-Strom. Diese Wasserverbindung ist dem Handel sehr günstig, und wahrscheinlich wird Reading einst ein reicher Ort werden. Der Schulkill soll mit dem Sesquehanna-Fluß durch einen Kanal in Verbindung gesetzt werden, um dadurch den Handel des nördlichen und westlichen Pensylvanien, welcher zeither mit Baltimore geführt wurde, nach Philadelphia zu leiten. Zur Ausführung dieses Projekts hatte man eine Subscription veranlaßt, die mit vielem Eifer betrieben, und zu welcher auch ansehnliche Summen subscribirt wurden, und aus allen darüber gehörten Meinungen, konnte ich deutlich entnehmen, daß die verschiedenen Staaten, im Punkte des Interesse, doch sehr eifersüchtig auf einander sind.

In Reading war grade Election (Wahl) eines neuen Mitgliedes zum Congreß. Der General Hiester, welcher der reichste Bauer im County und ein sehr rechtschaffener Mann ist, wurde einstimmig dazu erwählt. Er ist ein Deutscher im echten Sinne des Wortes, der in seinen jüngeren Jahren den Pflug und Dreschflegel selbst geführt hat, wie es die Pensylvanier gern leiden mögen; und wer nicht von diesem Schlage ist, darf bei ihnen eben nicht auf Beförderungen zur Volksrepräsentation rechnen.

General Hiester war in der letzten Gouverneur-Wahl in Pensylvanien nahe daran, diesen Posten zu bekleiden; allein die englischen und irischen Pensylvanier, mit denen es auch mehrere Deutsche hielten, behaupteten die Oberhand, und beförderten Herrn Fendlai, welcher als studirter Advokat, zwar mehr wissenschaftliche Bildung, aber ungleich weniger Biederkeit und Popularität, als Herr Hiester besitzt, und stets ein Aemterjäger gewesen ist, der nichts fürs Vaterland gethan, wohingegen Herr Hiester im Revolutionskriege sich sehr verdient gemacht hat. Dieser Tag war zugleich ein Festtag, wo in allen Tavernen an der Table d'hôte geschmauset wurde; auch darüber will ich einige Nachricht mittheilen.

Alle Anwesenden aßen mit sehr großer Hastigkeit; fast keiner sprach auch nur ein Wort, der eine fieng beim Braten, der andere beim Mittelgericht an, und hörte beim Rindfleisch auf; beim Essen wurde entweder gar nicht, oder ein wenig Rum mit Wasser vermischt, getrunken, indem der Zider noch nicht abgegohren war. Nach geendigter Mahlzeit zog ein jeder sein Taschentuch heraus, wischte sich den Mund und begab sich vom Tische weg.

Die Schilderung dieses Gastmahls passet auf jedes andere in den Vereinigten Staaten und jedem Europäer, er möge entweder bei Cröfus dem I. oder dem II. speisen, wird es neu und ungewohnt erscheinen: Rindfleisch mit Senfsauce, gesottene Stockfische und Makrelen, Picklinge, Fricassee, Puterbraten, Sallat, Gurken und eingemachtes Obst von einem Teller essen und statt der Serviette sein Taschentuch gebrauchen zu müssen. Nur zur Mehlspeise, die man gewöhnlich zuletzt aufträgt, werden reine Teller gereicht.

Nach dem Mittagsmahl war in verschiedenen Tavernen Tanz. Viele junge Leute vom Lande und aus der Stadt hatten sich zu diesem Fest eingefunden, und sehr gespannt war meine Neugier, den ersten amerikanischen Tanz zu sehen. Ich verfügte mich daher in eine Tanz-Taverne, fand dort eine Menge Menschen in einer engen Stube, wie die Heringe zusammen gedrängt, und in der Mitte derselben 5 oder 6 Paar, die ein Geiger, hier Fiedler genannt, zu einem trippelnden Matelot electrisirte. Neu war diese Scene für mich, und kaum konnte ich mich des Lachens enthalten, wenn die kräftigen und ramassirten pensylvanischen Ladys, Descendenten der vigoureusen Schwaben und Pfälzer, mit ihren Füßen so auf den Dielen herumklapperten. Was einem Volke nicht von Natur eigenthümlich und gleichsam nationell ist, kleidet es nie; und so ist dieß auch bei dem von einer fremden Nation entlehnten Tanze der Fall. Mit Ungeduld wartete ich auf einen deutschen Walzer oder Hopser; allein es kam keiner zum Vorschein, und von 2 Uhr des Nachmittags an, wurde nur mit wenigen Veränderungen fast ein und derselbe Tanz, entweder nach dem beliebten amerikanischen Nationallied: „Janky dodel, Janky dodel, dodel, dodel, dodel, dey, oder Tchaperop" etc. getanzt. Nach geendigtem Tanz ließen sich zwei Deutschländer als Troubadours mit deutschen Volksliedern hören, die allgemeinen Beifall fanden. Melodische deutsche Lieder scheinen auf das Ohr des Amerikaners doch Eindruck zu machen; auch hörte ich bei einer andern Gelegenheit mehrere pensylvanische Bauern mit Entzücken von den harmonischen Tönen eines Leierkastens sprechen, mit welchem ein Deutscher im Lande umherzog. Dieß gewährt den Beweis, daß Liebe zur Musik schon im Blute des Deutschen liegt; und ich zweifle keinesweges, daß Musikanten, Comödianten, Taschenspieler und Tausendkünstler, ehedem, als die Zeiten noch besser waren, in Amerika ihre Rechnung gefunden hätten, und vielleicht noch finden würden.

Nicht minder wäre auch für Scheerenschleifer dort noch ein wenig Brot, da es schwer seyn würde, in ganz Amerika einen Scheerenschleifer und einen Schlosser zu finden. Andere Künstler: Goldschmiede, Uhrmacher 2c. sind dort in solchem Ueberfluß, wie Krämer und Handelsleute.

Am Ende dieses Festes entstand auch ein kleiner Streit, weil ein junger Trunkenbold einen alten Trinkliebhaber zu mißhandeln drohete. Das Betragen des Ersteren brachte die gesammte Gesellschaft so auf, daß sich Alles auf die Seite des Letzteren schlug, und bald hätte sich mir eine Gelegenheit dargeboten, einen Faustzweikampf zu sehen.

Gerathen zwei Individuen in einen Streit, so läßt man sie, falls sie an Jahren und Kräften sich gleich sind, durch den erlaubten Faustkampf ihre Händel unter sich selbst beilegen, wobei alle Anwesenden als Zuschauer unthätig bleiben. Einen solchen Zweikampf bestrafen die Gesetze nicht, wohl aber wird derjenige, welcher bei einem Streit zuerst schlägt, hart bestraft, und hat dadurch jedes Recht auf Genugthuung oder Entschädigung verlohren, wenn sein Gegner vertheidigungsweise ihn auch halb todt schlägt; selbst ein Todtschlag wird in einem solchen Falle nur sehr mäßig bestraft. Die Amerikaner achten die Regeln des Faustkampfs so sehr, daß, wenn der 5 oder 6jährige Sohn des Kaufmanns mit dem des Tagelöhners oder Negers auf der Straße ins Handgemenge gerieth, der Vater des Ersteren so lange müßiger Zuschauer blieb, bis der Kampf sich zu des einen oder andern Vortheil entschieden hatte; und nun erst legte er sich ins Mittel, und brachte die kleinen Kämpfer aus einander.

Unter den jungen Bürgern und Handwerkern in Pensylvanien, habe ich auch keinesweges die Rohheit und Gemeinheit gesehen, wie man sie so häufig unter den Handwerksgesellen, selbst in deutschen Residenz-Städten noch antrifft, und in Reading sprach ich mit jungen Handwerkern, denen Schillers und Göthes Werke nicht unbekannt waren, die sie in der County-Bibliothek gelesen hatten. Wenn man daher auch gerade keine feine Hofkavaliere und weniger große Gelehrte oder wissenschaftlich gebildete Menschen im Innern des Landes antrifft, so findet man doch nicht so viehische Dummheit, wie unter unsern Bauern sarmatischer und wendischer Abkunft.

Reading ist eine Gebirgsstadt, und auf den Gebirgen sind verschiedene Eisenhämmer, Kalkbrennereien und Brüche von weißen Steinen, die zu Grabmählern gebraucht werden, deren man fast auf jedem Grabe eines findet. Die Kirchhöfe befinden sich in allen Städten Amerikas innerhalb der Stadt, und auch dieser Umstand mag zur Ungesundheit sehr viel beitragen.

Die Umgebungen von Reading können wegen des bergigten Bodens nicht so sehr fruchtbar seyn, wie die Plänen des Landes, und darum ist auch der Wohlstand der Landleute nicht sonderlich groß.

Es war grade in der schönsten Jahreszeit, nämlich in den Monaten September und Oktober, (hier der Indianer-Sommer genannt) als ich die Reise nach dem blauen Gebirge unternahm. Ueberall prangten die Maisfelder, auf denen die Halme unter der Last der Kolben, die oft eine halbe Elle lang und wie ein Mannes-Arm dick waren, fast unterlagen; 40 Buschel wurden als der geringste Ertrag und an manchen Stellen wohl 60 Buschel von einem Acker eingeerndtet. Mais wurde hier zum Viehfutter und Branntweinbrennen gebraucht; auch war überall hartes Obst im Ueberfluß vorhanden, welches mittelst eines eisernen Cylinders zermalmt, entweder durch die Presse zu Cider gekeltert, oder zum Brennen des Appelwhisky (Apfelbranntwein) in Fässer eingemätscht wurde.

Von Reading aus nahm ich meine Tour durch den Bern-Township, welcher vermuthlich von ausgewanderten Schweizern seinen Namen erhalten hat, nach Hamburg oder Kirchstädtel, einem armseligen Städtchen, und von hier aus bestieg ich die erste Kette der blauen Berge. Sobald ich das Plateau erreicht hatte, suchte ich mir einen Platz aus, auf dem ich das ganze gelobte Land gleichsam mit einem Blick übersehen wollte. Nur nach Osten und Süden zu war ein ziemlich extendirter Prospekt; doch suchte ich vergeblich das schöne Panorama, in beständiger Abwechslung von Städten, Dörfern und Weilern, Fluren und Auen, wie man es auf jedem europäischen Gebirge sieht. Die Landschaft der Natur besteht aus einer mit Wildnissen, Hügeln und Bergen durchschnittenen Fläche, auf der hin und wieder eine Plantage mit ihren Maisfeldern und Obstgärten hervorleuchtet. Das immerwährende Einerlei ermüdet das Auge des Wanderers, der, sobald er eine Gegend in Nordamerika gesehen hat, die übrigen alle kennt. An Natur-Schönheiten ist dieses Land keinesweges so reich, als es sein südlicher Nachbar, der Beschreibung nach, ist, und schwerlich würde der Landschaftsmahler hier so viel interessanten Stoff für seinen Pinsel finden, als auf den Gebirgen der alten Welt. Im Hintergrunde sieht man noch zwei Ketten der blauen Berge, die in nordwestlicher Richtung einen rechten Winkel bilden, und erst hinter diesen prangen die rauhen und ungleich höheren Alleghenys, welche, in einer Entfernung von 300 Meilen von den Küsten des atlantischen Meeres, die Vereinigten Staaten queer durchschneiden, und die Scheidewand zwischen den östlichen und westlichen Staaten bilden. Von Canada aus laufen sie in südlicher Richtung durch Neu-York, Pensylvanien, Virginien, woselbst sie den Namen Apalachen annehmen, zwischen den Carolines und Tenessee bis in die Floridas fort. Eine andere Kette zieht sich in südwestlicher Richtung nach der Louisiana und setzt sich in der Provinz Texas mit dem grünen Gebirge in Verbindung, welches wieder eine Fläche von 1000 Meilen durchschneidet, und sich mit den Cordilleras in Mexico vereiniget. Letztere hängt wieder durch die Erdenge von Darien oder Panama mit den Andes von Süd-Amerika zusammen, so, daß von Patagonien aus, bis an die äußerste nördliche Grenze des brittischen Amerika, eine zusammenhängende Kette von Gebirgen den Continent der westlichen Hemisphäre durchschneidet, die für die Metallurgie, Mineralogie und Botanik noch reichhaltige und bis jetzt noch unentdeckte Schätze enthalten mögen. Keiner dieser Berge erhebt kühn sein Haupt bis unter die Wolken, wie die Schneekoppe in Schlesien, der Brocken auf dem Harz, der St. Gotthard, die Gemmy, die Jungfrau und der Mont-Blanc in der Schweiz, indem selbst einer der höchsten schwerlich höher als 2500 Fuß seyn dürfte.

Auf dem Plateau der Gebirge waren zwar alle europäische Holzarten zu sehen; jedoch war die Eiche und auch keiner der übrigen Bäume, weder auf den Gebirgen, und noch weniger auf den Plänen so stämmicht, wie unsere deutschen Bäume, und noch weniger scheint ihre Existenz so lange zu währen, als die der letzteren, woran das Klima und die übermäßige Hitze wohl auch wieder ihren wesentlichen Theil haben mögen. Außer der Eiche waren der Hicker- und Wallnuß- und Kastanienbaum die gewöhnlichsten Holzarten auf den Plänen.

Nachdem ich der schönen Aussicht vom Gebirge herab eine Weile genossen, trat ich meine Wanderung in die Thäler an, die äußerst wenig bevölkert waren. Hier und da traf ich eine elende Hütte, und zuweilen auch ein armseliges Städtchen von 10 oder 12 Häusern an. Catawessy, Mifflinsburg und Berwick waren arme Gebirgs-Städchen, worin die Einwohner neben ihren von Holz erbauten Häusern ein Stück Land besaßen und darauf ihr Brod erzielten. Auch hielten sie gewöhnlich einige Schweine, die sie durch Buschmast fett machten. Bei ihnen darf der Landmann nicht auf Absatz seiner Natural-Erzeugnisse rechnen. Die Wohnung mancher Kolonisten bestand aus einer von Baumstämmen zusammengefalzten Hütte, die oben mit Brettern oder Schindeln bedeckt war, in der sich eine aus Feldsteinen zusammengesetzte Feueresse befand. Nachdem ich, an 40 bis 50 Meilen weit, unbekümmert um die hier hausenden Bären, Wölfe und Panther, zurückgelegt, gelangte ich endlich an die Nord-Branche (nördlichen Arm) des Susquehanna-Flusses, und fand dieselbst die Wohn- und Wirthschafts-Gebäude der Landleute zwar in einem etwas besseren Zustande, doch in keinem ein Fenster ganz, und überall füllten alte Lumpen und alte Hüte die zerbrochenen Scheiben aus. Anfänglich dachte ich: vielleicht mangelt es an einem Glaser, hörte aber bald, daß dieser Handwerker hier gar nicht bekannt sey, und der Schreiner oder Zimmermann seine Stelle vertrete. Bereits seit 50 Jahren und länger ist diese Gegend angebaut, und dennoch herrscht hier solche Geldnoth, daß selbst die sparsamen Deutschen oft nicht einen halben Dollar im Hause zu haben versicherten. Wie mag es erst in denen seit 5 oder 10 Jahren angebauten Wildnissen der westlichen Staaten aussehen? —

Thörichte und verblendete Menschen! rief ich oft aus: ihr verkauft eure wohl eingerichteten väterlichen Besitzungen, die euch in dem schönen Europa nähren, trotzet Sturm und Wetter und der tobenden Wuth des Meeres, verschleudert euer Geld auf der weiten Reise, um euch hier nichts als Ungemach und Elend zu holen, und euch hier gleich dem Vieh verkaufen zu lassen. —

Auch in Pohlen ist unbebautes Land im Ueberfluß, auch dort gedeihen die Kartoffeln und fetten Sauen, auch dort wird der köstliche Whisky gebrannt. Warum sucht ihr in der weiten Welt das, was ihr mit ungleich weniger Kosten und Gefahren in der nahen haben könnt? Unter diesen Betrachtungen wanderte ich längs der Susquehanna nach dem atlantischen Meere zu, und fand gegen Abend bei einem alten schwedischen Abkömmling eine sehr gute Aufnahme. Unerschöpflich war der Alte in Fragen: was macht der General Blütcher (Blücher)? Wie geht es dem Bonaparte? Wieviel schlugt ihr french folks (Franzosen) bei Leipzig, wieviel bei Töplitz und wieviel bei Paris todt? Den ganzen Abend und auch den nächstfolgenden Morgen mußte ich dem ehrlichen Alten von nichts als Schlachtgetümmel und der Niederlage der Franzosen in Rußland, Deutschland und Frankreich erzählen, welches mir bey meiner damals noch sehr beschränkten Kenntniß der englischen Sprache ziemlich schwer wurde.

Nachdem ich meinen biederen alten Schweden verlassen hatte, kehrte ich bei Berwick über die Nord-Branche zurück aufs Gebirge und trat die Rückreise an. Der Weg führte mich fast 60 Meilen lang durch nichts als die dicksten Wildnisse; überall hörte ich die Axt des neuen Kolonisten in den Wäldern erschallen, die manchmal die angebauten Plätze wieder verlassen und sich bessere und fruchtbarere Stellen aussuchen, oder in die westlichen Staaten ziehen. Des Nachts gewährten die in Flammen stehenden Wälder ein imponirendes Schauspiel, und schon manche Plantage ist durch das Anzünden derselben ein Raub der Flammen geworden, die oft so lange lodern, bis sie ein starker Regenguß löscht. Nach einer abermaligen dreitägigen Wanderung gelangte ich an den Lecha-Fluß, den man, durch Wegschaffung der Steine aus seinem Wasserbett, für Boote fahrbar machte, um die im blauen Gebirge geflözten Steinkohlen nach Eastown in den Delaware Strom und von dort nach Philadelphia herunter zu schaffen.

Die West-Branche des Susquehanna entspringt im Ohio-Staat, vereiniget sich bei Harisburg mit der Nord-Branche, und hier erst bilden beide, in Gemeinschaft mit dem ebenfalls im Ohio-Staat entspringenden und durch die Gebirge sich durchschlängelnden Juniata-Strom, den majestätischen Susquehanna-Fluß, der sich bei Baltimore in die Chesapeak ergießt und hier bei Harisburg eine, und bei Columbia, 30 Meilen weiter nach der Mündung zu, wenigstens 1½ Meile breit, aber so seicht ist, daß man überall den Grund sehen und im Sommer mit leichter Mühe durchreiten kann. An beiden erwähnten Stellen sind bedeckte Brükken angebracht, die, so wie überall in Amerika, bloß von Holz erbaut sind. Die Umgebungen des Flusses sind eine auf beiden Seiten fortlaufende Reihe von Anhöhen, die einen so pittoresken Anblick gewähren, daß man die Gegend bei Harisburg und Columbia sehr romantisch und eine der schönsten in Pensylvanien, vielleicht auch in den Vereinigten Staaten nennen könnte. Sehr viel Aehnlichkeit glaubte ich hier mit den Umgebungen des Main bei Frankfurth und des Neckar bei Heidelberg zu entdecken. Die Ufer des Susquehanna sind an manchen Stellen, besonders bei Harisburg und Columbia, sehr gut angebaut und bevölkert, und fast überall zeigten sich massive Wohngebäude der Bauern, die größtentheils Deutsche sind. Vor 50 Jahren hatten die Indianer noch ihre Städtchen und Tempel hier, und der Boden war so wohlfeil, wie in den westlichen Staaten; jetzt aber war der Acker gutes geklärtes Land nicht unter hundert Dollars zu kaufen.

Die Stadt Harisburg enthielt vor 45 Jahren bloß einige elende Hütten, gegenwärtig aber zählt sie bereits 3500 Einwohner, hat einen lebhaften Handel und schöne gemauerte Häuser, unter denen der Saal für das gesetzgebende Corps, welches unter der Leitung des Gouverneurs von Pensylvanien hier seinen Sitz hat, den ersten Rang behauptet. Bis hierher wird alles Getraide aus den Gebirgen auf flachen Boten heruntergeschafft, hier in andere Fahrzeuge eingeladen und nach Baltimore verführt; die Bau-Materialien der ersteren aber werden verkauft.

Hier, dicht bei Harisburg, fand ich auch einen Namens-Vetter, dessen Eltern aus der Gegend von Hanau

nau herstammten, der, obgleich man ihn am Grundvermögen auf 50,000 Dollars schätzen konnte, dennoch, troz dem geringsten seiner Knechte, die schwersten Arbeiten verrichtete, und in seinem ganzen Haus- und Familien-Wesen sich durchaus nicht im mindesten von einem gewöhnlichen deutschen Bauer unterschied.

Ausgewanderte Deutsche habe ich nur äußerst wenige in Pensylvanien als ansässige Bauern gefunden, und auch diese wenigen waren gewöhnlich sehr alte Leute, die schon in ihrer Jugend eingewandert sind. Die meisten in neueren Zeiten Ausgewanderten halfen sich als Tagelöhner kümmerlich durch, wohnten in elenden Baracken zur Miethe, hatten ihre Kinder verkauft, und gar manche bereuten ihre große Sehnsucht nach dem Lande der Freiheit.

Da mein Augenmerk hauptsächlich darauf gerichtet war, auch den inneren Wohlstand der Landleute zu erforschen, so machte ich nur zu oft die Erfahrung, daß die gemauerten Wohnhäuser, womit hier auch Luxus getrieben wird, nicht gerade immer die Evidenz des Wohlstandes oder Reichthums sind, und nur zu häufig hörte ich alle häuslichen Handwerker: Gerber, Riemer, Schmiede, Schuhmacher, Schneider und Weber die bittersten Klagen führen, daß sie von den Bauern ihre Befriedigung nicht erlangen, und manche der Ersteren sogar ihre Dienstboten, Tagelöhner und selbst den Schulmeister nicht regelmäßig bezahlen könnten. Nicht minder ersah ich aus den Zeitungen, daß auch die Redakteurs derselben ihren Dollar, zuweilen mit Unwillen und unter Androhung gerichtlicher Klage einforderten. Die Scheuern und Stallungen, die nur ein Gebäude bildeten, indem letztere unter den ersteren angebracht waren, waren zwar in den besten Gegenden auch massiv, inzwischen zeigten auch diese, ihrem Umfange nach, keinen größeren Wohlstand, als der der gewöhnlichen Bauern in den guten Gegenden Schlesiens und im Magdeburgischen ist.

Meiner Absicht gemäß hatte ich im Monat Mai die Reise unternommen, um den Niagara=Fall zu sehen, von welchem ich, da ich die Alleghenys bereits erstiegen und die Laks=Countrys (See=Länder) erreicht hatte, nicht mehr so sehr weit entfernt war; allein unter den englischen Leuten ist die Theurung aller Lebensmittel beinah immer um 100 Procent größer, und die Gastfreiheit ebensoviel weniger als unter den deutschen Landsleuten, und darum wollte ich in meiner damaligen Lage der Curiosität um so weniger ein solches Opfer bringen, als ich der Wasserfälle bereits genug in der Schweiz gesehen hatte. Die mit den Indianern am Ontario=See handeltreibenden Jänkys theilten mir folgende Schilderung über dieses erhabene Schauspiel mit:

„Der Wasserschlund, welcher den Ontario mit dem Erie=See verbindet, heißt der Niagara=Strom, der in der Mitte dieses Zwischenraums sich von einem 175 Fuß hohen Felsen mit so furchtbarem Getöse in den Abgrund stürzt, daß man es schon in einer Entfernung von 30 englischen Meilen hören kann. Der Felsen biegt sich unten am Fuß an manchen Stellen so weit rückwärts, daß man, unter dem Falle stehend, ihn betrachten, und den prachtvollen Glanz des von den Sonnenstrahlen gebildeten Regenbogens bewundern kann. Dicht vor dem Falle ist eine schöne grüne Insel, die noch kein menschlicher Fuß betreten hat, indem von hier aus bis auf eine Distanz von 10 bis 12 Meilen der Strom so reißend ist, daß er jedes Fahrzeug, welches sich auf weiter als diese Distanz dem Falle nähert, mit der Wuth eines Wirbels ergreift, und in Stücken zertrümmert, in den Abgrund schleudert, wo Tod und Verberben das unvermeidliche Loos des unachtsamen Fischers oder Fährmanns ist. Dieser Schilderung fügte der Jünky noch folgende Erzählung von dem unglücklichen Schicksal des Indianers Tomy bei.

„Tomy hatte auf dem Strom gefischt, und nach beendigtem Geschäft seinen Kanot an eine vor Anker liegende Schaluppe angebunden, und sich im ersteren schlafen gelegt. Während seine schöne junge Frau auf der Schaluppe für den Geliebten das Mahl bereitete, machte ihr ein Matrose Liebes-Anträge, und als diese mit Verachtung zurückgewiesen wurden, schnitt der elende Bösewicht das Seil entzwei, womit Tomys Kanot an die Schaluppe befestiget war. Unter angst- und verzweiflungsvollen Wehklagen der Indianerin trieb der reißende Strom den Kanot fort, und als das furchtbare Brüllen des Cataracts den Schlafenden aufweckte, erschöpfte er vergeblich alle Kräfte, um den Kanot ans Ufer zu lenken. Den schrecklichsten Tod unvermeidlich vor den Augen sehend, empfahl Tomy seine Seele dem großen Geist, und leerte, nach verrichtetem Gebet, seine mit Rum gefüllte Kürbis-Flasche in einem Zuge aus. Seinem Schicksale sich überlassend, legte er sich der Länge nach in den Kahn, welcher durch den Strom so glücklich hinunter geführt wurde, daß Tomy das Leben rettete."

Die Schandthat des Matrosen hat allerdings seine Richtigkeit; allein Tomys Rettung kann ich nicht mit Gewißheit verbürgen, indem sie einige behaupteten, andere wieder bezweifelten.

Hier in den Wildnissen der Alleghenys habe ich auch mehrere mit ihren Weibern herumziehende Indianertrupps getroffen, die aus dem Ohio-Staat kamen und sich in die Seestädte begaben um daselbst durch ihre Künste welche im Schießen mit dem Bogen im Kriegstanze und allerlei Gesängen bestanden, sich etwas zu verdienen. Ueber die Lebensart, Sitten und Kultur dieser Völker wird weiter unten ein Mehreres gesagt werden, und nur noch eine arithmetische Aufgabe, welche ich von einem Canadaischen Indianer, der sehr fertig englisch sprach, gelernt, verdient der Seltenheit wegen hier einer Erwähnung; sie bestand darin: einer von den jungen Amerikanern, die reisende Kaufleute waren, mußte die Zahlen 1 bis inclusive 10 hinschreiben, und wenn mit einer davon alle übrigen multiplizirt würden, so müßte das Produkt aus lauter Achten bestehen. Keiner von uns konnte das Räthsel lösen; endlich löschte der Indianer die 1 und 10 weg, weil 1 und 0 bekanntlich nicht dividiren und nicht multipliziren, ließ uns die 9 unter die 2 und nach geschehener Multiplizirung das Facit untereinander setzen, und die unterste Zahl zum nächstfolgenden Produkt jedesmal addiren, und nun ergab sich die völlige Richtigkeit der Aufgabe, wie das Beispiel näher zeigt.

$$
\begin{array}{cccccccc}
2. & 3. & 4. & 5. & 6. & 7. & 8. \\
9 \\
\hline
8 & 8 & 8 & 8 & 8 & 8 & 8 \\
\hline
1 & 2 & 3 & 4 & 5 & 6 & 7
\end{array}
$$

Ich regalirte den Wilden für seine Geschicklichkeit mit einem Glas Gin, und erfuhr von ihm, daß er mehrere Zeit auf einem englischen Schiff als Matrose gedient, und in Ost-Indien und Süd-Amerika gewesen sey.

Ueber die nördlichen Staaten und Canada zog ich hier folgende Nachrichten ein: daß mehrere neue Kolonisten in Albany am Nord-River (Nord=Fluß) sich niederließen, weil auch dort das Land sehr wohlfeil, und die Communication mit der Seestadt Neu-York viel leichter sey, als die auf dem Ohio mit Neu-Orleans, indem die Frucht hier nur 4 bis 500, im Ohio-Staat aber 2400 Meilen zum Markt geführt werden müßte.

Auch hatte sich das Gerücht verbreitet: daß Joseph Bonaparte 200,000 Acker Landes in erwähnter Gegend gekauft und selbiges den eingewanderten Europäern, besonders den Franzosen, unter vortheilhaften Bedingungen überlassen wolle. Es wäre unter solchen Umständen den eingewanderten europäischen Ackerbauern dann allerdings anzurathen, eine Ansiedelung am Nord-Fluß, der in den westlichen Staaten vorzuziehen, indem der größere oder mindere Wohlstand des Landwirths lediglich von dem mehr oder minder kostspieligen Absatz der Erzeugnisse abhängt; auch könnte ein jeder schon von Neu-York aus, zu Schiffe, an den Ort seiner Bestimmung gelangen.

Auch nach Canada waren während meinem Aufenthalt in Amerika wohl an 4000 englische Unterthanen eingewandert, die von der Regierung freie Ueberfahrt, Lebensunterhalt auf ein halbes Jahr, die nothwendigsten Ackergeräthschaften und Land umsonst erhielten. Diese Vortheile sind schon viel werth, und wenn selbige das englische Gouvernement auch den deutschen Kolonisten zugesteht; dann mögen Auswanderungslustige doch jeden Falls das Land des Despotismus, dem der Freiheit vorziehen. Nach der Angabe des Engländers Birkbeck ist das Klima mäßig und gesund, und kommt dem in Deutschland am nächsten. Der Boden ist dort eben so fruchtbar, wie in den Freistaaten, und der von der besten Qualität soll die Aussaat am Waizen 35 fältig zurückgewähren. Auch ist der Arbeitslohn der nämliche, wie in den Vereinigten Staaten, und der Lohn eines Knechts steigt von 80 bis 160 Piaster jährlich. Nicht minder dürften diejenigen, welche sich für die Ueberfahrtsfracht verkaufen lassen müſſen, in Quebeck und Montreal viel eher und unter beſſeren Bedingungen ausgelöst werden, als in Neu-York, Philadelphia und Baltimore, wo die Männer beinah keine Auslöser mehr finden. Verſchiedene Erzeugniſſe des Landes, nämlich: Hafer, Gerſte, und aller Hopfen, auch Butter und Käse, so wie Bauholz, werden ſelbſt in die Vereinigten Staaten, beſonders aber in deren ſüdliche Gegenden, und vorzüglich nach Weſt-Indien, eingeführt. Uebrigens will ich auch zur Auswanderung dahin niemanden animiren, indem die engliſchen Parlaments-Mitglieder es selbst eingestehen, daß die Auswanderer in Canada im Elend schmachten. Daſſelbe Schickſal ſteht ihnen überall bevor, wenn ſie von der Regierung nicht so lange unterſtützt werden, bis sie die Wälder in Waizenfelder umgeſchaffen haben. Hiermit schließe ich nun meine, auf den verſchiedenen Ausflügen in die nördlichen Staaten, geſammelten Erfahrungen und gehe nunmehr zu den Excurſionen nach den ſüdlichen Staaten über; hierbei bemerke ich noch: daß, da ich die Reise nach dem Niagara nicht fortgeſetzt, ich mit meinen in den Alleghenys gegen Uhren eingetauſchten Pferden nach Philadelphia zurückkehrte, und ſie dort unter ſolchen Bedingungen verkaufte, daß ich wenigſtens meine Reisekoſten daran verdiente.

Den Staat Neu-Jerſey, welcher am rechten Ufer des Delaware, zwiſchen Penſylvanien und Neu-York liegt, habe ich, ſeiner Länge nach, auch an 100 Meilen durchſtreift, und dort ein so trauriges und ſandiges Land, wie in der Neu-Mark gefunden. Zudem mangelte es den Einwohnern, die größtentheils engliſchen

Origins waren, noch an hinlänglichem Vieh, und besonders an Schaafen, die ich fast nirgends gesehen habe; und aus diesem Grunde fehlte es dem ohnedieß dürren und ausgesogenen Boden an gänzlicher Düngung. Unter solchen Umständen ist daher auch kein Wohlstand hier zu erwarten, obgleich dieser Staat eine so glückliche Lage hat, daß auf dem Strom jedes Korn nach Philadelphia gebracht, und dort zu Gelde gemacht werden kann.

Achtes Capitel.

Excursion nach den südlichen Staaten der Union: Delavare, Maryland und Virginien. Eingezogene Nachrichten über die Carolinas, Georgien und Neu-Orleans. Feldbau, Menschen, Sklaverei, Klima, Handel und Verkehr.

Bis hieher habe ich den Leser mit Schilderungen von Ländern und Menschen unterhalten, wo man Amerika noch immer mit Vergnügen betrachtet, und den Amerikaner als einen edlen und glücklichen Menschen preiset. Auch war ich zum Theil unter Menschen, bei welchen deutsche Sprache, deutsche Biederkeit und deutscher Fleiß noch überall sichtbar wären. Diesen Theil von Amerika könnte man allenfalls noch eine Republik nennen, weil, bis auf wenige Außnahmen unter den farbigen Leuten, sich jedermann gleich ist, und ein jeder für sein Brod selbst arbeiten muß.

Von nun an gehe ich zu denjenigen Staaten über, wo der größte Theil seiner Einwohner unter das Thiergeschlecht herabgewürdiget, ein rechtloser Gegenstand des Wuchers, der Willkühr, der Leidenschaft und Bosheit seiner Mitmenschen wird. Hier wendet der Menschenfreund mit Unwillen, Verachtung und Abscheu dem Amerikaner den Rücken zu, der sein aus entgegengesetzten Extremen gebildetes Lieblings Axiom: Republik oder Freiheit und Gleichheit zum Spott und Gelächter der übrigen gebildeten Welt an den Pranger stellt. Und wahrlich! sehr wird der Strahlenkranz des Verdienstes von Washington und Franklin in dem Buche der Geschichte verdunkelt werden, weil sie, als die ersten Gründer der Republik, den, sowohl in moralischer als bürgerlicher Hinsicht, bejammernswerthen Zustand einer Menschenklasse, die den vierten Theil der Staats-Einwohner bildet, und der jeder Gefühlvolle eine Thräne des Mitleids nicht versagen wird, so gänzlich unbeachtet ließen.

Wenn man ihnen auch nicht gleich die völlige Freiheit zu geben brauchte, weil das Klima in den äußersten südlichen Staaten dem weißen Menschen schwere Arbeiten sehr lästig macht, so hätte man doch mehr für ihre religiöse und moralische Ausbildung sorgen und solche Anstalten treffen können, damit sie von dem unermeßlichen wüsten Ackergebiet von den Pflanzern, ihren Herren, wenigstens soviel erhielten, um durch Fleiß und Sparsamkeit doch zu der Möglichkeit zu gelangen, ihre Freiheit zu erwerben.

Nur die Meinung des damaligen Zeitalters, daß die Neger eine von der Vorsehung verworfene Menschen-Race, oder eine veredelte Affen-Art wären, könnte noch zu einiger Entschuldigung angeführt werden. Allein jetzt ist der Trug dieser Theorie, die selbst mancher deutsche After-Philosoph aus seinem Hirnkästchen auskramte, längst entschieden, und durch die erfahrensten Anatomiker ist es dargethan, daß der Unterschied der Farbe bloß äußerlich ist, und sich nur auf die Haut muskeln beschränkt, den lediglich das Klima und die Lebensart erzeugen. Eine Veränderung des Klimas und der Lebensart würde die Hautfarbe des Negers nach und nach bleichen, seine aufgeworfene Lippe herunterziehen und sein wolliges Haar ausdehnen, und eine nordische Atmosphäre würde den Neger vielleicht in der nämlichen Zeit zum Weißen umschaffen, als das Klima am Niger und Congo den Portugiesen in einen Neger umwandeln würde.

Als die Amerikaner ihre Unabhängigkeit von England mit gewaffneter Hand bewirkt und ihre Constitution entworfen hatten, dachte niemand an die unglücklichen Afrikaner, und sie blieben in allen Staaten der Union nach wie vor Sklaven. Nach mehreren Jahren endlich trat ein rechtschaffner Mann aus der Zahl der Freunde (Quäker), an denen sie stets Beschützer und Wohlthäter hatten, in der Versammlung der Volksrepräsentanten auf, und vertheidigte mit kraftvoller Rede und wahrhaft christlichem Eifer die Menschen-Rechte der Neger, die er unter andern durch folgende Gründe zu beweisen suchte:

„ihr Körper ist gestaltet wie der unsrige; ihr Blut ihre Zunge und ihr Herz sind wie das unsrige; sie haben die nämlichen Sinne und sind derselben Gefühle fähig wie wir. Ist es nicht grausam und unchristlich von uns, daß wir Geschöpfe und Ebenbilder Gottes, so gut wie wir, gleich dem Vieh verkaufen und behandeln, weil ihre Haut dunkler ist, als die unsrige."

Diese Worte wirkten so auf die versammelten Volks-Repräsentanten der nördlichen Staaten, daß die Sklaverei mit der Maßgabe abgeschafft wurde: nach zurückgelegtem 28sten Jahre sollte jeder schwarze oder farbige Mensch, er möge als Sklave geboren, oder käuflich acquirirt worden seyn, seine Freiheit erhalten, und, von diesem Zeitraum an, jede Sklaverei durch Geburt aufhören.

Zwar kann in den nördlichen Staaten jedermann noch bis jetzt Sklaven kaufen; allein er muß ihnen nach dem 28sten Jahre die Freiheit geben; auch wird jeder aus den südlichen Staaten entlaufene Sklave in den nördlichen Staaten dem Eigenthümer ausgeliefert; und nicht minder ist die Regierung in den letzteren berechtiget, jeden fremden Neger, der seine Freiheit nicht beweisen kann, nach dem Grundsatz: quilibet niger praesumitur servus, (jeder Schwarze ist der Vermuthung nach ein Sklave) innerhalb der ersten sechs Monate nach seinem Eintritt in ihr Gebiet für das Gouvernement als Sklaven einzuziehen, welches indeß selten oder niemals zu geschehen pflegt, weil die nördlichen Staaten die Aufhebung der Sklaverei sehr wünschen, die aber schwerlich erfolgen dürfte, indem die südlichen unter keinen Umständen in die Abschaffung willigen werden. Nach einem sechsmonatlichen Aufenthalt erlischt der Anspruch der Regierung, und nur dann, wenn der Eigenthümer den entlaufenen Sklaven reklamirt, wird er zu jeder Zeit ausgeliefert. Bei der Verschiedenheit der Staaten in der Union, entfliehen die Neger doch ungleich seltener, als man glauben sollte; denn eines Theils sind sie die einzigen Individuen, die zum Reisen eines Passes bedürfen, andern Theils setzen die Sklavenhalter gewöhnlich bedeutende Prämien auf die Wiederergreifung entlaufener Sklaven, die der amerikanische Pöbel und die Polizeibeamten auch sehr gern verdienen; zudem weiß der Sklave, daß ihm, im Falle der Wiedereinbringung, ein schreckliches Loos bevorsteht, indem er, nach vorheriger grausamer Züchtigung, sofort in die Carolinas oder Georgien verkauft wird, wovor die Neger große Furcht haben. Da ich nun durch diese Vorerinnerung auf das Sklaven-System in Amerika, früher als es meine Absicht war, gekommen bin, so will ich dem Leser den Zustand der Sklaverei im folgenden Abschnitt darstellen.

Erster Abschnitt.
Verbinden oder verserven. Zustand der Sklaverei. Rechtloser Zustand der Neger überhaupt.

Das Verbinden oder Verserven der Kinder armer Eltern findet fast in ganz Amerika statt, indem letztere, falls sie ihre Kinder nicht ernähren können, sie irgend einem Land- oder Stadtmann gegen ein Stück Geld bis nach zurückgelegtem 21sten Jahre überlassen. Ueber dieses Abkommen wird eine schriftliche Verhandlung in der Office aufgenommen, worin sich der Annehmer des Kindes verbindlich macht, ihm Schulunterricht, Kost und Kleidung zu geben, und es zu irgend einem Gewerbe, es sey ein Handwerk oder Bauerwirthschaft, zu erziehen. Fast alle unvermögende Waisen, Kinder der Tagelöhner und Neger und der ausgewanderten deutschen Landleute werden auf diese Art verbunden; und da hierdurch die Kinder den Eltern ganz fremd werden, ihnen auch außer dem Leben nichts weiter zu verdanken haben, so ist die natürliche Folge hievon: daß solche Kinder nicht die zärtliche Liebe und Dankbarkeit gegen ihre Eltern hegen können, wie in jenen Ländern, wo Eltern ihre Kinder selbst erziehen.

Was die Sklaverei betrifft, so ist sie zwar, wie bereits gesagt, in den nördlichen Staaten, worunter Pensylvanien und Neu-Jersey für gewöhnlich auch gerechnet werden, abgeschafft; inzwischen sind die Neger und farbigen Leute doch im höchsten Grade verachtet, so daß sie selbst in Wirthshäusern mit dem gemeinsten weißen Pöbel keine Gemeinschaft haben, und darum suchen sehr viele der Ersteren ihren Haß und ihre Verachtung gegen die weiße Kaste an den Tag zu legen, um dafür gleichsam das Wiedervergeltungs-Recht auszuüben. Dessenungeachtet aber findet sich eine schwarze Lady sehr geschmeichelt, wenn sie ein Weißer schön findet, dem sie aber aus sehr natürlichen Gründen selten treu bleiben. In Charlestown hatte ein reicher Deutscher in seinem Serail eine schöne Mozambique Negerin zur Favorit-Sultanin erhoben, welche, da der reiche Gebieter nicht verheirathet war, die dirigirende Frau im Hause spielte. Nach einiger Zeit befand sie sich in gesegneten Umständen und verursachte dadurch ihrem Herrn, der keine Kinder hatte, sehr viel Freude. Alles für den zu hoffenden Nachkommen von gemischtem Blut nothwendige Mobiliare wurde aufs prachtvollste angeschafft; selbst die Wiege wurde aus Mahagoni-Holz gezimmert. Die Entbindungsstunde schlug, und statt des sehnlichst erwünschten Mulatten, kam ein rabenschwarzer kleiner Mozambique-Neger zum Vorschein. Die Ungetreue wurde dafür nach Louisiana in die Zucker-Plantagen verkauft.

Das Bürger-Recht können die Neger nirgends in Amerika erwerben; nicht minder können sie in der Land-Armee aufgenommen werden, weil kein Amerikaner mit ihnen in Reih und Glied stehen will. Dagegen aber können sie als Matrosen und Marine-Soldaten angestellt werden, auch in eigene Compagnien gebildet, und von ihren eigenen Offizieren befehligt, in der Land-Armee fechten. Ungeachtet dieser persönlichen Nachtheile können die Neger jedes erlaubte Gewerbe betreiben und Ländereien, soviel als sie wollen, besitzen; allein nur selten ist dieß der Fall, indem die freien Neger wenig Neigung zum Landleben haben, und sich größtentheils in kümmerlicher Dürftigkeit in den Städten nähren. In ganz Pensylvanien habe ich nicht einen Neger als Bauer gefunden; in Maryland sah ich deren wenige, worunter manche auch ziemlich wohlhabend waren. Diejenigen, welche sich durch den Ackerbau nähren, sind in der Regel sehr rechtschaffne und treue Menschen; auch an den Sklaven habe ich allgemein die Bemerkung gemacht, daß sie ein gutmüthiges und sehr arbeitsames Volk sind; und für sehr grundlos muß ich daher den Schluß der Amerikaner erklären: daß, weil die freien Neger von ihrer Freiheit nicht den besten Gebrauch machten, in ihren Vermögens-Umständen nie vorwärts kämen, und häufig auch ausschweifend lebten, die gesammte Neger-Race zur Freiheit noch nicht reif sey. So lange man den moralischen und intellectuellen Zustand der farbigen Menschenklasse nicht zu verbessern sucht, werden sie freilich dem Weißen immer noch lange nachstehen. Indeß ist durch eine gute Erziehung aus dem Neger alles zu machen; auch haben die farbigen Leute in Amerika ungleich mehr Talent für die Musik, als die Weißen, und daß ihr Herz nicht böse ist, beweiset dieß, daß man nur äußerst selten von Mordthaten, deren sie sich schuldig gemacht, hört.

Wie rechtlos ihre Lage noch selbst in den Nicht-Sklaven-Staaten ist, wird sich daraus ergeben, daß ein Weißer, der vor einigen Jahren einen Schwarzen im Zank todtschlug, nur zu einjähriger Gefängnißstrafe verurtheilt wurde. Sogar dicht vor Philadelphia wurden freie Neger bei ihren Feldarbeiten von weißen Amerikanern aufgegriffen, in verdeckte Wagen geworfen, nach den Küsten geschleppt, dort auf Schiffe geworfen und in die südlichen Staaten, die Carolinas oder Georgien, in lebenslängliche Sklaverei verkauft. Ihre Freiheit konnten sie nicht wieder erlangen; und nun kann man sich eine Vorstellung machen: wie selbst die obrigkeitlichen Behörden und die Gerichte gegen diese Menschenklasse gesinnt seyn müssen.

Noch während meiner Anwesenheit in Amerika wurde ein spanisches Sklavenschiff mit einer Ladung von 250 Seelen von einem südamerikanischen Insurgenten-Kaper aufgebracht und in den Hafen von Augusta in Georgien eingeführt, woselbst die für Freiheit und Gleichheit streitenden Helden die gekaperte Prise verkaufen wollten. Das wachsame Gouvernement von Georgien hievon benachrichtiget, confiscirte die eingeschmuggelten Neger auf den Grund des Gesetzes: der Sklavenhandel oder eigentlich die Sklaveneinfuhr sey in den Vereinigten Staaten abgeschafft. Statt aber den unglücklichen Afrikanern, welche die Sklavenhändler an der Küste von Afrika des Nachts in ihren Betten überfallen und sie mit Gewalt zu Sklaven gemacht hatten, die Freiheit zu geben, wie jede andere civilisirte Nation gethan haben würde, bot sie die Regierung von Georgien durch ein Proclama zum Verkauf in lebenslängliche Sklaverei aus, und gewiß wären sie schon damals verkauft worden, wenn nicht eine Gesellschaft von Menschenfreunden den Werth dieser unglücklichen Geschöpfe durch Subscription aufzubringen sich anheischig gemacht, und dadurch die Suspension des Verkaufs bewirkt hätte. Wirklich rührend war die Beschreibung ihrer Empfindungen, die sie an den Tag gelegt, als ihnen die Abgeordneten dieser zum Besten der Schwarzen sich gebildeten Gesellschaft die Hoffnung zu ihrer Freiheit verkündigten, woran sie anfänglich nicht glauben wollten, indem sie einmal über das andere ausriefen: „Nein, es ist nicht möglich! Noch keiner ist von allen denen zurückgekehrt, die aus unserem Lande von den weißen Menschen weggeführt wurden. Wer anders könnte bei solchen Scenen wohl gefühllos bleiben, als so ein amerikanisches Seelenverkäufer-Volk?

Was aus diesen schwarzen Menschen weiter geworden ist, habe ich nicht erfahren, und nur soviel ist mir bekannt, daß die Sklavenhalter-Staaten das Gesetz über den Verbot der Sklaveneinfuhr schlecht befolgen, indem im Jahre 1817 nicht weniger als 14,000 Neger von der Küste von Afrika eingeschmuggelt wurden.

In der so schön sich entfaltenden Rosenknospe, dem Ohio-Staat, woselbst in Rücksicht der Neger die nämlichen Grundsätze, wie in Pensylvanien statt finden, werden nach des Engländers Faerons Erzählung junge Negerbursche, wenn sich das Ende ihrer Serve-Zeit naht, oder ihr Herr Geld braucht, sehr häufig an die Sklavenhändler, oder nach Natihes in Louisiana in lebenslängliche Sklaverei verkauft. Hieraus wird der Leser ersehen, daß dem amerikanischen Spekulanten kein Mittel zu schlecht ist, seinen stinkenden Geiz zu befriedigen. Heute führen sie den südamerikanischen Patrioten, morgen wieder den Spaniern Munition und Gewehre zu; das nämliche thaten sie während dem Neger-Aufstande in Sanct Domingo.

Die Unmenschlichkeiten und Schändlichkeiten alle anzuführen, deren sich die Sklavenhalter gegen die Neger schuldig gemacht und noch täglich schuldig machen, würde allein ein Buch ausfüllen; ich will daher die Lage dieser unglücklichen Menschen nur kurz berühren.

Kein Sklave kann eine gültige Ehe eingehen, sondern sobald der Eigenthümer neuen Zuwachs haben will, und sich kein auswärtiger Liebhaber zur Sklavin findet, so befiehlt er dem ersten besten seiner Knechte, den er für den tüchtigsten hält, das Vermehrungsgeschäft für seinen Sklaven-Stall zu übernehmen, und wehe ihm! wenn er nicht Lust und Neigung dazu fühlen sollte. Sind die jungen Neger ein wenig herangewachsen, oder hat der Pflanzer in den Staaten Delavare, Maryland und Virginien mehr Sklaven als er braucht, oder ist kein Geld im Hause, so werden die Eltern, oft Vater und Mutter zugleich, verkauft, und nur die Kinder zur ferneren Zucht beibehalten. Ganze Trupps wurden bei meiner Anwesenheit in Amerika von den Sklavenhändlern aufgekauft, an Händen und Füßen zusammengeschlossen und in die Seestädte getrieben, von wo sie zu Schiffe nach dem Alabama-Staat gebracht wurden, um dort mit den zu gleichem Behuf erkauften Würtembergischen Serven an den neuen Festungswerken zu arbeiten. Auch ist es schon oft der Fall gewesen, daß, wenn der zu Washington versammelte Congreß mit seinen phantastischen Phrasen die Glückseligkeit des Landes herausstrich, und die Mitglieder sich darüber im Streit erschöpften: ob die Amerikaner nicht das aufgeklärteste und glücklichste Volk der Welt wären, ein betrunkener Sklavenhändler, der mit seiner gefesselten Heerde an den Fenstern des Kapitols vorbeizog, mit der langen Peitsche auf dem Rücken der Ermatteten die unbestreitbare Richtigkeit dieses Lieblings-Themas bewies.

In Delavare, Maryland und Virginien erhielten die Neger zu ihrem Gries von Wälschkorn, doch hier und da etwas Speck und Salz, auch wohl Brod; allein weiter nach Süden zu bestehen alle ihre Alimente aus einem halben Büschel Wälschkorn auf die Woche; diesen zerstampfen sie in einem ausgehöhlten Block und machen sich einen Gries, den sie, Jahr aus Jahr ein, ohne Schmalz und Salz, und auch ohne Brod essen müssen. Der Genuß ungesalzener Speisen soll ihnen häufig Blindheit verursachen. Will ihnen aber der Pflanzer einmal einen Festschmauß geben, so kauft er

in

in den Seestädten eine Tonne stinkend gewordenes oder verdorbenes Pökelfleisch, und setzt es ihnen als Leckerbissen vor. Nach der Versicherung mehrerer Deutschen, die Jahre lang in den Carolinas und Georgien gelebt haben, werden der Hund und das Schwein dort ungleich besser gepflegt und behandelt, als der schwarze Mensch. Herr Andreas Stoffel aus Graubündten, der mehrere Zeit in den Carolinas sich als Handelsmann aufgehalten hat, sagt: man zweifelt an einer Gottheit, wenn man die Grausamkeiten ansieht, deren sich die Amerikaner gegen die Neger schuldig machen. Soll ein Negersklave gestraft werden, so schlingt man ihm einen Strick um die Hände, und bindet ihn an die Aeste eines Baumes an, und so in der Luft schwebend, wird er mit einer langen Hetzpeitsche oft so lange gehauen, bis ihm die Fetzen vom Leibe hängen. Ein Hamburger Matrose, der auf dem Schiff, mit welchem ich nach Europa zurückkehrte, angestellt war, und früher sich einige Zeit in Neu-Orleans aufgehalten hat, erzählte mir: er habe die Neger oft mehrere englische Meilen weit brüllen gehört, wenn sie gezüchtiget wurden. Eines Tages sey er auf dem Lande gewesen, und habe gesehen, daß zwei Negerinnen und ein Knecht, dafür, weil sie ohne Erlaubniß des Nachts in einem Tanzhause gewesen, auf folgende Art gezüchtiget wurden: das eine Frauenzimmer, die Anstifterin, sey der Länge nach auf ein Brett gelegt, am Halse und an den Füßen angebunden, und mit 50 Peitschenhieben auf den Blanken bestraft worden; vor der Execution sey sie dem gefühllosen Pflanzers Sohne zu Füßen gefallen, und habe um Verzeihung gebeten, allein dieser Unmensch habe, als der die Execution vollstreckende Knecht nicht stark genug gehauen, ihm die Peitsche entrissen, und dieses Büttelgeschäft selbst vollzogen. Nach der Execution habe die Gezüchtigte nicht gerade stehen können, und das Blut sey ihr durch die Röcke durchgelaufen. Die zweite habe sich ganz ruhig aufs Brett gelegt, das Anbinden für unnöthig erklärt, sich die Röcke selbst heraufgenommen, und während der Execution nicht einen Laut von sich gegeben; sie und der Knecht wären mit 12 Hieben davon gekommen.

In Delavare, Maryland und Virginien sind zwar die Neger, da die Kälte im Winter so streng, wie in Deutschland ist, mit den zur Bedeckung der Blöße nothwendigen Kleidungsstücken versehen, auch bekennen sie sich alle zur christlichen Religion, indem die Methodisten es sich sehr angelegen seyn lassen, sie zu ihrer Kirche zu ziehen; allein eines Schulunterrichts haben sie sich nur bei wenig Herren zu erfreuen. Dahingegen haben die Sklaven in den übrigen südlichen Staaten nichts weiter als einige Lumpen von Sack=Leinwand an sich, und zeitlebens bekommen sie keine Schuhe auf ihre Füße, obgleich im Winter in den Carolinas zuweilen Schnee fällt; während dem Sommer ist der Oberleib bei beiden Geschlechtern völlig bloß. Eines Schul= oder religiösen Unterrichts haben sie sich dort nirgends zu erfreuen, indem es bei schwerer Geld= oder Gefängnißstrafe verboten ist, einen Neger lesen oder schreiben zu lehren. So, oft ohne Kenntniß aller Bande der Blutsverwandtschaft, ohne Begriffe von horror naturalis, ja selbst oft ohne Kenntniß ihrer Eltern, werden sie gleich dem Vieh aufgezogen, gleich dem Vieh behandelt und verkauft, entweder durch öffentliche Auktion, oder aus freier Hand, oder auf dem Sklavenmarkt, wo an manchen Plätzen zwei Behälter, einer für das männliche und der andere für das weibliche Geschlecht, angebracht sind. Oft werden auch Männer und Weiber fingernackend auf freiem Platz zur Schau ausgestellt, nachdem sie sich vorher gewaschen und ihre Haut mit Cocusnuß-Oehl eingerieben haben. Einen Sklaven zu tödten ist der Herr nicht berechtiget; wohl aber kann er ihn in verschiedenen Raten so lange züchtigen, bis er den Geist aufgiebt, und erst vor drei Jahren haben drei Sklaven im Maryland-Staat ihren grausamen Herrn aus Verzweiflung todt geschlagen, wofür sie auf den Grund des Verdachts gehangen wurden. Wer in Georgien seinen Sklaven todtschlägt, zahlt 100, und wer ihm die Zunge ausschneidet, 14 Pfund Strafe; ein Pfund ist ohngefähr 3 Dollars. Wer einen Sklaven stiehlt, wird ungleich härter bestraft. —

Wer von unseren politischen Schriftstellern wird diese Republik, die solche gottlose Gesetze und Handlungen duldet, noch für die weiseste und glücklichste aller Staatsverfassungen halten? Wer wird noch länger der Meinung seyn, daß Wissenschaften und Künste, gleich den schwäbischen Bauern in die westliche Hemisphäre aus Europa auswandern? Es würde jenen nicht besser ergehen, als diesen; sie würden verservt oder verkauft werden, wie es in der That schon manchem Theologen und sehr vielen Pädagogen ergangen ist, und noch täglich ergeht. Gefühllosigkeit und Grausamkeit sind immer ein Beweis von thierischer Rohheit eines Volks; und da, wo das zarte und schöne Geschlecht noch bestialisch gefühllos ist, kann die Kultur noch keine große Progressen gemacht haben.

Bonnecastle ein englischer Ingenieur-Kapitän erzählt in seiner Reisebeschreibung von Süd-Amerika: er selbst habe es gesehen, wie eine südamerikanische Donna auf einem Fahrzeug das schreiende Kind ihrer Negersklavin abgenommen, es bei den Füßen gefaßt und so lange ins Wasser getaucht habe, bis es erstickt sey. Dadurch habe sie ihre Worte: „gebt mir das

Kind, ich will es gleich beruhigen," pünktlich in Erfüllung gebracht. Die unglückliche Mutter habe sich aus Verzweiflung in die Fluthen gestürzt, sey aber wieder herausgezogen; und dafür derb gezüchtiget worden. Nicht minder unbekannt ist es, daß eine junge und schöne französische Marquise auf Sanct Domingo ihren schwarzen Koch, weil er die Pasteten bei Gelegenheit eines Gastmahls nicht gut ausgebacken hatte, ohne weiteres in den flammenden Backofen schieben ließ; und einer ihrer Anbeter, der aus Curiosität die Scene mit ansah, die spöttische Bemerkung machte: „der Kerl hat gewaltig gezinnt."

In den Vereinigten Staaten befinden sich ungefähr 2½ Million schwarzer und farbiger Leute, worunter wenigstens zwei Millionen Sklaven, die in den Staaten Delavare, Maryland, Virginien, Kentucky, Tennessée, den Carolinas, Georgien, West-Florida, Louisiana und Missoury-Territorium vertheilt sind. Wenn also die Freistaaten, da sich ihre Bevölkerung alle 20 Jahre verdoppelt, nach 40 Jahren eine Volkszahl von 80 Millionen Einwohnern haben müssen, womit sie dem alten Continent trotzen, und ihn sogar verschlingen können, so ist hierbei nicht außer Acht zu lassen: daß darunter auch wenigstens 20 Millionen schwarzer und farbiger Leute seyn werden, denen die Lust, Lastthiere dieser Welt-Bedroher zu seyn, wohl auch vergehen wird. Im Staat Delavare verhält sich die schwarze Bevölkerung zu der weißen, wie 3 zu 1, in Maryland wie 5 zu 1, in Virginien wie 7 zu 1, in den Carolinas wie 10 zu 1, in Georgien und Louisiana wie 14 zu 1.

Schon jetzt fängt das Gefühl der Menschenrechte an in ihnen zu erwachen, indem man erst voriges Jahr ein Komplot der Neger in Savannah entdeckte, in welchem die Unabhängigkeit derselben mit Mord und

Brand in Berathung gezogen wurde. Darum zittern die Sklavenhalter in den südlichen Staaten schon heute und möchten gern der freien Neger, die sie am meisten fürchten, gänzlich los seyn. Zu diesem Behuf hat man eine Neger-Kolonie in Sierra Leone errichtet; allein die Neger haben gar keine Neigung und Lust in das Vaterland ihrer Groß- und Urgroßeltern zurückzukehren. Eine zweite Kolonie von freien Negern wollte man in die Wildnisse des Ohio-Staates versetzen, wogegen sich die Einwohner dieses Staates sträubten, und den Negern den Eintritt verweigerten. Die Besorgniß der Amerikaner: die Neger werden über kurz oder lang dem Lande gefährlich oder verderblich seyn, ist allgemein; und obgleich durch die Fesseln der Sklaverei jede Energie, jeder Muth und Unternehmungsgeist sehr unterdrückt worden, so habe ich in Maryland und Virginien doch Neger genug gefunden, welche ihre unglückliche Lage gefühlt haben. In dem letzten Kriege waren die Engländer nur einige Tage in Virginien, und dennoch hatten sie nach dem an die Neger erlassenen Aufruf gegen 2000 Mann unter ihrem Korps, die auch mit ihnen abgezogen sind. Ein Krieg mit England, der gewiß nicht mehr so lange ausbleiben wird, erschüttert Amerika in seiner Grundfeste, sobald die Engländer in den südlichen Staaten Posto fassen und dort einen Negeraufstand organisiren.

Wir wollen indeß solche schreckenvolle Ereignisse, wie sie die Franzosen auf Sanct Domingo erfuhren, der guten transatlantischen Republik nicht wünschen, obgleich die Ursachen, die sie dort herbeigeführt, auch hier vorwalten; vielmehr soll es für uns sehr erfreulich seyn, zu hören: die Debatten des Congresses zu Washington über die Beibehaltung oder gänzliche Abschaffung oder Milderung der Sklaverei haben solche Resultate herbeigeführt, wodurch die Besorgnisse der Amerikaner, die sie in Rücksicht der Neger hegen, gänzlich verschwinden, indem eine Republik oder Freiheit und Gleichheit und drückende Sklaverei in ein Ganzes vereint, stets als ein Absurdum ridiculum erscheint.

Zweiter Abschnitt
Delavare-Staat.

Nachdem das stürmische und kalte Wetter etwas nachgelassen und der Schnee, welcher im freien Felde beinah eine Elle hoch gelegen, sich vermindert, auch der Delavare-Strom, der in den Monaten Januar und Februar völlig zugefroren war, sich des Eises wieder entlediget hatte, fuhr ich am 9ten März 1819 mit dem Dampfboot nach New-Castle, einer Stadt 30 Meilen unterhalb Philadelphia dicht am Flusse Delavare, in der festen Absicht: mich nach Baltimore zu begeben und dort auf einem der südamerikanischen Insurgenten-Kaper freie Ueberfahrt nach Süd-Amerika nachzusuchen. Die Nachrichten über die Süd-Amerikanischen Insurrektions-Angelegenheiten waren in den Nord-Amerikanischen Zeitungen sehr widersprechend, indem einige bald vollständigen Sieg der Patrioten und Ordnung und Disziplin in der Armee, andere wieder das Gegentheil verkündeten. Aufs Gerathewohl hinzureisen, wäre unklug gewesen, indem ich meine Kasse dadurch so sehr erschöpft hätte, daß mir dann keine Wahl mehr übrig geblieben wäre; denn die Schiff-Kapitäns forderten mir bloß für die Ueberfahrt bis West-Indien 100 Piaster für Fracht und Verpflegung, und ohne die letztere 50 Piaster ab. Auch in West-Indien mußte ich des Glücks gewärtig seyn, ob und wann sich eine Gelegenheit nach dem Orinoco darbieten würde, und leicht möglich war es, daß ich dort 2 bis 4 Wochen darauf hätte warten müssen. Nach allen über die dortige Lebensart eingezogenen Erkundigungen ist es beinah nicht möglich unter zwei Piastern des Tages durchzukommen, indem selbst in der ordinärsten Matrosen-Kneipe wöchentlich zehn Piaster für Quartier und Beköstigung, worunter Getränke und Wäsche noch nicht zu rechnen, bezahlt werden müssen. Solche Ausgaben wollte ich vermeiden und von Baltimore aus, woselbst sehr häufig die von Baltimorer Kaufleuten ausgerüsteten Insurgenten-Kaper einliefen, unmittelbar nach Süd-Amerika oder wenigstens zu Brions Escadre gelangen, und darum unterblieb die Reise.

Die Einrichtung eines Dampfbootes ist in Deutschland hinlänglich bekannt. Auch dort ist sie von derselben Art und für alle Bequemlichkeiten gesorgt. Der Schiffsraum bildet einen geräumigen und sehr gut ausmeublirten Saal, worin an beiden Seiten Bänke und mit Gardinen versehene Bettstellen angebracht sind. Für das weibliche Geschlecht ist ein besonderer Raum, und noch ein anderer ist hinter der Dampfmaschine angebracht, welcher das For Castle heißt, worin Taback geraucht werden kann. Für Frühstück und Abendbrot wird ein halber und für Mittagessen ¼ Piaster bezahlt. Das Frachtgeld auf dem Dampfboot, auf dem jedoch keine Kaufmannsgüter versendet werden, ist dem Preise in der Post-Kutsche gleich, und nur in Amerika, wo der Kaufmann Speditionsgeschäfte kaum kennt, und jeder Handelsmann zur Betreibung seiner Mercántil-Angelegenheiten immer selbst reisen muß, können sich diese Dampfboote noch erhalten. In England ist dieß nicht der Fall.

Neun Meilen unterhalb der Hauptstadt befindet sich ein kleines, zum Schutze derselben angebrachtes

Fort. In der Mitte des Delavare-Stroms ist ein unbedeutendes Castell, vermuthlich auf Pfählen erbaut, in welchem, den Schieß-Scharten nach, höchstens 16 Kanonen und eine halbe Compagnie Soldaten Platz hätten. Diesem gegenüber ist auf dem rechten Ufer ein etwas größeres, mit Bastionen umgebenes Castell; das Ganze gleicht ungefähr einem Brückenkopf in Europa.

New-Castle ist ein unbedeutendes Städtchen mit einem Court oder Gerichtshause; es ist der Sitz der Regierung des Staates, und daher von lauter Officianten bewohnt; der Staat Delavare ist der kleinste in der Union. Willmington, eine andere dicht am Fluß 5 Meilen nach Philadelphia zu belegene und schön gebaute Stadt, mit ungefähr 3500 Einwohnern, hat einigen Handel und Wohlstand; es wohnen hier mehrere sehr wohlhabende Quäker, denen die großen am Branntwein-Fluß belegenen Mühlen gehören. Hier befinden sich auch die Tuchfabriken der Gebrüder Dupont (französische Emigranten), die einzigen, die sich in den Vereinigten Staaten noch erhalten haben, aber auch nahe daran sind, das Schicksal aller übrigen zu erleiden. Auch eine ziemlich bedeutende Schießpulver-Fabrik, ebenfalls von einem Franzosen angelegt, befand sich hier. Marschal Grouchy hielt sich bei Herrn Dupont auf.

Wie wenig übrigens das Civile in Amerika das Bedürfniß nach fremder Litteratur fühlt, beweiset dieß: ein Franzose, der hier mit einer sehr artigen Pariserin eine Conditorei etablirt hatte, und, da seine Frau oder Geliebte dieses Geschäft betrieb, in der französischen Sprache Unterricht ertheilte, fand hier nicht einen Zögling, sondern mußte in New-Castle, wo nicht der 3te Theil der Einwohner, die jener Ort zählt, wohl aber mehr gebildete Menschen wohnen, sein Sprachlehrer-Geschäft betreiben. Dieselbe Klage führten alle französische Sprachlehrer in der Hauptstadt, daß sie bei ihrem Gewerbe hungern müßten.

Der Staat Delavare ist von den Schweden, die hier vor etwas länger als 200 Jahren eine Kolonie angelegt hatten, bevölkert worden. Nach einiger Zeit bemächtigten sich die Holländer dieses Etablissements, und diese wurden wieder von den Engländern verdrängt. Durch die vielen Irländer, die sich hier in der Folge niederließen, haben irische Sitten und Charakter die Oberhand behalten, so daß die Abkömmlinge von allen andern Völkern, die deutschen nicht ausgenommen, die Sprache ihrer Voreltern gänzlich vergessen haben. In einer Entfernung von 12 Meilen von Philadelphia besteht schon Sklaverei; daher leuchten Trunk und Trägheit schon in diesem Staat als Haupt-Charakterzüge der Einwohner hervor. Den ganzen Tag sah ich Männer und Weiber in ihren Cabriolets (hier Gigs genannt), herumkutschieren und die Zeit mit Visiten vertrödeln, und nur die in Lumpen gehüllten Sklaven sind die arbeitende Klasse; ihre Kinder liefen hin und wieder barfuß herum, obgleich der Schnee eine halbe Elle hoch lag. Ihre Behälter, elende Bretter-Baracken, waren gewöhnlich im Hofraum, unweit des Wohngebäudes des Herrn, und ihr Aufenthalt des Abends und während der Essens-Zeit in der Küche desselben, wo stets ganze Gruppen von halbnackenden Negerkindern um das Kamin-Feuer gelagert waren. Längs dem Delavare-Strom waren die Gebäude in ziemlich gutem Stande, auch veroffenbarte sich an der Landbesitzern mehr Wohlstand, als im Innern des Staates, weil die Niederungen am Flusse im Sommer fette Triften enthalten, und sich daher einige Viehzucht hier befindet, die unter den englischen Leuten gänzlich vernachlässiget wird, indem die Frauenzimmer die Kühe halb verhungern lassen, die den ganzen Winter hindurch ihre Nahrung an den auf dem Felde stehenden Wälsch= korn=Stauden entweder selbst suchen müssen, oder ei= nige davon vorgelegt bekommen. Stroh mangelt in ganz Amerika, aus dem Grunde, weil alles Getraide gewöhnlich mit der Sichel kaum in der Mitte des Halms geschnitten wird. Ueberall fand ich die Stop= pel oft länger als eine Elle, und darum ist auch der Dünger in Amerika sehr kostbar, so daß man in der Regel zum Gips Zuflucht nehmen muß, der für den Bauer immer ein sehr kostspieliges Düngungs=Material bleibt. Auch Scheuern waren hier, wie in allen übri= gen Sklaven=Staaten nirgends zu sehen, sondern das Getraide wurde auf einer im Garten auf dem Erdbo= den ausgestochenen Platte, die nicht einmal gedielt war, der Waizen mit Pferden ausgetreten und der Roggen mit dem Flegel ausgedroschen, die Wälschkornkolben entweder auf einer Maschine abgehaspelt, oder ebenfalls mit Pferden ausgetreten. Diese Dresch=Art ist in ganz Amerika gebräuchlich, und nur selten habe ich mehr als einen Flegel in der Scheuer klappern gehört; das Höchste waren deren zwei. Dreschen und Flachs=Ar= beit ist nirgends das Geschäft der Frauenzimmer, und eben so wenig das Reinhalten des Kuhstalls. Unord= nung im Hauswesen und in der Wirthschaft war im Delavare=Staat überall sichtbar, und wo ich nur das Auge hinwendete, erblickte ich an den Plantagen die schlechtesten podolischen Edelhöfe wieder. Dieses Ge= mälde paßt beinah auf alle englischen oder irischen Sklavenhalter in den Getraidebau treibenden Staaten. Jeder deutsche Landwirth findet hier gleich die Ursache des Mangels am Wohlstand unter der Ackerbauenden Klasse auf. Große Plantagen habe ich hier nirgends gesehen, und selten hatten die wohlhabendsten Bauern mehr als 2 oder 3 Sklavenknechte und eben soviel Frauenzimmer, mit einer Menge jungen Zuwachs, indem die Neger das Begattungsgeschäft ziemlich frühzeitig beginnen.

Ein Farmer (Bauer) von französischer Abkunft, führte mich in eine Plantage ein, wo der Nachlaß eines verstorbenen Pflanzers verauktionirt wurde. Der Whisky-Bottel wurde so wacker zugesetzt, daß am Ende der Auktion nur noch wenige nüchtern waren.

Den folgenden Morgen verließ ich den armseligen Delavare-Staat und wanderte zu Fuß nach Frenchtown. Meine Jagd-Tasche war mit silbernen und vergoldeten Krysokall-Uhren gefüllt, die ich in Virginien, woselbst alle Waaren im hohen Preise stehen, absetzen und dadurch meinen Lebensunterhalt verdienen wollte. — Es war grade um die Zeit der Aequinoctien; die Atmosphäre war schwül und so heiß, daß ich nicht einen trockenen Faden auf dem Leibe hatte, nachdem ich einige Meilen marschirt war. Plötzlich erfolgte ein furchtbares Donnerwetter von einem Platzregen begleitet. Bald glich der ohnedieß schlüpfrige Weg einem Sumpf, den ich oft bis an die Knie durchwaten mußte. Die schnelle Veränderung der Atmosphäre machte einen sehr empfindlichen Eindruck auf meinen Körper. Ich war mitten im Walde, nirgends konnte ich eine Negerhütte erblicken, um darin Zuflucht gegen das stürmische Wetter zu suchen. Unter dem Brüllen des Donners und dem Flammen der Blitze, die in jenen Ländern noch immer grausender sind, als in Europa, konnte ich mich nicht enthalten, Fluch und Verwünschung gegen den Elenden auszustoßen, der mich in diese unglückselige Lage versetzt hat.

„Unglücklicher!" sagte ich zu mir selbst, „du

willst unter einem brennenden und pestilenzialischen Himmelsstrich für eine halbwilde Menschen-Race fechten! Welchen Beruf hast du, dich in fremde Händel zu mischen? Welche Vortheile können dir bei diesen Völkern zu Theil werden? Mit unerschütterlicher Treue und Rechtlichkeit hast du deinem König und Vaterlande gedient; dein glückliches Verhältniß sahst du mit dem Rücken an, und ergriffest die Waffen, als der Kampf für Thron und Freiheit begann. Hast du nicht in den Schlachten an der Katzbach, bei Wartenburg, bei Leipzig, bei Montmirail, bei Laon und am Montmartre für deine civilisirten Mitbürger gegen einen Feind gestritten, der die Tochter vor den Augen des Vaters, die Gattin vor den Augen des Mannes geschändet, den vom Alter niedergebeugten Greis gemißhandelt, Raub, Mord und alle Greuel in deinem Lande verübt hat. — Und was war dein Lohn dafür? Da man keine Lücke in deinem Geschäfts-Zirkel, keinen Makel in deinem Charakter auffinden konnte; wurde da nicht zu Unwahrheiten, Verdrehungen der Sachverhältnisse, Anwendung unpassender Gesetze und unrichtig ausgedehnter Interpretation derselben, Zuflucht genommen; und als alles dieses noch nicht hinreichen wollte, sogar dein Abscheu gegen boshafte Ungerechtigkeit und Liebe zur Rechtlichkeit dir zum Capitalverbrechen angerechnet, um dich in den Abgrund des Verderbens, in Mangel und Elend zu stürzen, um deiner vor Alter und Gram gebeugten Mutter und ihrer zahlreichen Familie ihre einzige Stütze zu rauben. Schimpf, Kränkung, übermüthige Drohung, Haß und Verfolgung, das war die Belohnung für deine Aufopferung, für alles Ungemach und Entbehrung! — Und warum? Weil dir die Natur hündische Kriecherei und Heuchler-Talent gänzlich versagt hat. Weil dir das Unwesen eines Thoren! und sein lächer cher

Muthwille einige unbedeutende Worte des Aergers ausgepreßt haben. — Dieß geschah in deinem Vaterlande, einem Lande, wo das Licht der Cultur allgemein verbreitet und eine weise Gesetzgebung organisirt ist. Was kann dir für ein Glück dort blühen, wo man dem Menschen, oft ohne ihn nur anzuhören, den Strang um den Hals schlingt, und ihn an den ersten besten Baum knüpft. Laß deine überspannten Ideen und Träumereien fahren, und ergreife irgend ein Geschäft, wodurch du dir Brod und einen Nothpfennig aufs Alter erwirbst. Eine glänzende Carriere ist dort nicht zu machen, und eine lohnende noch weniger."

Der innere Aufruhr legte sich am Ende wieder, und meinen Lippen entgingen die beruhigenden Worte: „es giebt ein ewiges, untrügliches und allwaltendes Wesen, vor dem keine Schandthat ungestraft bleibt!" Endlich erreichte ich im Felde eine Negerhütte, trocknete dort meine durchnäßten Kleider am Kaminfeuer, und glimmte im Zirkel einer aus dem Mulatten halb ins Negergeschlecht wieder übergegangenen Frau und ihrer kleinen Familie meinen Cigarro, und da ich auch ihr einige davon geschenkt hatte, leistete sie mir im Dampfen wacker Gesellschaft. Nachdem ich meine Kleider getrocknet hatte, brach ich auf, und langte schon bei finsterer Nacht und im höchsten Grade ermattet, in Frenchtown auf dem Dampfboot an. Gegen eilf Uhr des Nachts brachen wir auf, und des Morgens bei Tages Anbruch hatten wir beinahe 80 Meilen zurückgelegt und Baltimore im Gesicht. Ungefähr zwei Meilen vor der Stadt war zum Schutz derselben ein kleines Fort angelegt. Hier hatten die Engländer im Jahre 1813 mit der Miliz von Baltimore ein kleines Gefecht, in welchem, nebst 40 Mann Getödteten und Blessirten, auch der kommantirende General, Namens Roß, blieb.

Letzterer wurde an der Spitze seiner Truppen von einem amerikanischen Büchsen-Schützen (Riflemen) getödtet, und verursachte durch seinen Fall den Rückzug der Armee. Der heldenmüthige Riflemen war ein junger Bursche von 15 bis 16 Jahren, der, nachdem er den feindlichen Befehlshaber erlegt hatte, zum zweitenmale lud und nun, von mehreren feindlichen Kugeln durchbohrt, selbst fiel. Nur er allein stand, da alle Uebrigen bereits die Flucht ergriffen hatten, und rettete Baltimore; wohl verdiente er, daß seine Mitbürger ihn durch ein Denkmal ehrten.

Dritter Abschnitt.
Schilderung des Staates von Maryland.

Es war bereits im Anfang des Monats April, als ich in Baltimore ankam, und dennoch war die Luft so schneidend kalt, daß es kaum auf dem Verdeck auszuhalten war. Ein mehreres über den Winter und die Witterung soll in einem andern Capitel gesagt werden. Hier in diesem Abschnitt will ich meine Bemerkungen nur über die Stadt Baltimore und den Staat von Maryland vortragen. Erstere ist die City oder Hauptstadt des letzteren. City heißt eine Stadt nur dann, wenn sie 25,000 Einwohner hat; alle übrigen Städte die diese Volkszahl nicht enthalten heißen Towns. Die City von Maryland hat ihren Namen Baltimore von den Einwohnern erhalten, um dadurch das Andenken an den Lord Baltimore, eines sehr verdienstvollen Gouverneurs dieser Provinz, zu ehren, welcher die ersten Kolonisten hierher geführt und überhaupt die erste Niederlassung gegründet hat. Die rapide Bevölkerung dieser Stadt erregt fast unser Erstaunen; denn im

Jahre 1752 standen an ihrer Stelle nur elende Fischerhütten, und jetzt zählt sie bereits an 70 bis 75,000 Einwohner und ist sonach die dritte Seestadt in der Union. Die Ursachen dieser schnellen Bevölkerung sind hauptsächlich in ihrer für den Handel so günstigen Lage zu suchen; denn sie liegt dicht an der Meerbucht (die Chesapeak-Bay), die wie ein kleines Meer aussieht und die größten Linienschiffe trägt.

Auf dem Fluß Susquehanna werden aus dem Norden und Westen von Pensylvanien, beinah auf 400 Meilen weit her, fast alle Produkte nach Baltimore zum Verkauf versendet. Auf dem Pothomack, einem Fluß, der zwar nicht so breit als die Susquehanna, aber ungleich wasserreicher ist, und in den Alleghenys unfern des Ohio-Staates entspringt und sich ebenfalls in die Chesapeak ergießt, werden die Produkte des südlichen Pensylvanien, von Maryland und des nördlichen Virginien zugeführt. Der Wohlstand und Handel von Baltimore wird immer mehr wachsen, je mehr Bevölkerung im nördlichen und westlichen Pensylvanien und Virginien sich erheben werden. Denn hoffentlich werden sowohl die Amerikaner, als die eingewanderten Europäer, endlich zur Vernunft und zur Ueberzeugung kommen, daß in der Western-Country auch kein Gold und Silber wächst, und der Boden überall angebauet werden muß, wenn er Erzeugnisse bringen soll. Darum werden sie auch die unermeßlichen Wildnisse in der Nähe der Seestädte eher, als die davon entfernten anbauen, wodurch Baltimore am meisten gewinnen wird.

Was die Bauart der Stadt betrifft, so ist sie beinahe nach demselben Plan und in dem nämlichen Styl angelegt wie Philadelphia; und sind die Umgebungen hier öde und todt, so sind sie es dort noch weit mehr. Sandhügel und Sandfelder auf denen nicht ein Baum zu sehen ist, bilden die Environs der Stadt. Nirgends ist ein Garten oder eine Anlage von Bäumen zu sehen, und daraus ziehe ich abermals den Schluß, daß der Amerikaner für Natur-Schönheit durchaus keinen Sinn hat. An gutem Trinkwasser mangelt es auch hier, und gutes Bier ist in ganz Baltimore nicht zu finden, woselbst nicht mehr als 5 Bierbrauer sind. Porter und Ael werden aus Philadelphia eingeführt und stehen daher hier in ungleich höherem Preise als dort; auch ist die Lebensart hier ungleich theurer. Der Ort selbst ist noch ungesunder als Philadelphia, und wenn ein heißer Sommer eintritt, stellt sich auch das gelbe Fieber ein. Das Land an der Chesapeak und der ganzen Küste des atlantischen Meeres ist eine höchst traurige, dürre und wenig bevölkerte Sandwüste, auf der die blaßgelben Menschen, gleich lebendigen Leichen, umherwandeln, woran die vielen Sümpfe und der Mangel an gutem Getränke wohl hauptsächlich Schuld seyn mögen. Ueber die Verwüstungen, die das gelbe Fieber im letzten Sommer hier angerichtet hat, wird weiter unten mehr erwähnt werden.

Auch hier sind die Einwohner ein Gemisch von allen Nationen. Verschiedene Deutsche haben seit der Unabhängigkeit Amerikas auch hier ein bedeutendes Vermögen erworben, allein jetzt ist der Handel sehr gesunken, und einen Beweis der Geldnoth gewährt dieß: daß in der City innerhalb 8 Tagen zwei Banken ihre Zahlungen eingestellt haben, wobei der Expräsident Jefferson einen Verlust von 30,000 Dollars an Bank-Stoks erlitten hat. Dieß zeiget, daß auch die amerikanischen Erkönige Papiergeschäftchen machen.

Unter den Einwohnern waren auch viele Neger, die sich durch einen schöneren Wuchs, eine dunklere Haut und regelmäßigere Gesichtszüge vor denen in Phi-

Philadelphia auszeichneten. Auch hier, so wie in Philadelphia, waren mehrere Neger und Negerinnen aus Sanct Domingo, besonders aus der Republik, eingewandert, die sehr über die schlechten Zeiten und das Verschwinden des Wohlstandes auf der Insel klagten, und soviel ich aus ihren Reden schließen konnte, mögen viele von den freien Negern sich die alten Zeiten der französischen Herrschaft wieder zurückwünschen.

Sehr viel Interesse für die Europäer hat das mannichfaltige Farbenspiel der colorirten Kaste. Ein Weißer und eine Schwarze erzeugen einen Mulatten. Seine Haut ist dunkelbraun, die Gesichtszüge regelmäßig und sich sehr dem europäischen Profil nähernd, sein Haar ist nicht mehr wollig, aber dennoch kraus, sein Körperbau ist mittel und kräftig, und nie sah ich einen Mulatten mit einer widrigen Gesichtsbildung. Die Männer besitzen mehr Unternehmungsgeist und bessere Verstandeskräfte als die Neger, und, da in ihren Adern gemischtes Blut wallet, nicht soviel Gutmüthigkeit als letztere. Aus der Vermischung eines Mulatten mit einer weißen Person entsteht ein Quarteron. Diese haben sehr blasse, aber doch angenehme Gesichtszüge, lebhafte Augen und schon ganz ausgedehntes Haar. Nach Doktor Franklins System ist ein Quarteron ein Mulatte von 96 Theilen weißen und 32 Theilen schwarzen bis zu 71 Theilen weißen und 56 Theilen schwarzen Blutes. In den Freistaaten findet man nicht sonderlich viel Quarterons, indem farbige Leute gewöhnlich mit Individuen von ihrer Kaste Ehen eingehen. Ein Mulatte würde es für schimpflich halten, mit schwarzem Geblüt sich zu verehlichen; indeß geschieht es doch zuweilen, und dann kehrt das gemischte Blut nach und nach wieder zur schwarzen Kaste zurück. Die Vermischung der kupferfarbigen Kaste (Indianer) mit der schwarzen giebt ein sehr dem Ostindisch-Malaischen Colorit sich näherndes Produkt.

Uebrigens warf man auch hier dem colorirten Völkchen eine sehr große Neigung zu den Freuden des Bachus und der Venus vor; auch hatte sich während meinem Hiersehn ein sehr tragischer Fall ereignet: ein portugiesischer Matrose hatte zuerst seinem schwarzen Liebchen, und dann sich selbst den Hals abgeschnitten; aus welchen Ursachen wußte man noch nicht.

So wie zu Philadelphia im König von Preußen und in der deutschen Harmonie, so war hier im rothen Ochsen bei Herrn Oppermann (einem Sachsen) der Versammlungs-Ort der Deutschen, wo Bier getrunken, Karten gespielt und Tabak geraucht wurde. Diese drei Eigenschaften und Liebe zur Geselligkeit zeichnen den Deutschen in Amerika gleich von der irischen Kaste aus. Letztere sitzt in der Taverne gewöhnlich mit überschlagenen Schenkeln, den Whisky-Humpen und die Wasserkanne vor sich, den Mund mit Taback vollgestopft, aus dem die Jauche zuweilen aus den Winkeln über das Kinn ihren Abfluß nimmt, und sich streitend: ob die Whyks oder Torrys (föderalistische oder demokratische Parthei) die Oberhand behalten werde; ihr Anzug ist so zerlumpt und schmuzig, wie ich das Costum von Roms stolzen Bürgern in der Tragödie Coriolan, auf dem Theater in Philadelphia gesehen habe.

Außer verschiedenen in Baltimore ansässigen Bürgern, fanden sich auch mehrere erst kürzlich ausgewanderte Deutsche, worunter manche über ihre traurige Lage oft in Wuth und Verzweiflung geriethen, in diesem Wirthshause ein. Ein deutscher Mechanikus zeichnete sich vorzüglich aus. Hier fand ich auch zwei preußische Lieutenants von der rheinischen Landwehr; der Name des einen war Büschiz, der des andern ist mir entfallen. Sie trieben kaufmännische Geschäfte in Compagnie und hatten sich acht Monate lang im Cap Henry, der Hauptstadt des Königreichs Haity aufgehalten, und theils dort, theils in Charlestown und in Baltimore ihre Waaren abgesetzt, in Haity Kaffe eingetauscht, diesen wieder in Baltimore verkauft, und dafür Baumwolle eingekauft, womit sie in ihr Vaterland (ins Bergische) zurückkehren wollten. Mit ihren Geschäften waren sie eben nicht sehr zufrieden, und über das Reich der Schwarzen theilten sie mir so vollständige Auskunft mit, als wenn ich selbst da gewesen wäre. Da ich selbige unter dem Kapitel: Zustand von Sanct Domingo, zur Kenntniß des Lesers bringen werde, so will ich meine Erzählung hier nur auf die Beobachtungen in Maryland beschränken, und noch einen Augenblick bei Baltimore stehen bleiben, worin ich länger als eine Woche zugebracht habe.

Hier in Oppermanns Taverne erzählte mir ein ehemaliger preußischer Regierungs=Secretär aus den Rhein=Provinzen, daß wenige Wochen vor meiner Ankunft auch zwei deutsche Barons, einer Namens Reitzenstein aus Baiern, und ein anderer Namens Jungbluth aus Hannover hier logirt, und sich auf einem Insurgenten=Kaper eingeschifft hätten, um in südamerikanischen Diensten ihr Glück zu versuchen. In Savannah habe sie der Kapitän ausgesetzt, weil er an die europäische Küste auf Kaperei ausgehen wollen, und sie zu diesem Geschäft keine Lust fühlten. Reitzenstein ging eines Tages auf die Jagd, und sein Reisegefährte blieb zurück. Als ersterer zurückkehrte, fand er zu seinem nicht geringen Leidwesen, daß sein infamer Reisegefährte, den er gänzlich unterhalten, seinen Koffer, worin seine sämmtlichen Kleider und Leibwäsche und dreitausend Thaler Geld waren, gestohlen und sich entweder nach Sanct Domingo oder Neu-Orleans eingeschifft hatte. Der unglückliche Reitzenstein gerieth ins größte Elend und konnte aus Mangel an allen Mitteln dem Diebe nicht einmal nachsetzen. Dieser angebliche Baron von Jungbluth hatte rothes Haar und will, seiner Aussage nach, bei einem preußischen Jäger-Bataillon die letzten Campagnen mitgemacht haben (?). Er war ein großer Poltron und Händelmacher, der sich, wie man mir sagte, bald mit dem, bald mit jenem habe herumschießen wollen, womit er in Amerika nicht wenig ausgelacht worden ist.

Im Hafen zu Baltimore fand ich wirklich zwei südamerikanische Kaper vor, die aber beide von Baltimorer Kaufleuten ausgerüstet waren. Ihre Namen waren Independenz und Puiredon. Auf der ersteren erkundigte ich mich: ob ich freie Ueberfahrt nach Süd-Amerika oder eine Anstellung beim Geschütz erhalten könne, indem ich, wenn ich auch nicht Artillerist gewesen, dennoch durch Studium einige Kenntnisse vom Artillerie-Fach mir verschafft hätte, und daher wohl im Stande wäre, eine Kanone und auch eine Haubitze zu bedienen. In der That hatte ich auch Scharnhorsts militärisches Taschenbuch zum Gebrauch im Felde so einstudirt, daß ich vielleicht in meinem Vaterlande ein Fähndrichs-Examen bei der Artillerie hätte bestehen können.

Dieser Kaper war nichts weiter als ein gewöhnliches altes Kauffarthei-Schiff, das mit 12 Kanonen und 72 Mann bemannt war. Die Kanonen waren sehr kurz und beinah von dem Kaliber unserer Haubitz-Mortiere; sie lagen auf dem Verdeck, bloß mit Keilen festgeklammert, und hatten weder ein Visir an der Mündung des Rohres, noch war ein Richtungs-Ansatz vorhanden. Zur Bedienung dieses Geschützes gehörte nichts weiter, als Pulver und eine Kugel in die Mündung zu werfen, und die Lunte über das Zündloch zu halten. Schon aus dem ganzen Artillerie-Park konnte ich entnehmen, daß ich mit meinem Scharnhorstschen Handbuche einen General der Artillerie hier vorstellen könne. Der Commodore war ein gewöhnlicher Kauffarthei-Schiffer, sein Schiffs-Arzt, Namens Brown, schien zugleich den ersten, und ein Indianer, der vermuthlich aus Boston oder Canada war, den zweiten Lieutenant vorzustellen. Der letztere war ein brutaler und roher Kerl, der das Wort Kameradschaft gar nicht zu kennen schien. Die Mannschaft war ein zusammengelaufenes Gesindel von Matrosen aus allen Nationen. Schon wie ich diese saubere Kameradschaft sah, hatte ich genug. Uebrigens erfuhr ich vom Doktor Brown: der Kapitän brauche keinen Officier und werde nicht nach Süd-Amerika, sondern an die spanische Küste auf den Kreuz-Zug segeln. Mehrere Monate nachher las ich in den Zeitungen: das Schiff Independenz sey an der spanischen Küste gestrandet, die Mannschaft habe sich auf dem Boot nach Afrika zu retten gesucht, sey aber von den Spaniern eingeholt und außer dem Kapitän und Lieutenant, welche sich eine Kugel durch den Kopf geschossen, sämmtlich zu Gefangenen gemacht worden.

In Baltimore fand ich auch wieder die Zeitungen aus verschiedenen Gegenden der Freistaaten vor, aus denen ich der Merkwürdigkeit wegen folgende Annoncen extrahirt habe.

1) To be sold. Zu verkaufen. Ein gesundes schlankes und starkes Negermädchen von der Mozambique-Race, 18 Jahr alt, von gutem und moralischen Charakter und in allen weiblichen Arbeiten unterrichtet, ist zu verkaufen bei Abraham Blee am Wharf Nr. 2. in Baltimore.

2) Vendue (Auktion). Im Flower Township, Buks-County, im Staate von Nord-Carolina soll auf den 20sten May Nachmittags um 2 Uhr das Mobiliar und Grundvermögen des Pflanzers Adams im Wege der Execution so wie auch eine Quantität Vieh: Pferde, Kühe, Schaafe, Sauen und eine Anzahl Neger-Sklaven, worunter Männer, Weiber und Kinder, gegen gleich baare Bezahlung an den Meistbietenden verkauft werden. Letztere können zu jeder Zeit in Augenschein genommen werden.

Peter Baskel, Sheriff.

3) Run awai: ist weggelaufen. Am verflossenen Sonntag ist mein Lehrbube, ein fauler, nichtsnutziger und zu allen Schurkereien aufgelegter Bursche von 17 Jahren, weggelaufen. Wer mir ihn wiederbringt, kriegt 6 Pfennige Belohnung, aber keine Kosten erstattet.

4) Take Notice. Seyd hierdurch benachrichtiget und gewarnt vor dem Schwindler Jesse Dougherty; er heirathete mich am 9ten November und entdeckte mir einige Wochen nach der Hochzeit, daß er noch ein anderes Eheweib am Leben habe, und ehe ich mich versah, hatte mich der Niederträchtige auch verlassen, und eins meiner besten Pferde mitgenommen. Einer von meinen Nachbarsleuten setzte ihm nach, nahm ihm das Pferd ab, und brachte es mir zurück. Erwähnter Dougherty ist 40 Jahr alt, 5 Fuß 10 Zoll groß und breitschulterig, hatte dicke Lippen, dunkles Aussehen, braune Haare und graue Augen; er ist auffallend häßlich und von schlechtem Aussehen, den hitzigen Getränken sehr ergeben und von Profession — ein Lügner. — Ich warne hiermit alle Wittwen, sich vor diesem Schwindler zu hüten, indem er bloß nach ihrem Ver-

mögen, trachtet, und wenn er es hat, können sie seinetwegen zum Teufel gehen.

Auch wird jedermann gewarnt, sich mit dem Dougherty in Geschäfte einzulassen, und im voraus versichert, daß ich keine Zahlung leiste, weil ich die Ehe als null und gesetzwidrig betrachte. Hört nicht auf seine Lügen! Was er auch immer von seinem Eigenthum in diesem Distrikt sagen mag. Besagter Dougherty hat eine Menge Weiber, vielleicht 8 bis 10, ich kenne deren Zahl nicht genau, auch wird er ohne Zweifel noch 8 oder 10 dazu nehmen, wenn er es im Stande ist. Ich glaube daß er auf diesem Wege sein Brod sucht.

Mary Dodd,
zu Lexington im Staate von Kentucky.

Dieses Proklama, welches wirklich in der Zeitung von Lexington gestanden, habe ich darum hier angeführt, weil es einen nicht unbedeutenden Theil der Ehemänner unter dem gemeinen Volke, und das Loos vieler Ehefrauen und Wittwen dem Leser darstellt.

Ehescheidungen sind in der That etwas seltenes in Amerika, und unter der gemeinen Klasse um so mehr, als diese die Kosten dazu nicht aufzubringen vermag. Aus diesem Grunde ist in England das Verkaufen durch die Gesetze gebilliget, um dadurch die Separirung der armen Volksklasse möglich zu machen, weil keine Kostenfreiheit dem Advokaten zugemuthet werden kann. Wollen ein Paar arme Eheleute auf die leichteste Art geschieden seyn, so führt der Mann seine Frau am Strick auf den Markt und ruft aus: „Wer kauft mir mein Weib ab?" Gewöhnlich tritt dann ihr Liebhaber, der davon schon unterrichtet ist, oder einer ihrer nächsten Verwandten hervor und nun schließen diese den Handel ab. Der gewöhnliche Preis für eine dergleichen

Lebenshälfte ist ein Schilling (7 Gr.) oder höchstens 2, zuweilen auch nur 6 Penns (3¼ Gr.).

In Amerika existirt dieses löbliche Gesetz nicht, und darum schieben die Männer gewöhnlich ab, wenn sie ihrer Ehegenossinnen überdrüßig sind. In Maryland und Virginien hörte ich mehrmals, daß verschiedene Männer schon bis 4 Frauen, manche mit 4 bis 5 Kindern verlassen haben. Unter andern erzählte mir eine Deutschamerikanerin, daß sie ihr Ehemann mit 5 Kindern verlassen, und mit seiner ältesten Tochter in blutschänderischem Umgange gelebt habe, welche letztere durch irgend einen Zufall ums Leben gekommen ist. Gewöhnlich sind dies Leute welche nichts zu verlieren haben, und jeder etwanigen Strafe dadurch entgehen, daß sie sich in einem andern Staate auf einige Zeit niederlassen, bis die Sache in Vergessenheit gekommen ist.

Für Wittwen hält es hier gewöhnlich schwer, wieder unter die Haube zu kommen, und eben so für Mädchen von gesetzten Jahren, indem die Amerikaner und Amerikanerinnen, im Punkte des Herzens, wirklich mehr Delikatesse besitzen und mehr nach natürlicher Neigung heirathen, als die Europäer.

Durch diese Bemerkungen bin ich von den Schilderungen von Baltimore ganz abgekommen. Diese Stadt hat wegen ihrer Jugendlichkeit nichts von Bedeutung aufzuweisen, ja nicht einmal ein permanentes Theater befindet sich hier, sondern die Truppe von Philadelphia besucht nur im Sommer auf einige Monate diesen Ort. Auch das gesellige Vergnügen ist hier sehr beschränkt und ohne Interesse, weil das weibliche Geschlecht an öffentlichen Conversations-Zirkeln (einige wenige Bälle ausgenommen) nicht Theil nimmt. Vergeblich sieht der Fremde sich des Sonntags nach Gartengesellschaft oder Landparthien um." Will er an diesem Tage Menschen sehen, so kann er dieß nur in der Kirche. Spiel-Parthien sind den Amerikanern etwas ganz unbekanntes, indem sogar das Billard unter die verbotenen Spiele gehört.

Während meines Hierseyns wurde an der neuen Kaufmanns-Börse gebauet; auch sah man überall am Werft Maurer und Zimmerleute thätig, neue Speicher und Waaren-Behälter zu erbauen. Ist man aber von der Hauptstraße abgekommen; so bieten sich dem Auge überall wüste Plätze, und neben den schönen Häusern auch die elendesten Holzbaracken dar.

Ich merke es dem Leser schon an, daß er bald in Unwillen über mich ausbrechen wird, weil ich ihn so lange mit Erzählungen von Thatsachen unterhalte, die ihm nicht interessant genug sind, indem sie zu wenig Ungewöhnliches in sich fassen. Warum, wird er sagen, schildert der Verfasser uns nicht den Glanz und die Herrlichkeiten eines reichen Pflanzers? Wie er sich auf der Hängematte schaukelnd, von schönen Sklavinnen mit Fächern von Palmblättern Kühlung zufächeln läßt; warum nicht von seinem Göttermahle von Ananas, Bananas, Aprikosen, Muskateller und Palmwein, von den muntern Reigen seiner Sklaven, die er, um sich zu erheitern und die Zeit zu vertreiben, dann und wann aufführen läßt. Nur ein wenig Geduld, ich bin eben daran, auch darüber eine Schilderung ans Tageslicht zu fördern. Länger als drei Monate habe ich in den Sklavenstaaten zugebracht und sie so nahe am atlantischen Meere durchstreift, daß ich beim Sturm das Toben der See gehört; nicht minder habe ich sie auch am Fuße der Alleghenys und Apalachen durchreiset. Was mir bemerkenswerth schien, faßte ich auf und theile es hier mit; übrigens muß ich auch in Rücksicht der

Sklavenhalter bemerken, daß ich ihren Zustand nicht so gefunden, wie ich sonst mir ihn gedacht, oder ihn auf Kupferstichen abgebildet, oder in Romanen und Comödien und auch in manchen Reisebeschreibungen dargestellt, gesehen habe.

Statt Ananas und Bananas zierten ein Paar in der Luft getrocknete und gebratene und oft wie die Pest stinkende Heringe, ein Stück Speck und einige Essiggurken (Pikels) nebst Brod oder kleinen Kuchen von Indian-Korn (Mais) die Tafel, statt Malvasier oder Palm-Wein stand eine Bottel des göttlichen Whisky darauf, um mit Wasser gemischt, den Gaumen des über Leben und Tod der schwarzen Populace gebietenden Nabobs zu kitzeln, und seine Sinne in ein angenehmes Räuschchen zu versetzen. In der in Gestalt eines Antichambre erbaueten Küche waren drei oder vier zerlumpte schwarze Frauenzimmer geschäftig, allein alle vier leisteten den ganzen Tag hindurch nicht das, was ein deutsches Dienstmädchen in einem Vormittage thut. Um die vier Schreckensgestalten herum war eine Gruppe von Negerbuben und Negermädchen; erstere hatten zu ihrem Gewande ein Hembe von Sackleinwand, von Schmutz so schwarz wie die Erde; vorn war es fast bis an den Nabel aufgerissen und hinten hatte es wieder einen Riß bis ans Kreuz, so daß es beim Bücken des 8 bis 9jährigen Nigritier sich jedesmal, gleich einem Bett-Pavillon, entfaltete, und den in der gewöhnlich offenstehenden Stube ausgeputzt dasitzenden jungen Ladys des Pflanzers eben keine sehr romantische Bellevue gewährte. Im Hofe oder auf dem Felde waren ungefähr ein halbes Dutzend Negermänner und Buben beschäftigt, denen ihre unglückliche Lage und der höchste Mißmuth auf der Stirn geschrieben stand. Zwei kräftige Europäer würden vielleicht auch diese in der Arbeit übertreffen.

So habe ich die meisten Plantagen gefunden, und nur die des Esquir (Squeier) Karell, 15 Meilen von Baltimore, faßten 500 schwarze Sklaven auf ihrer Fläche, die sich auf 4 Meilen ins Quadrat erstreckte. Männer und Weiber waren auf den verschiedenen Besitzungen vertheilt, und erstere mit Feldarbeit und letztere in einem Magazin mit Wollespinnen und Weben beschäftigt. Sie erhielten auf die Woche einen halben Büschel Wälschkorn und 4 Pfund Fleisch für den Mann.

Auf meiner Wanderung von Baltimore nach Friedrichstown, 50 Meilen westlich vom ersteren Ort, fand ich die Gegend schlecht bevölkert, und oft mehrere Meilen weit keine Plantage; der Boden war röthlich, sehr uneben und bergig, und an manchen Stellen, besonders auf den Anhöhen, so ausgesogen, daß er oft 6 bis 9 Jahre brach liegen muß, ehe er wieder benutzt werden kann. An der Chaussee traf ich auch einige Tuch-Fabriken, die aber gänzlich still standen.

Friedrichstown ist eine ziemlich gut gebauete Stadt mit 4000 Einwohnern, sie ist eine County-Stadt und folglich der Sitz von mehreren Civilbehörden. Der Ort ist ungleich ärmer als die Landstädte in Pensylvanien. Hier bei Friedrichstown ist ein sehr schönes Thal (die Walley von Friedrichstown) welches größtentheils von Deutschen bewohnt ist, die aber, obgleich sie alle selbst arbeiten, dennoch auch Sklavenhalter sind, jedoch dieselben viel besser behandeln als die Irischen die Ihrigen; sie geben ihnen bessere Kleidung und die Kost von ihrem Tische, indeß durfte sich doch kein Schwarzer mit ihnen zugleich an den Tisch setzen, wenn sie auch gleiche Arbeiten verrichtet hatten.

Viele verkaufen die Negerkinder nur bis zum 21ſten oder 28ſten Jahre. Der Unterſchied im ganzen Haus- und Wirthſchaftsweſen war augenblicklich zu bemerken; und was mich am meiſten überraſchte, war: die Nigritier und Aethiopier hier die Mutterſprache der Teutonier und Markomannen reden zu hören.

In Friedrichstown hielt ich Oſterfeſt, und beſuchte die lutheriſche Kirche, worin der Prediger, ein Mann von 30 Jahren, eine ſehr vernünftige Rede vortrug, und mehrere Pflanzerskinder, Burſchen von 18 bis 20 Jahren und Mädchen ohngefähr von demſelben Alter, zum erſtmaligen Genuß des heiligen Abendmahls vorbereitete. Seine Fragen, welche er abwechſelnd in deutſcher und engliſcher Sprache an dieſelben richtete, würde jeder deutſche Schulknabe von 10 oder 11 Jahren beantwortet haben; allein von dieſen mannbaren Zöglingen wurden ſie häufig aus dem unter der Bank verſteckten Buche beantwortet.

Mein Quartier hatte ich bei einem deutſchen Tavernier aufgeſchlagen, und auch hier hatte ich nur zu viel Gelegenheit, die Liederlichkeit der gemeinen amerikaniſchen Volksklaſſe recht aus dem Grunde kennen zu lernen. Vom Morgen an bis in die Nacht wurde Branntwein gezecht, wobei der Wirth mit dem beſten Beiſpiel vorging. Junge freie Negerburſche, obgleich ſie viel beſſer gekleidet und erzogen waren, als die weißen Trunkenbolde, mußten ihr Fläſchchen auf dem Hofraum austrinken. Hier hatte ich auch hinlängliche Gelegenheit, mich zu überzeugen, daß auch die Deutſchen, ſowohl in den Städten, als auf dem Lande, ſich dem Trunke ſchon ergeben hatten, und den Penſylvaniern nicht mehr glichen, dagegen waren manche wieder ungleich mehr gebildet.

Bei Hägerstown, 18 Meilen hinter Friedrichstown,

ist wieder ein sehr fruchtbares und fast ganz von Deutschen bewohntes Thal. Nahe vor der Stadt wohnte ein deutscher Pflanzer, an dem ich einen sehr respektablen und gebildeten Mann gefunden, dem aber die böse Welt nachsagte, daß er zur Vermehrung seiner Sklaven selbst sehr wesentlich beigetragen habe. In der That fand ich bei ihm eine recht hübsche Mulattin von 28 bis 30 Jahren, und diese hatte schon eine Quarterone von 14 bis 15 Jahren zur Tochter; beide sahen dem Herrn Pflanzer ähnlich wie ein Ey dem andern, und ich hätte darauf wetten wollen: er ist der Vater von beiden. Die Mulattin war die Tochter von einer alten Negerin; auch war noch eine zweite 14 bis 15jährige Quarterone, die zwar nicht von einer Mutter abzustammen, aber doch zu demselben Stammregister zu gehören schien, und während ich mich mit den beiden Quarteronen Mary und Elisa, wovon letztere meine, ihrer gänzlichen Auflösung nahe, Leibwäsche wieder in Stand setzte, unterhielt, schien der Herr Pflanzer im Schlafgemach der Mutter der schönen Mary nicht minder die Zeit angenehm zu vertreiben. Herr W. war übrigens ein sehr charmanter Mann, von den mir die alte Negerin, wahrscheinlich seine erste Favorite, sehr viel Gutes erzählte, der, obgleich ihm bereits 8 bis 900 Dollars für seine in der That recht liebenswürdige Quarterone gebothen worden, sie dennoch nicht verkaufen wollte, sondern nach seinem Tode gewiß allen seinen Sklaven, sowohl schwarzen als farbigen, die Freiheit schenken werde; es waren deren 16 an der Zahl. Die farbigen Sklavinnen, welche nur häusliche Arbeiten zu verrichten hatten, waren alle anständig gekleidet, und wurden von der Tafel des Herrn verpflegt; die Männer hingegen bekamen jeder ein Stück Land, welches sie für sich anbauen und den Ertrag davon verkaufen konnten. Alle hegten Liebe und Ehrerbietung für ihren Gebieter, und aus der ganzen Wirthschaft war zu ersehen, daß sie auch durch Fleiß die Güte ihres Herrn belohnten.

In Hagerstown, einem Städtchen von ungefähr 2500 Einwohnern, besuchte ich auch die deutsche Buchdruckerei, wie ich fast in jeder Stadt, wo sich eine solche befand, gethan, um von der Litteratur der deutschen Amerikaner doch einige Uebersicht zu erlangen. Eine Zeitung, religiöse und Schulbücher, waren der ganze Verlag. Daselbst fand ich auch eine Zeitung vom 8ten April 1819 vor, in der ich über Süd-Amerika folgenden Artikel las:

„Die Escadre des Admiral Aury, welche bei Providence gescheitert, ist fast gänzlich vernichtet. Von den englischen Offizieren, welche in Diensten der Patrioten von Venezuela gestanden, ist ein großer Theil, wegen Ungesundheit des Klimas am gelben Fieber gestorben. Seit 18 Monaten haben die Truppen, die von aller Kleidung entblößt sind, keinen Sold und seit 5 Tagen keine Rationen mehr erhalten. Ein sehr verdienstvoller Marine-Militär, Namens Nelson, der über diese schlechte Behandlung seine Unzufriedenheit laut geäußert, sey folgenden Tages ohne Verhör und Urtheil aufgehangen worden. Die englischen Offiziere haben die Dienste der Patrioten mit der größten Unzufriedenheit verlassen. Die Befehlshaber in der Patrioten-Armee sind im höchsten Grade despotische und blutdürstige Menschen."

Diese Nachrichten konnten mich eben nicht sehr geneigt machen, die Dienste der südamerikanischen Republikaner aufzusuchen. Daher setzte ich meine Reise in das nordamerikanische El-Dorado, die hochgepriesene Virginie fort, und langte endlich nach einem, wegen des vielen Regenwetters, sehr beschwerlichen Marsche in

Williamsport an der Pothomak der Grenze von Virginien an. Ich kehrte aufs Gerathewohl, denn es war bereits dunkle Nacht, in der Taverne zum goldenen Schwan ein, fand dort deutsche Wirthsleute, eine sehr hübsche und artige Wirthin, gutes Bier, welches 18 Meilen weit hergeholt wurde, und eine gute Mahlzeit, bei der ich mich für die schlechte Kost, mit der ich im östlichen Maryland bewirthet wurde, da bei den englischen Leuten oft nicht einmal Brod gebacken, sondern statt dessen kleine Kuchen von Wälschkorn oder Waizen geröstet werden, schadlos zu halten suchte.

Nach einem Aufenthalt von zwei Tagen, nahm ich von meiner schönen Wirthin, die mit ihrem Ehegefährten sehr unzufrieden war, weil der Himmel ihre eilfjährige Ehe nur im ersten Jahre und seitdem nicht wieder mit einem Sohne gesegnet hatte, Abschied, und eilte auf den Pothomak zu.

Auch die Ufer dieses Flusses sind mit Anhöhen umschlossen und wirklich recht schön, obgleich nicht so romantisch, wie die des Susquehanna. Von einer Anhöhe konnte ich seinen Lauf zwischen Felsen und Hügeln, so wie auch das nördliche Virginien auf eine kleine Strecke übersehen. Ganze Wäldchen von Pfirschbäumen prangten in ihrer Blüthe, und verkündeten den Eintritt des Frühlings. Ueberall ertönten die Kehlen der gefiederten Buschbewohner, die zwar an buntem Farbenspiel, aber nicht an Lieblichkeit des Gesanges die unsrigen übertrafen. Vergeblich lauschte ich hier auf den lieblichen Triller der Nachtigall, sie hat auf dem transatlantischen Kontinent niemals mit ihrem Gesange die Menschen erfreut, und soviel Mühe man sich auch schon gegeben hat, diesen Vogel dort einheimisch zu machen, indem man ihn in Käfigen aus Europa hinübergebracht, so ist er doch, wenn er auch die Jahrguen der Seereise glücklich überstanden, im Freien niemals fortgekommen. Vielleicht erging es ihm so, wie manchem Schweizer und Schlesier im Auslande, er starb am Heimweh. Wie oft habe ich sonst gelacht, wenn man mir von dieser Krankheit sagte, und nie habe ich geglaubt, daß sie in der That existire. Nur zu sehr habe ich mich an dem Pothomak überzeugt, wie falsch ich früher geurtheilt. Als die schönen Umgebungen des Flusses mir die mahlerischen und romantischen Gefilde von Trebnitz vergegenwärtigten, da fühlte ich die Trennung vom Vaterlande schmerzlich, und laut sprachen sich meine Gefühle durch die Worte aus:

„O glückliche Zeit! wo du auf dem anmuthigen Hügel an der Statue des heiligen Donatus, die Fluren der Heimath und die einfache ländliche Wohnung deiner Jugendjahre noch sahest. Das waren bessere Tage! Das war ein glückliches Land! Dort wurden die Menschen nicht wie das Vieh verkauft!"

Immer schien mir der Genius der Vaterlandsliebe die Worte ins Ohr zu flüstern: „Kehre heim! Für dich sind Columbias Gold- und Silberminen nicht geschaffen." Es ist wahrlich nicht so leicht, sein Vaterland zu verlassen, wie mancher glaubt. Erst wenn er im fremden Lande ist, wird er dieß fühlen, und am allerwenigsten wird derjenige sich in fremden Ländern gefallen, der schon ein gewisses Alter erreicht hat; es sey denn: er befindet sich in einer glücklicheren Lage als seine frühere war. Bei mir fand aber gerade der entgegengesetzte Fall statt, und darum fühlte ich mein Unglück so schmerzlich, daß es mich oft tiefsinnig machte. Die Grundsätze der Religion und Moral, die innere Ueberzeugung, immer nach meinen Pflichten gehandelt zu haben, und daß tausend andere rechtliche Menschen hier im gleichen Unglück seufzen, dienten mir oft zur Beruhigung.

Nach

Nach diesen Betrachtungen bestieg ich den Kanot und ließ mich über den Pothomak führen. Sobald ich den Fuß ans Land setzte, befand ich mich in Virginien, worüber ich das Weitere im folgenden Abschnitt mittheilen will.

Vierter Abschnitt.
Wanderung durch den Staat von Virginien.

Wildniß, unübersehbare Wildniß, wohin ich nur die Augen wandte, als ich ungefähr eine englische Meile vom Pothomak ab ins Innere eingedrungen war. Hin und wieder erblickte ich einige elende Blockhäuser, welche neuen, aus dem Staate von Pensylvanien emigrirten Colonisten, gewöhnlich Deutschen, gehörten, die sich hier niedergelassen hatten, weil das Land sehr wohlfeil und dennoch eben so fruchtbar ist, wie irgendwo. Der Acker wildes Land galt ungefähr 12 Dollars, wird aber jetzt bei dem Mangel an Gelde und den sinkenden Preisen aller ländlichen Produkte noch wohlfeiler seyn.

Wegen der Nähe der Allegheny-Gebirge ist der Boden uneben, das Klima aber viel gesunder, als in dem am Meeresufer gelegenen Theile von Virginien, wo wegen der vielen Sümpfe das gelbe und andere bösartige Fieber sich fast alle Jahre einstellen, besonders ist Norfolk ein sehr ungesunder Ort.

Der Absatz der Landes-Erzeugnisse ist hier ungleich leichter, als in den Western Countrys, indem sie, wie gesagt, auf dem Pothomak nach Baltimore verschifft werden können, auch wird jetzt eine neue Chaussee in Virginien, wo ich die schlechtesten Wege in den Vereinigten Staaten gefunden, angelegt, um die Kommunikation der westlichen Distrikte mit den Seestädten Norfolk, Richmond und auch mit Washington zu erleichtern, bis wohin 100 bis 150 Meilen sind. Eben so weit ist es auch bis Baltimore.

Viel besser würden die deutschen Auswanderer thun, sich hier niederzulassen, als in die viel weiteren westlichen Wildnisse zu ziehen, wo sie wegen der zu großen Entfernung von den Marktplätzen ganz den Prellereien der Krämer und Handelsleute ausgesetzt sind, und diesen den Erfolg ihres sauern Schweißes überlassen müssen.

Der Boden ist hier für den Waizenbau sehr gut, aber nach dem Meere zu nicht besser, als der in Maryland, und darum herrscht auch dort große Armuth unter den Einwohnern. Nach einer Wanderung von 20 bis 25 Meilen kam ich in ein schönes und fruchtbares Thal, welches am Fuße der Apalachen (Fortsetzung der Alleghenys) durch das ganze westliche Virginien bis an die Grenze von Nord-Carolina an 400 Meilen weit fortläuft, und von den wohlhabendsten Pflanzern Virginiens bewohnt ist. Dieser Staat und Maryland waren sonst das, was Botany-Bay in Neu-Holland ist, und jetzt wohnen die gebildetsten Ackerbauer der Freistaaten hier; auch hat Virginien Amerikas größte Staatsmänner, worunter auch der große Washington, erzeugt.

Ich kehrte hier bei einem Deutschen, einem Manne von 52 Jahren ein, und fand eine gute Aufnahme. In seinem schönen massiven Hause herrschte die größte Reinlichkeit und alles verkündigte Wohlstand. Da ich in seiner Küche nur ein schwarzes Frauenzimmer und vier Negerkinder sah, erkundigte ich mich, ob er keine Sklaven halte; worauf er erwiederte: er habe früher deren gehalten, zuletzt nur noch einen Mann und eine

Frau gehabt, wovon er ersteren verkauft, und nur die Kinder behalten habe.

Seine starke und dicke Frau von 35 Jahren hörte es nicht ungern, wenn man sie noch hübsch fand, obgleich sie bereits eine heirathbare Tochter hatte, schien sie es dennoch ein wenig zu bedauern, daß sie und ihr Ehemann an Jahren so ungleich waren.

Am folgenden Morgen wanderte ich nach Martinsburg, einer Stadt von ungefähr 3000 Einwohnern, zu. Nicht weit davon liegt Frederiksburg in demselben Thale mit 4000 Einwohnern. Der Staat von Virginien ist einer der größten und volkreichsten in den Vereinigten Staaten; denn er ist von Osten nach Westen über 100 deutsche Meilen lang, und eben so breit, grenzt nördlich mit Maryland, westlich mit Kentucky und Tennessee, und südlich mit Nord-Carolina zusammen, und enthält, mit Inbegriff der Negerſklaven, eine Million Einwohner. Seinem Umfange nach könnten wohl 10 mal mehr Menschen dort reichlich ihre Subſiſtenz finden, und dennoch habe ich blutarme Menschen genug dort gesehen. Deutsche fand ich sowohl auf dem Lande als in den Städten, jedoch merkt man sie hier weniger, weil sie nicht auf einem Diſtrikt zuſammengedrängt wohnen, wie in den übrigen Staaten. Von dem großen Reichthum der Pflanzer habe ich auch hier nicht sonderliche Spuren erblickt, und fast bin ich geneigt zu glauben, daß Lycurgs System in dieser neuen Republik allgemein in so weit eingeführt ist, daß die Landleute sämmtlich Mangel an baarem Gelde leiden. Dem Aeußern nach herrschte zwar mehr Luxus unter den Landleuten, indem die Pflanzer-Töchter ganz im pariſer Coſtum gekleidet erschienen; allein ich zweifle sehr, daß sie an Wohlstande die schlichten Penſylvanier übertreffen. Auch war unter den Schönen der Abstand von den minder gebildeten pensylvanischen Ladys sehr auffallend. Ihre ganze Haltung und ihr Betragen war von der Art, daß sie der gebildeten Klasse der Landeinwohner in Europa nichts nachgeben würden. Besonders ist es, daß die englischen Ladys eine weit blassere Gesichtsfarbe hatten als die deutschen; die Ursache davon mag wohl darin liegen, daß die englischen Bewohner in diesem Lande viel länger einheimisch sind als die deutschen, und außerdem von einem Volke abstammen, welches schon im Mutterlande nicht so gesunder und kräftiger Natur ist, wie jenes. Zu bewundern ist, daß Virginien, als der am längsten mit Europäern bevölkerte Staat in Nord-Amerika, durchaus keine großen Städte in sich faßt. Richmond und Norfolk sind zwar Seestädte, indeß werden sie erst ihren Rang hinter Boston, welches 15,000 Einwohner zählt, einnehmen, und in Hinsicht der merkantilischen Geschäfte stehen sie noch hinter Savannah. Auch Washington, welches nicht minder eine Seestadt ist, will zu keinem blühenden Handel emporkommen, und eben so wenig seine Bevölkerung, die sich höchstens auf 10,000 Einwohner beläuft.

In dem vorerwähnten Thal gedeiht der Waizen aufs beste, auch Klee und Gras zeigen sich in einem sehr lebendigen Grün, und außer den fetten Mastochsen, die hier aufgezogen werden, verdient die gute Race der Pferde noch einer Erwähnung.

Die Sklaven sind hier besser gekleidet und genährt als in Maryland und Delavare, doch ist ihr Loos immer bedauernswerth. Den Taback lieben sie leidenschaftlich, und überall wurde ich von ihnen um Taback zum Kauen angesprochen, allein ich konnte ihre Bitte nicht erfüllen, weil ich dieses Bedürfniß, dem Himmel sey Dank! mir nicht angewöhnt habe. Auch wünschten die Männer wohl dann und wann ein Gläschen Whisky zu trinken, an dem sich ihre Gebieter so übermäßig laben. Die so sehr putzsüchtigen Negermädchen möchten gern eine Schnur Glasperlen, oder ein Paar Ohrringe, oder sonst etwas hübsches kaufen, allein nie sind sie Eigenthümer eines Pfennigs. Ganz unglücklich sind sie erst dann, wenn sie nach den Carolinas oder Georgien verkauft werden.

Auch über diese beiden Staaten und Neu-Orleans, in denen ich zwar nicht selbst war, aber doch genaue Erkundigungen darüber eingezogen habe, will ich dem Leser eine kurze Notiz mittheilen.

Fünfter Abschnitt.
Die Staaten, der Carolinas, Georgien und Louisiana.

Voraus schicken muß ich, daß sowohl mein Freund, Herr Andreas Stoffele aus der Schweiz, dem ich fast meine ganze Existenz in Amerika zu verdanken habe, und der länger als ein Jahr in den Carolinas und auch in Charlestown sich aufgehalten hat, als auch mehrere andere deutsche Bürger und Handelsleute, die theils in Charlestown, theils in Georgien mehrere Jahre lang gelebt haben, mir die nachstehend angeführten Nachrichten mitgetheilt haben, in die ich auch Nachrichten aus öffentlichen Blättern eingemischt habe.

Nord- und Süd-Carolina bilden zwar zwei verschiedene Staaten, jedoch ist Charlestown in kommerzieller Hinsicht die Hauptstadt, woselbst alle Produkte des Landes ins Ausland versendet, und mit einem Worte, alle Handelsgeschäfte abgemacht werden. Beide Staaten zusammengenommen werden etwas über 800,000 Seelen mit Inbegriff der Sklaven enthalten.

Das Klima ist, so wie in allen Küstenländern der Freistaaten, im Sommer brennende westindische Hitze, und nur zwei Monate Winter, der sich mit der Mitte des Decembers einstellt und bis zur Mitte des Februars währt, aber doch so mild, wie im südlichen Italien oder Frankreich ist. Der Sommer ist gewöhnlich alle Jahre vom gelben Fieber begleitet, und aus diesem Grunde verlassen gewöhnlich die wohlhabenden Leute den Sommer über die Stadt, und ziehen sich in die nördlichen Gegenden oder in die Gebirge zurück. Auch in Philadelphia, Neu-York und Baltimore pflegt dieß bei den reichen Familien zu geschehen, die sich gewöhnlich in ein dicht an der See liegendes kleines Städtchen, oder auf ein Landhaus begeben, um dort durch die Seewinde, die sich regelmäßig alle Tage zweimal, des Morgens um 9 und des Nachmittags zwischen 2 und 3 Uhr einstellen, Kühlung zu erhalten. Diese Seewinde mildern auch auf den westindischen Inseln die brennende Hitze sehr, und machen das Klima erträglich. Mehrere Menschen, welche Jahre lang in West-Indien gelebt, und andere, welche daselbst gebohren waren, haben mir versichert, daß die Hitze in West-Indien nicht größer sey, als sie im Sommer 1819 in Philadelphia war. In den nördlichen Staaten beschränkt sich das gelbe Fieber nur auf die Seestädte, und als es in den Jahren $18\frac{2}{4}$ 20 bis 30,000 Menschen in Philadelphia wegraffte, ist in den sumpfigen Gegenden von Delavare und Neu-Jersey nicht ein Mensch davon ergriffen worden, obgleich diese mehr als 50 Meilen weiter nach der Küste zu liegen. Es ist daher augenscheinlich, daß es nicht durch die Atmosphäre entsteht, sondern daß das Zusammenwohnen der Menschen, die unreine Luft, und hauptsächlich auch die Unreinlichkeit der Straßen unter der Mitwirkung der Hitze es, wo nicht gänzlich erzeugen, doch wenigstens den aus West-Indien eingebrachten Stoff in seiner Ausbreitung befördern. Bei Charlestown beschränkt sich dasselbe nicht auf die Stadt, sondern greift auch tief ins Innere bis zu den Gebirgen um sich; zuweilen ereignet es sich, daß ganze Familien in Plantagen aussterben, besonders trifft dieses Loos Europäer.

Die Ehefrau eines Schweizers, Namens Haesely, der 15 Jahre lang in Charlestown als Schneidermeister gelebt, voriges Jahr aber nach Philadelphia kam, erzählte folgendes: ihre Eltern waren Deutsche und hatten nicht sehr weit von Charlestown eine Plantage, die sie als unvermögende Anfänger selbst bearbeitet haben. Plötzlich wurde die ganze Familie vom gelben Fieber befallen, und Eltern sowohl als sämmtliche Geschwister starben in wenig Tagen. Sie selbst sey zwar damals noch ein unverständiges Mädchen gewesen, jedoch erinnerte sie sich, daß, als sie an den Ihrigen kein Zeichen von Leben mehr erblickt, sie das Haus verlassen habe und von einem Unbekannten auf der Landstraße aufgenommen, nach Charlestown gebracht und dort von fremden Menschen erzogen worden sey. Was aus der Plantage ihrer Eltern geworden, habe sie nie erfahren. Gewöhnlich sey in solchen Fällen derjenige Universal-Erbe, welcher die Leichen wegschafft.

An manchen Stellen ist dort auf 50 und an andern wohl 100 Meilen und noch weiter keine Plantage zu sehen, und deßhalb sind Reisende genöthigt des Nachts unter freiem Himmel zu bleiben.

Die Bewohner dieser Gegenden, besonders die Frauenzimmer, sind leichenblaß, und keine von den letztern, selbst nicht die geringste Handwerkersfrau, verrichtet irgend eine häusliche Arbeit. Alles wird durch Negermädchen gethan; die Bequemlichkeit oder Trägheit der weißen Ladys geht so weit, daß die Sklavinnen ihnen sogar die Strümpfe anziehen müssen, selbst das ihnen entfallene Schnupftuch aufzuheben däucht ihnen schon zu mühsam, und darum wird eine Sklavin gerufen.

In Georgien herrschen dieselben Sitten, wie in den Carolinas. Die Haupt= und Seestadt in ersterem ist Savannah, mit etwa 6 bis 8000 Einwohnern. Reis, Baumwolle, Indigo und Wälschkorn sind die Landes=erzeugnisse. Grobe ungebleichte Leinwand, welche theils zum Emballiren der Baumwolle, theils zur Bekleidung der Sklaven gebraucht wird, fand ziemlich guten Ab=gang. Auch hier lag nach öffentlichen Blättern der Handel total darnieder, und allgemein wurde über große Geldnoth geklagt.

Sechster Abschnitt.
Eingezogene Nachrichten über Neu=Orleans.

Der Staat von Louisiana hat ehedem den Spa=niern gehört, wurde von diesen für 7 Millionen Piaster an Frankreich verkauft und noch zur Zeit, als Bona=parte Ober=Konsul war, für eine gewisse Summe an die Vereinigten Staaten abgetreten. Schon jetzt ist Neu=Orleans in kömmerzieller Hinsicht der wichtigste Ort in den Vereinigten Staaten, und im Jahre 1817 sind allein 17,000 Tonnen Mehl, in Philadelphia aber nicht mehr als 7000 Tonnen ausgeführt worden. In Neu=York wurden 11,000 Tonnen, und in Baltimore weniger als in Philadelphia versendet.

Die rapide Bevölkerung der westlichen Staaten hat Neu=Orleans zu seinem gegenwärtigen Glanze er=hoben, indem es der Concentral=Punkt und der Markt=

platz aller Erzeugnisse der fruchtbarsten Staaten der Union, nämlich der von Louisiana, Tennessee, Kentucky, Illinois, Indiana, Ohio und des Missoury-Territoriums geworden ist. Nicht minder werden alle fremde Bedürfnisse und Luxus-Artikel vom Auslande von dort wieder in die ebenerwähnten Staaten versendet, und zuverlässig übersteigt der dortige Geldumlauf, den von jeder andern Seestadt in der Union.

Wie schnell die Bevölkerung in den westlichen Staaten heranwächst, geht daraus hervor: im Staate von Ohio, in welchem vor 24 Jahren noch keine weiße Bevölkerung war, sind gegenwärtig schon mehr als 400,000 Einwohner; in dem von Kentucky, welcher erst seit der Unabhängigkeit angebauet worden, 600,000.

Dieses rasche Aufblühen des Handels in Neu-Orleans hat manchen Individuen einen schnellen Wohlstand verschafft. Verschiedene junge Handlungsdiener aus Hamburg sind dort in kurzer Zeit Engroisten geworden. Auch in der Gewerbsklasse haben mehrere, besonders aber Bäcker und Schlächter, die sich erst seit der Vereinigung der Louisiana mit der Union dort niedergelassen haben, Vermögen erworben. Ein holländischer Jude, welcher mit zwei Schinken eine Garküche anfing, hatte nach vier Jahren bereits 16,000 Piaster baares Vermögen, und seinen Gasthof vollständig meublirt. Die Zahl der Einwohner beläuft sich in Neu-Orleans auf 40,000 Seelen, worunter aber nicht mehr als 10,000 Weiße sind. Alle übrigen gehören entweder zur schwarzen oder farbigen Kaste, die das Klima ungleich besser ertragen, als jene.

Ein deutscher Schneider, den ich in Virginien gesprochen, erzählte mir, daß er als Geselle in einer Woche bis 23 Piaster verdient, aber wenigstens 10 Piaster zu seinem Lebensunterhalt gebraucht habe.

In seinem gegenwärtigen Wohnort, Williamsport, konnte er mit Noth seinen Lebensunterhalt erwerben; so sehr haben sich die Zeiten jetzt verschlimmert. Der niedrigste Tagelohn ist 2 Piaster, und der bereits erwähnte Hamburger Matrose hat durch Straßenfegen 3 Piaster des Tages verdient, und durch eigene Menage nicht mehr als 5 Piaster wöchentlich zum Unterhalt gebraucht. Zwei Deutsche hatten im Staat von Ohio 3000 Stück Hühner, das Stück zu eilf Penns ($\frac{1}{8}$ Piaster) eingekauft, und in Neu-Orleans zu ½ Piaster, also mit 500 Prozent Profit in Zeit von zwei Tagen wieder verkauft. Den glaubwürdigen Nachrichten vieler Kaufleute zufolge wird dort ein jedes Geschäft mit dem bester Erfolg getrieben, es ist demnach nicht zu verwundern, daß eine Menge Spekulanten aus den Vereinigten Staaten dahin gezogen sind, von denen aber schon mancher seine Gewinnsucht mit dem Leben gebüßt hat. Denn bei allen seinen Herrlichkeiten ist Neu-Orleans, wegen der die Stadt umgebenden pestilenzialischen Sümpfe, der ungesundeste Ort in den Freistaaten, vielleicht auch in ganz Amerika, und wenn nur drei Fuß tief in die Erde gegraben wird, kommt an manchen Stellen schon sumpfiges Wasser zum Vorschein. Aus diesem Grunde werden die meisten Leichen durch ungelöschten Kalk in dazu bestimmten Gruben der schnellen Verwesung übergeben. An gutem Trinkwasser mangelt es sehr, und da auch kein Wein dort erzeugt wird, so wird das erstere stets mit Rum oder Whisky vermischt genossen. Die Hitze ist im Sommer so brennend, wie in West-Indien und wird den Einwohnern um so lästiger, da sie durch Seewinde nicht gemindert wird. Darum ist das Klima nicht nur für den Europäer, sondern auch selbst für den nördlichen Amerikaner so sehr gefährlich. Das gelbe Fieber fordert regelmäßig alle

Jahre seine Opfer, und durch die Verheerungen desselben wurden im vorigen Sommer, wo die Hitze unge-
wöhnlich stark war, fast einen Tag um den andern
100 Leichen in die Erde gesenkt. Auch unter den ab-
gehärteten und fast an jedes Klima gewöhnten Seeleuten, war die Sterblichkeit so groß, daß auf manchen
Schiffen beim Auslaufen in die See auf dem Mississippy
von Neu-Orleans bis in den mexikanischen Golf, einer
Strecke von ungefähr 145 Meilen, die Schiffsmannschaft gänzlich ausstarb.

Ein Matrose, der in dieser Schreckenszeit grade
dort gewesen ist, sagte mir: von fünf jungen Handwerkern, die sich in die nördlichen Staaten haben flüch-
ten wollen, und auf dem Schiffe, auf welchem er gedient, sich als Passagiere befunden, sey auf der Reise
auch nicht einer mit dem Leben davon gekommen, indem sie schon alle den Krankheits-Stoff eingesogen hatten. Eben so ist es auch noch vielen andern ergangen,
die, wenn sie sich auch aufs Land geflüchtet, dennoch
weggerafft wurden. Auf ein langes Leben darf Niemand in Neu-Orleans rechnen, und noch weniger auf
ein angenehmes. Auch hier erstreckte sich das gelbe
Fieber bis tief ins Innere, und war in der 400 Meilen von Neu-Orleans entlegenen Stadt Natches fast
eben so verheerend.

Die brennende Atmosphäre erzeugt auch viele Insekten und anderes scheußliches Ungeziefer, worunter
die Muskitos die lästigsten sind. Oft kamen nach einem starken Regen armdicke und mehrere Ellen lange
Schlangen die Rinnsteine entlang geschwommen.

Die weißen Einwohner in Neu-Orleans und der
Louisiana sind meistens französischer und spanischer Ab-
kunft, von welchen letztern, besonders die Klasse der
Landbauer, bettelarm ist. In einer nicht viel bessern

Lage sollen sich die französischen Abkömmlinge in Illinois oder Kaskasia befinden, wie mir der Sohn meines Wirths, welcher sich dort als Landmesser niedergelassen, in Philadelphia gesagt hat. An Sparen oder ein Vermögen erwerben sey bei diesen Völkern gar nicht zu denken, und nie sorgen sie für mehr, als für ihren kümmerlichen Lebensunterhalt erforderlich ist. Ein ausgehöhlter Block, in dem sie ihren Mais stampfen, ist ihre Mühle. Und wenn ich von der Schilderung der spanischen Race am Missisippy einen Schluß auf ihre südamerikanischen Consorten machen soll, so kann er auch nicht der vortheilhafteste seyn, und gern glaube ich den englischen Offizieren, daß sie an den Einwohnern am Orinoko ein wahres Bettler-Volk gefunden haben, und mehrere von ihnen, buchstäblich gesprochen, verhungert sind.

Dasselbe würde einer Armee ohne Magazine an gar manchen Stellen schon in Nord-Amerika begegnen. Uebrigens werden auch diese Thatsachen als Beläge, zu meinen im Capitel über den Reichthum Amerikas aufgestellten Betrachtungen, dienen.

Den Aussagen verschiedener Nord-Amerikaner zufolge, sind diese in Neu-Orleans nichts weniger als beliebt, sondern im Gegentheil im höchsten Grade gehaßt. Sitten, Sprache, Charakter und Religion bilden sie zu ganz heterogenen Völkern, und nur im Punkte der Trägheit dürften sie sich vielleicht am nächsten seyn. Die Amerikaner klagten sehr über die dasige schlechte Polizei, und führten an, daß sie es niemals wagten, ohne Dolch und Pistolen auszugehen. Am allermeisten beschwerten sie sich darüber, daß an Sonntagen die Fiedel gespielt und in den Tavernen sogar schon Vormittags getanzt würde.

Die Sklavenhalter von den Carolinas und Georgien droheten schon in der letzten Versammlung des Congresses mit Trennung von der Union, falls die Abschaffung der Sklaverei vom Kongreß dekretirt würde. Solch ein Confluxus von entgegengesetzten Völkern und Grundsätzen dürfte wohl eben nicht sehr lange unter einem Ganzen vereint bleiben, und vielleicht eher, als wir es denken, tritt das politische Schisma in den Freistaaten ein. Die Sklavenhalter suchten übrigens durch sehr jämmerliche Gründe die Aufrechthaltung der Sklaverei zu vertheidigen. „Wollen Sie, daß unsere Töchter sich ihre Hemden selbst waschen, und unsere Söhne sich ihre Stiefeln selbst putzen und ihre Kleider ausbürsten sollen?" Dieß würde eure ungehobelten Trunkenbolde von Söhnchen und eure trägen Buschgänschen von Töchterchen gerade am wenigsten entehren!

Noch muß ich hier anführen, weil es vielleicht manchen Auswanderungslustigen interessiren dürfte, daß, auf den von Neu=Orleans in die westlichen Staaten gehenden Fahrzeugen, sehr häufig Leute zum Rudern angestellt werden, und außer Beköstigung noch einen Piaster Tagelohn erhalten. Auch hierher sind vor einigen Jahren eine Menge Würtemberger eingewandert, welche für ihre Fracht kaum halb so lange haben dienen müssen, wie in den nördlichen Staaten. Am schlechtesten aber wurden die deutschen Serven von den Pflanzern in Kentucky behandelt und ganz den schwarzen Sklaven gleichgestellt. In Louisiana verhält sich die schwarze und farbige Bevölkerung zu der weißen, wie 15 zu 1. Die Sklaven müssen zwar hart arbeiten, inzwischen werden sie doch ungleich besser genährt und gekleidet, als unter den irischen Völkern. In Neu=Orleans sollen die Sklaven=Mädchen brillant gekleidet gehen. Auch bestehen dort noch die nämlichen Gewohnheiten, wie ehemals in Sanct Domingo. Diejenigen Sklaven, welche nicht im Hause des Herrn beschäftiget werden, müssen sich außerhalb Arbeit suchen, und die Männer 6, die Mädchen aber nur 3 Piaster durch die Woche ihrem Herrn nach Hause bringen. Was sie mehr erwerben, können sie für sich behalten. An Arbeit mangelt es nie in Neu-Orleans, und da der Seehandel dort so sehr bedeutend ist, und beständig eine Menge Schiffe im Hafen liegen, so finden auch die Mädchen, im schlimmsten Falle, dort Gelegenheit ihr wöchentliches Conto aufzubringen. —

Neuntes Capitel.
Bankwesen in den Vereinigten Staaten.

Der weise Lycurg von Sparta ließ Geld von Eisen prägen, damit wegen seiner Schwere die Menschen nicht so sehr danach geizen sollten. Ganz entgegengesetzt ist das Prinzip der modernen Lycurge und Solone in der transatlantischen Republik. Gold und Silber war den dasigen Bürgern noch zu schwer, und darum wurde aus Papier Geld geprägt, damit Einer Millionen in seiner Schreibtafel forttragen könne. Anfänglich hatten nur in den Seestädten solche Papier-Geld-Münzen ihre Entstehung auf folgende Art gewonnen: eine Gesellschaft von Kaufleuten, Handwerkern und Bürgern, Unternehmer von Fabriken, mit einem Worte, fast jede Commune war zusammengetreten, hatte einen bestimmten Fond nachgewiesen und vom Gouvernement das Privilegium (Charter) erhalten, eben so viel Papier-Geld zu prägen und in Umlauf zu setzen.

Diese Einrichtung, welche auch in Old-England besteht, fand man hier anfänglich ganz vortrefflich, und besonders für den Reisenden, sehr bequem. Daher fand das Beispiel der Seestädte, womit sich gute Geschäfte erwarten ließen, im Innern des Landes bald Nachahmung. Fast in jeder County-Stadt traten die Bauern zusammen und errichteten eine Farmers-Bank, (Bank der Bauern), die Stadt-Einwohner eine City-Bank, die Entrepreneurs eines Chaussee- und Brückenbaues eine Tornpik- und Bridge-Compagnie-Bank.

Die Sachen gingen anfänglich ganz vortrefflich; der Bauer und Bürger erhielten für ihr Papier schönes klingendes Silber, wenn sie zur Kasse kamen, und Jedermann lobte und pries die weise Erfindung. Aber nur zu bald folgten die hinkenden Boten hinterdrein. Bald wurden die zur Erleichterung des Handels und Verkehrs errichteten Banken Schlupfwinkel des gemeinsten Wuchers, denn manche von ihnen ließen mehr als noch einmal, manche auch mehr als zweimal soviel Noten prägen, als sie Fond nachgewiesen hatten, und gaben sie den Grundbesitzern als Darlehn in die Hände, oder brachten sie auf andern Wegen zur Cirkulation unter das Publikum. Bald kamen auch große Quantitäten nachgemachter Banknoten aus England, welche die als Krämer herumziehenden Jänkys in Cirkulation brachten und so das Publikum damit betrogen. Bald hatten sich in Englisch-Amerika förmliche Banknoten-Fabriken etablirt; auch in den Vereinigten Staaten selbst bildeten sich ganze Banden von Falschmünzern, die fast auf alle Banken der Union Noten nachschmiedeten. Dadurch kamen Millionen von falschen Noten in Cirkulation, ehe man sie noch recht erkannte, womit jetzt einer den andern zu betrügen sucht.

Schon der Krieg mit England hatte die Finanzen Amerikas erschüttert. Die jetzt eingetretene allgemeine Krisis offenbart sich in den Ackerbau treibenden Ländern am fühlbarsten, und am ersten wurden die in den neuen Colonien und in denen von den Seestädten entfernteren Plätzen errichteten Banken gestürzt, so daß die meisten davon außer Stande sind, ihre cirkulirenden Noten zu realisiren, und darum verlieren selbige an manchen Stellen 25, an manchen 50 und an andern sogar 75 Prozent. Die Banknoten aller westlichen Länder haben außerhalb ihres Gebietes gar keinen Werth, innerhalb desselben aber werden für 100 Dollars Silber 200 Dollars Papier gegeben.

Fast jeder County hat seine eigene Bank, die oft in so schlechtem Kredit steht, daß die Einwohner zuweilen ihr eignes Geld nicht nehmen wollen. In der Regel aber cirfuliren die Banknoten, aus Mangel an jedem andern Gelde, in ihrem kompetenten County. Soviel Zeitungen in den Vereinigten Staaten verlegt werden, eben soviel Banken sind dort auch zu finden, indem fast in jeder County ein oder zwei und in den Seestädten oft acht bis zehn anzutreffen sind.

Ein jeder kann sich daher die Verwirrung selbst denken, die im Finanzwesen statt finden muß, wenn in einem Lande 800 verschiedene Papier-Geldsorten existiren. Zuweilen bekömmt man für seine Thaler-Note nicht ein Glas Bier oder Branntwein. In der That ist die Papier-Noth im Lande des Reichthums so groß, daß man nicht weiß, wie man sich aus diesem Labyrinth von finanzieller Unordnung herauswinden soll. Das Gouvernement hat zwar die Verordnung erlassen, daß die Bank-Stoks-Jobbers, wenn sie nicht binnen einem von demselben festgesetzten Termin für ihre Noten Zahlung leisten, den Charter verlieren und exekutivische Mittel gegen sie statt finden sollen. Allein der Termin ist verstrichen, und weder das eine, noch das andere erfolgt. Die Noth der Banken in den westlichen

chen Staaten, worunter auch das ganze westliche Pensylvanien gehört, hat sich schon bis in die Seestädte erstreckt, und auch dort sind schon mehrere Banken insolvent geworden.

Hieraus wird ein jeder selbst ersehen, wie es mit Amerikas Reichthum steht; und wie wenig meine früheren Bemerkungen an Uebertreibung grenzen, und ganz seine Richtigkeit hat es, daß in denen am Ohio belegenen Staaten Kentucky, Ohio, Indiana die Silbermünzen geviertheilt werden.

Es ist nicht zu verkennen, daß dergleichen Bankal-Institute in mancherlei Hinsicht ihr Gutes haben, allein dann müssen sie auch durch solche Gesetze, wie in England aufrecht erhalten werden. Jeder, der falsche Noten schmiedet, oder sie wissentlich ins Publikum bringt, wird mit dem Strange hingerichtet. Auch muß die Bank unbedingt für ihre Papiere stehen, sonst privilegirt der Staat eine Menge von Betrügern, die ihre Mitbürger öffentlich bestehlen.

So lange der Jänky in Neu-England, gegen den der deutsche Handelsjude nur ein Stümper ist, dem Bauer einen Ziegenbock für 3 Thaler abkauft, ihn in eine Merino-Haut einnäht und für 100 Thaler dem nämlichen Bauer wieder verkauft, wie mir als allgemein bekannte Thatsache in Amerika erzählt wurde; so lange er einige Silberbarren in die Berge am Ohio einscharrt, seine silbersüchtigen Landsleute zusammenruft, und sie nun überredet: Seht! auf meinem Grund wächst Silber! um durch diese List Stoks in die Hände zu bekommen; so lange lachen wir über seine Schlauheit und List, und über die Albernheit seiner Landsleute. Wenn er aber Tausende von Noten nachschmiedet, oder sie für eine Bagatelle kauft, und seine Mitbürger damit betrügt, dann verdient er ein hanfenes Halstuch um den Nacken.

Viele dieser Noten sind so genau nachgemacht, daß nur der geübteste Kenner sie unterscheiden kann. Auch mich selbst hat ein solcher Jänky mit einer 5 Thaler Note einmal betrogen, und wenn ich von allen diesen herumziehenden Handelsleuten, nach allem, was ich über sie gehört, und dessen sie sich schuldig gemacht, auf den moralischen Zustand ihrer Landsleute, der Bewohner von Neu-England, schließen sollte; so könnte das Urtheil über die kultivirtesten und geschicktesten Einwohner der Freistaaten eben nicht das glänzendste seyn.

Ich schließe hiemit das erste Heft meines Werkes über Amerika, und bemerke des Zusammenhanges meiner Reise-Route wegen, daß, als ich die Ankunft des General Mac Gregor, an den ich schon von Deutschland aus nach England geschrieben, aber keine Antwort erhalten hatte, in Aux Cayes auf der Insel Sanct Domingo mit einem bedeutend stark angegebenen Korps, aus den Zeitungen ersah, ich Virginien unverzüglich verließ, und durch den Columbia-Distrikt, worin Washington die Hauptstadt, nach Baltimore und von dort mit dem Dampfschiff nach Philadelphia zurückkehrte. In Virginien waren damals die Bäume schon in der schönsten Blüthe und bei Philadelphia war noch die empfindlichste Kälte, obgleich der Monat April sich seinem Ende näherte. Mein fester Entschluß war jetzt, zu dem Korps des schottischen Helden zu stoßen, welches nach den amerikanischen Blättern, besonders der demokratischgesinnten, Aurora von Philadelphia, alle Gold- und Silber-Minen von Neu-Granada mit Quito, das südamerikanische Paradies, mit einem Schlage erobern sollte. Wäre ein Schiff gleich dahin segelfertig gewesen, und hätte ich nicht noch mit Herrn Andreas

Stoffel Rechnung zu halten gehabt, so würde ich heute nicht hier seyn, und meine Reisebeschreibung etwas später, vielleicht auch gar nicht zum Druck haben befördern können.

Alle nachtheilige Schilderungen der südamerikanischen Angelegenheiten achtete ich nicht mehr einer Aufmerksamkeit werth; ich war einmal mit dem Vorsatz dahin gegangen, mein Heil wieder in der Militär-Carriere zu versuchen und nichts sollte mich davon abbringen, jetzt um so weniger, da eine Communication zwischen West-Indien und der spanischen Maine offen war.

Während ich so mein Bündel schnürte, die Schulden alle bezahlt hatte, und täglich bei Mastr. Gautier, einem amerikanischen Schiffs-Kapitän, Erkundigung einzog, ob er nicht bald segeln würde, liefen von Porto Bello über das Schicksal der Sir Gregorischen Expedition solche Nachrichten ein, daß ich Gott danken konnte, an meiner Abreise verhindert worden zu seyn.

Das umständliche Detail hierüber werde ich im zweiten Heft zur Kenntniß des Lesers bringen.

Zehntes Capitel.

Klima, Standpunkt der Hitze, gelbes Fieber.

Der Staat von Pensylvanien liegt unter dem 39sten und 40sten Grade nördlicher Breite, und folglich hat Philadelphia mit Lissabon ungefähr die nämliche geographische Lage; aber sehr verschieden ist das Klima des ersteren Orts von dem des letzteren. Daß während des Winters dort Schnee fällt, und Flüsse zufrieren, war mir nicht unbekannt, aber nie hätte ich mir vorgestellt, daß die Hitze im Sommer so heftig und für den Europäer, selbst den Italiener, fast unerträglich und das Klima dort so sehr ungesund ist. Ehe ich zur Schilderung des Sommers übergehe, will ich zuvörderst eine Beschreibung des Herbsts und Winters vorausschicken.

Nach dem 15ten September läßt die Hitze nach und die Temperatur der Witterung ist beinahe dieselbe wie in Nord-Deutschland am Ende des Frühlings oder Anfang des Sommers, sie währt fast bis zum 15ten November. Der Himmel ist stets heiter und klar, auch regnet es wenig. Dessenungeachtet aber wird der Erdboden durch den starken während der Nacht fallenden Thau befeuchtet. Nach dieser Zeit treten Nachtfröste ein; gegen das Ende des November fängt es an zu frieren, und schon um diese Zeit sah ich die Amerikaner klappern und einmal über das andere ausrufen: Ach! wie kalt! wie kalt! Die Bäume verlieren jetzt ihre Blätter, jedoch ist der Erdboden im December immer noch grün und das Vieh auf der Weide. Um die Mitte dieses Monats stellt sich der Winter mit Frost und Schnee ein, und die Kälte wird mit einem Male so heftig, daß schiffbare Flüsse plötzlich zufrieren, die erst mit Ablauf des Monat Januar oder Anfang Februar sich eben so schnell wieder des Eises entledigen.

Die Witterung ist im Winter sehr unbeständig, und Frost, Regen, Sonnenschein und Schnee begleiten sie abwechselnd. Schon diese Unbeständigkeit wirkt sehr nachtheilig auf den menschlichen Körper, und darum gehören auch rheumatische Uebel, von denen selbst die jüngsten Leute heimgesucht werden, zu den allgemeinen Plagen der Einwohner; man findet daher auch bei allen Landkrämern ein aus Terpentinöhl zubereitetes Medikament für die Gicht zum Verkauf. Nicht weniger unbeständig ist das Wetter im Monat März und April, im erſten war in der Aequinoctial-Periode Hitze und Gewitter und um den 20ſten April noch empfindlicher Froſt. Wenn man auch den Winter nicht kalt nennen kann, ſo habe ich doch häufig eine ſehr ſchneidende und die Nerven erſchütternde Luft gefunden.

Zu Anfang des May tritt das Frühlingswetter ein, welches aber nicht lange währt, denn ſchon in der Mitte dieſes Monats ſtand das Fahrenheitſche Thermometer auf 75 und einmal über 80°. Die Skala dieſes Thermometers verhält ſich zu der des Reaumur ohngefähr wie 3 zu 1. Im Anfang des Juni war die Hitze ſo groß, wie ich ſie in Deutſchland niemals empfunden habe, das Fahrenheitſche Thermometer ſtand ſchon Vormittags im Schatten hoch auf 80, Nachmittags auf 93, und im Sonnenſchein über 100 Grad. Ich war damals grade auf meiner Reiſe nach dem Allegheny-Gebirge und wollte unter der Laſt meiner mit Schweizer-Uhren gefüllten Jagdtaſche faſt verſchmachten, denn dieſe brennende Hitze wirkte ſo auf mich, daß ich zuweilen kaum eine Stunde, manchmal nicht eine halbe Stunde weit gehen konnte, ohne ausruhen zu müſſen, und unbegreiflich iſt es mir ſelbſt, daß ich mir nicht die Schwindſucht oder augenblicklichen Tod zugezogen habe, indem ich an manchem Tage wohl 4 Gallonen (16 Quart) kaltes Brunnenwaſſer, gewöhnlich von Schweiß triefend, austrank. Den Monat Juni und den Anfang des Juli brachte ich größtentheils in den Allegheny-Gebirgen zu, und fand dort das Klima um ſo erträglicher, als ich mir gegen eine Repetir-Uhr ein Pferd eingetauſcht hatte und meine Reiſe nicht mehr zu Fuß machen durfte. Auch ſoll es, der Erkundigung nach, in dieſer Zeit auf dem platten Lande nicht ſo übermäßig heiß geweſen ſeyn. Um die Mitte Juli und den ganzen Monat Auguſt hindurch ſtand das Thermometer zwiſchen 95 und

104° im Schatten, und im Sonnenschein 124°, also ungefähr 42° Reaumur; in der ersten Hälfte des Septembers abwechselnd zwischen 85 und 95° und erst nach dem 15ten des erwähnten Monats begann es zu sinken. Regen und Gewitter waren äußerst selten, das Gras dorrete auf dem Halme ab, und allgemein wurde dieser Sommer sehr trocken und heiß genannt. Inzwischen ist, eingezogenen Erkundigungen nach, der gewöhnliche Standpunkt des Thermometer während der Sommerhitze immer nahe an 100° gewesen, und auch im Jahre 1818 fand ich es bei meiner Ankunft in Nord-Amerika im Monat September noch sehr heiß.

Von 12 Uhr des Mittags bis 3 Uhr ist die Hitze am stärksten und um diese Zeit wird nirgends im Freien gearbeitet, Todtenstille herrscht auf den Straßen in Philadelphia, und alle Fenster sind mit Laden oder Jalousien verschlossen. Der menschliche Körper ist schon von 7 Uhr des Morgens an in beständiger Transpiration und in den heißesten Stunden in einer gänzlichen Erschlaffung, und kaum vermochte ich mich um diese Zeit vor Mattigkeit aufrecht zu erhalten. Auch des Nachts kühlt sich die Atmosphäre nicht ab und ist so heiß, daß man nicht schlafen kann. Am Mittag hat man keinen Appetit zum Essen und wird von brennendem Durst geplagt, den der Genuß des Porter oder Ael, wenn sie nicht mit Wasser verdünnt werden, nicht löscht. Zider oder Branntwein mit Wasser vermischt sind die kühlendsten Getränke.

An manchen Tagen stürzten 5 bis 6 Menschen, welche ihren Durst bei einem Brunnen zu stillen suchten, oft augenblicklich todt zu Boden, oder starben wenige Stunden nachher, und Philadelphia glich in der heißen Zeit einem Kirchhofe, indem gewöhnlich hundert Leichen und darüber, wenige Stunden nach ihrem Entschlafen, allwöchentlich zur Erde bestattet wurden.

Die transatlantische Pest, das gelbe Fieber, brach im Monat Juli von Boston bis Neu-Orleans fast in allen Seestädten aus, und raffte in Baltimore oft 30 bis 40 Menschen und darüber in einem Tage weg, zuweilen wurden 60 Personen in einem Tage krank. Nur die Wenigsten überstehen diese furchtbare, das ganze Nervensystem zerrüttende Krankheit, und diese Wenigen sollen nie wieder zu ihrer vorigen Gesundheit gelangen. Der Ansteckungsstoff wird schon durch die Luft verbreitet, indem Menschen, die von den inficirten Plätzen, oft durch mehrere Straßen getrennt, wohnten, dadurch, daß sie die Fenster geöffnet, angesteckt wurden.

Nichts vermag diesem Uebel eher Einhalt zu thun, als die Atmosphäre, wenn sie durch den Spätherbst oder Winter kühler wird. Es war bereits im November, als ich Amerika verließ, und noch war die Krankheit in Baltimore nicht ganz gedämpft. In Neu-Orleans war, nach der Versicherung der Aerzte, nicht vor Weihnachten an ihr Aufhören zu denken.

Auch auf allen westindischen Inseln verbreitete das gelbe Fieber Verheerung und Schrecken, und in Havannah hatte es in dem Zeitraum vom 1sten Mai bis zum 15ten Juni 600 Fremde weggerafft. Im Innern des Landes der nördlichen Freistaaten grassirte ein Heer von andern bösartigen Fiebern aller Art und auch die Ruhr, die nach den Zeitungsberichten im Ohio-Staat und am Ontario-See eine Menge Menschen wegrafften. Kurz, im ganzen Lande hörte man von nichts als Trauer, welche die große Hitze veranlaßt hatte.

Auch der Sonnenstich verursacht bei Manchem eine solche Wirkung auf das Auge, daß, wenn nicht augenblicklich eine Blende angelegt wird, er Gefahr läuft, sein Auge zu verlieren. Mein linkes Auge war schon ganz in Entzündung und so schwach, daß ich zum ersten Male in meinem Leben eine grüne Brille gebrauchen mußte. Als ich alle diese Unannehmlichkeiten des gelobten Landes kennen gelernt hatte, so erklärte ich rund heraus: "Und wenn ich Cröfus der 3te werden könnte, so wollte ich hier nicht länger bleiben. Marsch! zurück nach Deutschland! Denn da wo der Thaler geprägt ist, gilt er am meisten!"

Nach dem, was ich in Amerika selbst gesehen und durch andere Augenzeugen erfahren habe, ziehe ich den Schluß: daß unter seinem brennenden Himmelsstrich schwerlich geistreiche Köpfe und kraftvolle Helden aus europäischem Blut entsprießen dürften. Schon die erste Generation der Europäer erbt in Nordamerika nicht mehr die geistvollen und thätigen Eigenschaften ihrer Voreltern. In West-Indien soll das männliche Geschlecht kindisch, läppisch und mit weibischer Weichlichkeit begabt seyn, wie mir Herr Pedolin, ein sehr biederer und einsichtsvoller Schweizer, der mehrere Jahre in Spanien, Mexiko und West-Indien gelebt hat, versicherte. Nur der Neger ist hier in seinem heimathlichen Element. Und nach allen Erkundigungen, die ich von sehr erfahrenen englischen Seeleuten über Ost-Indien eingezogen habe, ist es dort mit den Abkömmlingen der Europäer der nämliche Fall, sie sollen geist- und kraftlose Wesen seyn. Schlechte Aspekte für die aus der alten Welt auswandernden Künste und Wissenschaften. Uebrigens denkt man in den heißen Ländern noch gar nicht, und in den kältern wenig oder gar nicht an solche überflüssige Artikel; denn sowohl für ihre materiellen als etwanigen geistigen Bedürfnisse sorgen ja die armen europäischen Sklaven und besonders die Engländer, von welchen ganze Schiffsladungen bereits eingebundener Bücher in die Vereinigten Staaten gesendet, und dort eben so wohlfeil, wie der Kattun und Kaliko verauktionirt werden. Oft mußte ich recht sehr darüber lachen, wenn ich zuerst des unsterblichen Newton's, Shakespeare's und Pope's Werke, und gleich hinter diesen wieder eine Quantität schlechter Schweizer-Uhren und eine Kiste mit Nürnberger Papier-Hanswursten und Brummeisen wie sauer Bier ausbieten, und für ein Spottgeld zuschlagen sah. Zuweilen kam auch ein einheimisches Pflänzchen von einer schwärmerischen Methodisten-Lady, ungefähr mit folgendem Titel:

Mittel und Wege, mit einem Sprunge ins Himmelreich zu kommen;

zum Vorschein.

Das schöne Geschlecht tritt hauptsächlich in dieser Branche der Literatur als Schriftsteller auf.

Eilftes Capitel.
Die Expedition auf dem Missoury-Strom.

Die Regierung der Vereinigten Staaten hat dem Obristen Atkinson eine Expedition nach dem Yellow Stone (Gelben Stein), einem Fluß an der Grenze von Neu-Mexiko, übertragen, um daselbst ein Fort zu erbauen, eine Colonie zu gründen, um den Pelzwerkhandel mit den Indianern mehr in die Hände der Amerikaner zu leiten, der sich jetzt größtentheils in denen der Engländer und insbesondere der Nordwest-Compagnie*) in Canada befindet.

---

*) Die Nordwest-Compagnie ist eine Gesellschaft von Kaufleuten in Canada, die sich zur Betreibung des Handels mit

Zu diesem Behuf hat Herr Atkinson zwei Bataillone Truppen erhalten, welche abwechselnd theils zu Fuß, theils auf Dampfbooten die Reise nach dem Orte ihrer Bestimmung, an 4000 Meilen weit vom Mississippy, den Missoury = Strom aufwärts machen sollten. Außer den erforderlichen Acker= und Handwerksgeräthen nahmen sie auch alle Sorten von Getreide=Sämereien mit. Nicht minder waren auch Gelehrte von verschiedenen Fächern im Gefolge, um mannigfaltige Beiträge zur Mineralogie, Botanik und Zoologie und interessante Nachrichten über die verschiedenen Völkerstämme der Wilden zu liefern, besonders aber die reichhaltigen Silberminen in den dasigen Gebirgen zu entdecken. Die Röhren der Dampfboote waren in gekrümmter Form einer Schlange erbaut, die aus ihrem Rachen den Qualm der Dampfkraft ausspieen, um dadurch, gleich Columbus, Cortes und Pizarro, den unbefangenen Kindern der Sonne, als übernatürliche Wesen zu erscheinen, und um sie, gleich Orpheus, durch die Zauberkraft der Musik zu zähmen, war auch ein Chor Musikanten im Gefolge. Der Hauptzweck dieser Expedition, auf welche die Aufmerksamkeit von ganz Nord=Amerika gerichtet war, und die die Zeitungsschreiber mit den glänzendsten Floskeln als ein Unternehmen schilderten, aus dem Reichthum an edlen Metallen und Edelstei-

---

den Indianern in Nord= und Nordwest=Amerika vereinigt, und eine Menge Handelsagenten unter die letztern zu diesem Behufe ausgeschickt hat. Ein dergleichen Commis muß sich verbindlich machen gegen ein Jahrgehalt von 400 Piastern 7 Jahre lang dieses Geschäft zu betreiben, nach dieser Zeit wird er ein Mitglied der Compagnie, und nimmt an allem Gewinn Theil, welcher durch diesen Handel mit den Wilden in der That sehr bedeutend seyn und sich auf 300 Procent belaufen soll.

nen für das Land hervorgehen würde, ist muthmaßlich wohl dieser:

an den Küsten der Südsee nach und nach Colonien anzulegen, um von dem Handel mit China mehr Nutzen zu ziehen, bis wohin sie von jenen Ufern einen mehr als die Hälfte näheren Weg haben, als wenn sie jetzt, um dorthin zu gelangen, erst das Atlantische Meer und den indischen Ozean paſsiren müſsen.

Das unermeßliche Gebiet des nordamerikanischen Continents ist bis zur Südsee noch gar nicht erforscht, indem die letzte Expedition unter dem Kapitän Lewis und dem Gouverneur Clarke in den Jahren 1804 bis 1807 nicht weiter als 3000 englische Meilen am Miſsoury-Strome aufwärts in das Innere vorgedrungen ist. Der geographischen Berechnung nach sind die Küsten der Südsee wenigstens noch 5000 Meilen von dem Miſsiſsippy entfernt; an den letztern rechnet man von den Küsten des atlantischen Meeres an 16 bis 1700 Meilen und da dieser 2600 Meilen von Norden nach Süden durch das amerikanische Gebiet fließt; so kann man sich einen ungefähren Begriff von dem Umfange dieses Landes machen.

Wohl sollte daher diese nach Macht und Reichthum geizende Republik die fleißigen Deutschen mit Freuden aufnehmen und mehr unterstützen, als sie wirklich thut. Allein schon aus der Antwort, die der Staats-Sekretär Adams dem Baron v. Fürstenwerder auf dessen Antrag: „die deutschen Eingewanderten mehr zu unterstützen," ertheilte:

"Die Europäer sollten erst ihre europäische Haut abwerfen. Die Deutschen kämen nicht des Vortheils des Landes, sondern ihres eigenen Nutzens und Interesse wegen nach Amerika;"

geht der Haß und die Abneigung der gesammten irischen Kaste, aus denen größtentheils die Staatsbeamten bestehen, gegen die Deutschen nur zu deutlich hervor. Kurzsichtiger und einfältiger kann wohl kein Staatsmann sprechen, als Mäster Adams that, der wunder was Kluges gesagt zu haben glaubte. Die Deutschen verlassen ihr schönes und kultivirtes Vaterland, weil sie der vaterländische Boden nicht mehr ernährt; sie verlassen biedere und gute Menschen, und lassen sich in Wildnissen unter euren irischen Trunkenbolden nieder, trocknen eure Pest verbreitenden Sümpfe aus und schaffen die Wildnisse in Weizenfelder um, gelangen nach unendlichen Mühseligkeiten doch zum Wohlstande, und sie und ihre Kindes-Kinder bleiben im Lande und sind ächte Republikaner, indem sie, mit wenigen Ausnahmen, keine Sklavenhalter sind und auch keine unter sich dulden, von denen Mäster Adams als ein Georgier einer der vorzüglichsten ist. Sind sie dann nicht eine dauerhafte Stütze und auch ein Nutzen des Landes, dessen Population und Staatseinkünfte sie vermehren?

Zwölftes Capitel.

Geschäfts-Wegweiser für junge deutsche Kaufleute in Amerika.

Aus allem, was ich bisher über Amerika angeführt, wird jedermann ersehen, daß der Kaufmann dort der erste Stand, und dieses Land nur das Element des Kaufmanns ist; die Advokaten spielen zwar nicht minder eine bedeutende Rolle, indem sie als der gebildetste Theil der Einwohner in der Regel auch die ersten Staats-Aemter bekleiden; allein der größte Reichthum steckt unter dem Handelsstande. Für den Ausländer vom gebildeten Stande, der nicht als Bauer oder Handwerker sein Fortkommen suchen kann, bleibt beinahe kein anderer Erwerbszweig übrig, als sich dem Handel zu widmen.

Da nun so viel junge Leute vom merkantilischen Fache oft ohne Plan, ohne Fond und ohne Credit, bloß aufs Gerathewohl und mit einigen ihnen zu nichts dienenden Empfehlungsschreiben, um ihr Glück zu machen, dahinströmen, und manche selbst, wenn sie noch einiges Geld mit sich bringen, oft nicht wissen, welchen Handels- oder Geschäftszweig sie ergreifen sollen, so will ich auch darüber zur Notiz dem jungen Glück suchenden Handelsmann eine kurze Anweisung an die Hand geben, wo und auf welche Art er sein Geschäft beginnen soll, um sich wenigstens in die Handelsgeschäfte einzuarbeiten, und sich mit seinem geringen Fond zu erhalten, bis er Vertrauen und Credit im Lande gewinnt, oder soviel erworben hat, um seine Geschäfte in einem größeren Umfange zu betreiben.

Deutsche Fabrikate können selbst in Deutschland mit den englischen keine Konkurrenz aushalten; um so weniger werden sie es im Auslande thun. Inzwischen sind Tuch und auch wohl Leinen-Waaren die einzigen Artikel, womit der Handelsmann in Amerika nicht nur nichts verlieren, sondern auch selbst in den Seestädten jedoch nur wenig, daran verdienen wird. In den letzteren aber muß der junge Kaufmann, der vielleicht mit einer nicht gar großen Quantität Waaren hinkömmt, sie nicht absetzen, sondern in das Innere des Landes ziehen; und sie an die Stoor-Keepers (Busch- und Land-Krämer), nach dem Beispiel der Jänkys verkaufen. Auf diesen Fall muß er auch nicht etwa feine Luxus-Waaren, sondern die für die nothwendigsten Bedürfnisse, als

Kleidungsstoffe ꝛc. mitbringen, indem wegen der allgemeinen Geldarmuth des Innern kein großer Luxus zu erwarten, in den Seestädten aber eine solche Concurrenz von auswärtigen Luxus-Waaren aus England, Frankreich, Italien, Ostindien und China vorhanden ist, daß sie häufig billiger verkauft werden, als in Europa selbst.

Sind diese Waaren abgesetzt, so muß der Verkäufer, wenn er baar bezahlt worden ist, wieder solche Artikel im Innern einkaufen, die er in den Seestädten sofort zu Gelde machen kann. Die sichersten dergleichen sind Lebensmittel und Schlachtvieh, aber keinesweges Pferde. Auch beim Tausch, den oft der Land-Stoor-Keeper, wegen Mangel an baarem Gelde, vorschlägt, muß jener vorzüglich darauf sehen, daß die hier vorgeschlagenen Objekte als Aequivalent für die abgesetzten Waaren gegeben werden, indem er bei der Wiederveräußerung derselben oft einen sehr bedeutenden Gewinn, zuweilen von 100 Procent und mehr machen wird. Wer in den westlichen Staaten seine Geschäfte betreibt, und die eingetauschten Consumtibilien nach Neu-Orleans auf dem Ohio hinunter schaffen will, wird nachstehende Artikel im Ohio-Staat zu sehr niedrigen Preisen erhalten, und in erwähnter Seestadt oder in West-Indien mit vielem Vortheil absetzen können: Mehl, Branntwein, Salzfleisch, Butter, Eier und Federvieh.

Wer Vieh eintauscht, muß es nach Philadelphia, Neu-York oder Baltimore treiben lassen.

Ein Handels-Jänky, den ich in den Alleghenys mit einem Transport Ochsen traf, erzählte mir: daß er am Ontario-See für eine metallene Schweizeruhr, die in den Seestädten für $2\frac{1}{2}$ oder 3 Piaster verkauft wurde, einen Ochsen eingetauscht, welcher in letztern 40 bis 45 Piaster galt.

Das Futterlohn fürs Rindvieh beträgt in den Wirthshäusern gewöhlich $\frac{48}{100}$ Piaster oder 4 Kupferpennis, für ein Schaaf 1 Penni auf die Nacht. Kleine Damen-Uhren sind jetzt sehr modern. Wer in den westlichen Staaten seine Geschäfte betreiben will, wird wohl thun, von Europa aus sich nach Neu-Orleans einzuschiffen, von dort kann er auf den in den Missisippy sich ergießenden Flüssen, Sabina an der Provinz Texas, Red. River, Missoury und auf dem Missisippy, selbst überall mit den Indianern seine Handelsgeschäfte anknüpfen, und von ihnen gegen wollene Decken, Flinten, Pulver und Blei, Taback und Branntwein, buntes Baumwollenzeug, Glasperlen, goldene und kupferne Ohrringe und andern Flitterstaat für die Frauenzimmer, ferner für kleine Handbeile, Handsägen und Messer, Büffel-, Hirsch- und Tiegerhäute, Biberfelle und anderes Pelzwerk eintauschen, welches die Rauchhändler und Hutmacher brauchen. Dieser Handel soll der ergiebigste seyn, indem er oft 300 Procent einträgt.

Branntwein und Taback sind diejenigen Artikel, nach welchen die Indianer am meisten trachten, und darum suchten die amerikanischen Handelsleute von der Neigung der Indianer zum Trunke so viel als möglich Vortheile zu ziehen, und sie vor dem Handel gewöhnlich durch hitzige Getränke zu berauschen. Da aber mancher seine Gewinnsucht mit dem Leben büßen mußte, indem der Indianer im Zustande der Trunkenheit sehr wild und blutdürstig ist, so sind die ersteren jetzt vorsichtiger geworden und schließen den Handel gewöhnlich mit dem Könige ab, und wenn sie ihre eingetauschten Objekte empfangen, und den Branntwein dafür geliefert haben, suchen sie sofort das Weite zu gewinnen.

Jungen Leuten, welche in europäischen Handelshäusern keinen Credit haben, und auch nicht bedeutende Quantitäten von Waaren mitnehmen können, aber dennoch ihr etwaniges Capital zu Geschäftsspekulationen verwenden wollen, rathe ich, vorzüglich konsumtible Artikel einzukaufen, und dieselben in Westindien, besonders in Havannah, abzusetzen, als: Westphälische Schinken, wovon das Pfund häufig einen Piaster kostet, Braunschweiger Wurst, Pommersche Gänsebrüste, Schweizer-Käse und Butter, die stark gesalzen werden muß, Holländischer Käse und holsteiner Butter, Saffran, den die spanischen Amerikaner in allen ihren Speisen genießen, und der im Jahre 1817 einmal mit 64 Piaster für das Pfund bezahlt wurde. Auch gute Aepfel, die dort wegen der zu großen Hitze nicht erzeugt werden, und Rheinwein werden gute Preise finden. Wer mit solchen Waaren nach Westindien kommt, wo die Theurung aller Lebensmittel enorm ist, kann versichert seyn, sie schnell und sehr vortheilhaft abzusetzen.

Wer auf den erwähnten Inseln, wo in den Wintermonaten kein Anfall des gelben Fiebers zu besorgen ist, nicht bleiben will, wird wohlthun, dortige Landesprodukte: Kaffee, Zucker, Rum und Havannah-Taback einzukaufen, die er in den Vereinigten Staaten überall wieder mit Vortheil absetzen kann.

Gestattet die neue Constitution in Spanien fremden Völkern den Eingang in die spanisch-amerikanischen Kolonien, so sind Mexiko, Neu-Granada und Peru die Länder für den europäischen Spekulanten. Feine Tücher, ganz feine Leinwand, feinen Damast, feine Brabanter und französische Kanten, geschmackvolle Fingerringe und Perlen, goldene Damen- und englische Patent Levers-Uhren oder Schweizer Nachahmung derselben, werden stets im Innern ihre Käufer finden. Als Chili von den Spaniern gesäubert wurde, galten die englischen goldenen Patent-Levers-Uhren, welche in England mit 60 oder 70 Piaster bezahlt wurden, 400 Piaster; der Fall

Fall dürfte vielleicht noch in Mexiko statt finden. Auch Papier hat, nach des Schweizer Pedolin Aussage, in spanisch Amerika überall einen guten Preis, weil dasselbe zum Rauchen der Zigarren in großer Quantität verbraucht wird, und in Südamerika wenig oder gar keine Papiermühlen existiren. Auch andere etwanige Fabriken giebt es wenig oder gar nicht, und da der Detailhändler in Amerika gewöhnlich mit 100 oder doch nie unter 50 Procent Profit verkauft, so kann sich hieraus jedermann von selbst vorstellen, welchen enormen Preis europäische Waaren im Innern des Landes haben.

Wer in Nordamerika, wo alles mit Stoor-Keepers und Handelsleuten so sehr überhäuft ist, nicht einen Tauschhandel treibt, kann jetzt beinahe nichts verkaufen. Dieses System haben fast alle Stoor-Keepers in den westlichen Staaten eingeschlagen, und versehen den Bauer mit allen Kleidungs- und Luxus-Artikeln das ganze Jahr hindurch, worauf dieser mit seinen Produkten Abrechnung hält, die ersterer nach Neu-Orleans zum Verkauf schickt, und, wie sich von selbst versteht, doppelten Gewinn daran macht.

Obgleich in Südamerika die hochadelichen Stande auch Handel treiben, so ist doch im Allgemeinen der Charakter der Spanier nicht so sehr dazu geneigt, wie der der Nordamerikaner, wo sogar Generale und Gouverneure mit dem Prädikate Excellenz in ihren Läden Pfennigband und Janky-Käse oder gepökelten Stockfisch verkaufen, und darum würde der junge europäische Handelsmann in Südamerika immer eher seine Rechnung finden, als in den Freistaaten. Wer auf diesem Wege seine Geschäfte betreibt, sein etwaniges Betriebs-Kapital verschiedentlich umsetzt, kann nach einigen Jahren schon ein kleines Vermögen erworben haben. Wenn er nun dieses in dasige Waaren verwendet, und damit nach

Europa zurückgeht, um hier wieder seinen Einkauf zu machen, wird jetzt keines fremden Rathes mehr bedürfen, sondern schon ein solides Haus bilden, und sowohl in der alten als in der neuen Welt Credit haben und Vertrauen genießen. Nur auf diesem mühsamen Wege ist es dem jungen europäischen Handelsmann möglich, sich mit seinem kleinen Betriebs-Kapital in Amerika zu erhalten, und etwas vor sich zu bringen; noch besser aber werden die Geschäfte von statten gehen, wenn zwei in Compagnie treten. Wer in Seestädten ohne hinlänglichen Fond Handelsgeschäfte entrirt, ist in kurzer Zeit geliefert, und wer ganz ohne Fond nach Amerika geht, um dort im Handelsfache sein Glück zu suchen, wird wohl thun, daheim zu bleiben.

Das letztere zu finden, wird ihm dort noch weniger gelingen, als in Europa. Auf dem hier angeführten Wege treiben die schlauen Jänkys und verschiedene Deutsche, besonders israelitische Handelsleute, ihre Geschäfte in den Freistaaten, und dessen ungeachtet will gar manchem das Glückmachen nicht gelingen. Meines Dafürhaltens nach würde der Handelsmann, wenn er sein Geschäft sich in Europa so sauer werden ließe, wie in Amerika, wenn er bis in die Wildnisse von Rußland und der Moldau mit Waaren zöge, sie dort gegen Schlachtvieh und Pferde umtauschte, und diese bis nach Deutschland brächte, vielleicht eher ein Vermögen erwerben, als in der neuen Welt.

Sehr viele erfahrene europäische Kaufleute hörte ich sonst über die ungünstigen Zeiten im merkantilischen Fache klagen, inzwischen ist es in Amerika nicht besser. Herr Sperry, der Königlich Preußische Konsul, ein Mann von ausgedehntem kaufmännischen Geschäftskreise, sagte mir kurz vor meiner Abreise, man möge jetzt, was immer für ein Geschäft unternehmen, so sey doch nichts dabei zu verdienen. Die vielen Banquerotte beweisen den Grund dieser Aeußerung.

Dreizehntes Capitel.

Uebersicht der revolutionären Ereignisse in der Provinz Texas. Vorschläge für Preußen zu Kolonial-Besitzungen daselbst.

Die Provinz Texas liegt unter dem 32sten Grade nördlicher Breite, zwischen Louisiana und Mexico, zu welchem letzteren sie eigentlich gehört. Sie grenzt nördlich mit Louisiana und südlich mit der an edlen Metallen so reichen Intendancia San Louis de Potosy, östlich mit dem mexicanischen Meerbusen; ihr westliches, sich bis an die Süd-See hinaus erstreckendes Gebiet, ist noch gar nicht erforscht. Die Breite desselben rechnet man vom Sabina-Fluß bis an die Grenze von Potosy auf 500 Leguas oder 1000 englische Meilen. Diese enorme Fläche ist nur an den Grenzen von Potosy mit ungefähr 5000 Einwohnern bevölkert; jedoch haben sich auch an der nördlichen Grenze längs dem Sabina-Fluß Nord-Amerikaner von der Sekte der Methodisten in der Absicht niedergelassen, um die Indianer, welche zu Tausenden, in verschiedene Völkerstämme getheilt und noch in ihrem rohen Naturzustande lebend, das Innere des Landes durchstreifen, zur Annahme des Christenthums zu bewegen.

Nach den neuesten Nachrichten dieser Kolonisten ist der Boden außerordentlich fruchtbar an Waizen, Mais, Baumwolle und Indigo; das Klima ist im Innern, wegen der vielen Gebirge, mäßig und gesund, und nur an den Küsten des Golfs sind einige Sümpfe und besonders mehrere Meerbuchten, worunter die Galveſtons-Bay die größte iſt.

Dieſer ſchöne Strich Landes gehört den Spaniern, indeß wollen auch die Vereinigten Staaten ihre Anſprüche durch die Erwerbung von Louiſiana darauf gründen; können ſelbige aber weder beweiſen, noch geltend machen. Auch in dieſer Provinz hat die Bevölkerung, ſo unbedeutend ſie auch iſt, dennoch der revolutionäre Geiſt auch ergriffen, indem Fernandos, ein Eingebohrner, die Fahne der Inſurrektion aufpflanzte und den Gouverneur, nebſt einigen andern Staatsbeamten ermorden ließ. Zu ihm geſellten ſich einige hundert Nord-Amerikaner, welche die Sucht, ſich in Mexikos Silber-Minen zu bereichern, dazu bewogen hatte. Als aber der durch den Geiſtlichen Hidalgo in Mexico erregte Aufſtand wieder unterdrückt ward, machte ein von Potoſy aus detachirter Kavallerie-Trupp dieſem Aufruhr mit einem Schlage ein Ende. Die Eingebohrnen unterwarfen ſich, Fernandos fand wahrſcheinlich ſeinen Tod, und die wenigen Amerikaner, welche nicht durch das Schwert der Spanier, oder durch Hunger umgekommen ſind, warfen ihre Waffen weg und flohen in größter Beſtürzung nach Louiſiana zurück.

Im Jahre 1817 ließ ſich der franzöſiſche General Allmand der Erſte mit ungefähr 160 Offizieren von der Bonapartiſchen Armee an der Galveſton-Bay, auf einem Platze Trinité nieder, erließ eine Proclamation, in welcher er ſein Gebiet für unabhängig erklärte, das man im Falle eines Angriffs, mit den Waffen in der Hand werde zu vertheidigen wiſſen, und legte dieſer neuen Kolonie den Namen Champ d'Aſile bei. Da nun faſt alle Koloniſten aus Offizieren beſtanden, ſo kann man ſich leicht vorſtellen, welche Fortſchritte der Ackerbau gemacht haben mag. Nur der General hatte ein Häuschen, alle übrigen wohnten in Baracken, schossen sich das Wildprett selbst, oder tauschten es von den Indianern ein; Fische fingen sie auch selbst, und Mehl ließ man von Neu-Orleans kommen. In der Kolonie befanden sich nur zwei Frauen, die eines Generals, und die eines ehemaligen Regiments-Arztes. Von den Offizieren wurden einige auf der Jagd von einem fremden Indianer-Stamm ermordet, verschiedene andere aber fanden, als sie mit einer Schaluppe nach Neu-Orleans fahren wollten, in den Wellen ihren Tod; und unter diesen war auch der pohlnische Obrist Schulz, der Restorzog sich im October 1818, als ein Kavallerie-Trupp von 500 Mann von den Spaniern zu ihrer Vertreibung abgeschickt wurde, eiligst nach Neu-Orleans zurück, wo diejenigen, welche das gelbe Fieber nicht weggrafft, eben kein glänzendes Leben führten. So endete diese Kolonie, von der die amerikanischen Blätter soviel fabelten, indem sie selbst bald eine Expedition gegen Mexiko, um dieses mit einem Schlage zu erobern, ausrüsten, bald wieder eine Escadre zur Befreiung Bonapartes bemannen ließen. Mit großen Plänen geschwängert sind die französischen Militärs unläugbar nach Amerika gegangen, allein, als sie nur zu bald ausfanden, daß die Amerikaner keine Griechen unter Agamemnon und Themistocles, keine Carthager unter Hannibal, und auch keine Römer unter Scipio und Pompejus sind, nicht minder auch bei den Mexikanern keine Spur von dem Geiste mehr anzutreffen ist, der sie unter Montezuma und Telaska beseelte, dachten sie wohl nicht weiter an ihre Pläne, sondern mehrere davon kehrten nach dem Amnestie-Gesetz nach Frankreich zurück.

Im Anfang des Jahres 1819 ergriff ein amerikanischer Krämer, Namens Long, aus Natches, dem die

Elle und die Wage à fortune (ein Glück) versagt hatten, das blanke Schwert, raffte ungefähr 70 Vagabunden zusammen und machte mit diesen einen Einfall in die Provinz Texas, proklamirte die Unabhängigkeit, erhob sich selbst zum Ober-Direktor (Supreme Director) derselben und kommandirenden General seiner aus 70 Mann bestehenden Armee, und forderte unter großen Versprechungen amerikanische und fremde Offiziere auf, sich für die Sache der Freiheit mit ihm zu vereinigen. General Mina ward wieder ins Leben zurückgerufen, und im westlichen Mexiko mit einem Armee-Korps in Thätigkeit gesetzt; nicht minder machten die amerikanischen Blätter die glänzendste Schilderung von Longs Expedition; ließen sie gegen 2000 Mann stark seyn, und sich mit 5000 Indianern vereinigen und Mexiko damit bedrohen. Allein schon im Oktober liefen die Berichte ein, daß ein Trupp spanischer Kavallerie die Longsche Bande, welche sich am Sabina-Fluß herumgetrieben, verjagt, und auch die Plantagen der auf spanischem Gebiet sich niedergelassenen frommen Methodisten verbrannt und sogar diese selbst vertrieben hatten.

Wenn man die früheren Berichte der amerikanischen Zeitungsschreiber über diese Expedition mit dem jetzigen Resultate derselben vergleicht, dann wird man es sogleich ausfinden: warum die Nachrichten über die südamerikanischen Angelegenheiten, die wir größtentheils aus amerikanischen Blättern entlehnen, so widersprechend sind.

Strenge Authenticität muß man bei keiner Zeitung voraussetzen, am wenigsten aber bei denen der Amerikaner, weil ihre Redakteurs keine Correspondenten im Auslande haben, und gewöhnlich nur die englischen und französischen Blätter als Hauptquellen benutzen, daher ist es sehr häufig der Fall, daß sie Nachrichten über Süd=Amerika erst aus den englischen Zeitungen entlehnen. Hiermit erledige ich meine politische Ansicht über die Provinz Texas, und gehe nunmehr zu der in kommercieller Hinsicht über.

Wenn sich irgend ein Stück Landes auf dem transatlantischen Kontinent zu einer Kolonial=Besitzung für Preußen eignet, so ist es die Provinz Texas, deren Erwerbung durch Kauf von Spanien, für welches sie weder Nutzen, noch politischen Werth hat, sehr leicht zu bewerkstelligen seyn dürfte. Gewiß sehr wichtig wären die Vortheile in agronomischer, politischer und merkantilischer Hinsicht, die aus dem Besitz eines Strich-Landes hervorgehen würden, der größer als Deutschland ist, und wenn gegenwärtig auch wenig oder gar keine civilisirte Bevölkerung darauf ist, so dürfte es doch in kurzem eine blühende Kolonie werden, wenn Preußen die Auswanderungen aus Deutschland benutzte, und die unglücklichen Auswanderer, welche, nachdem sie durch die Reise zu Bettlern geworden, in den Vereinigten Staaten im Elend schmachten, auf preußischen Schiffen frei hinüberschiffte, ihnen das Land umsonst gäbe oder sonst einige Unterstützung, wenn auch nur vorschußweise, gewährte, so würden sie schon nach 5 oder höchstens 10 Jahren 50 Morgen tragbares Land angebaut haben. Rechnet man nur einen mäßigen Ertrag des dasigen Bodens zu 30 Korn, so kann der Kolonist, nach Vorbehalt des dritten Theils seines Grundes zum Anbau für Viehfütterung und Gemüse, auf den übrigen 32 Morgen schon 960 Scheffel Waizen, zu $1\frac{1}{2}$ Thaler pro Scheffel veranschlagt, folglich eine reine Revenue 1440 Thaler jährlich gewinnen, und alle etwanigen ihm geleisteten Vorschüsse mit reichlichen Zinsen zurückzahlen.

Die Gebirge im Innern des Landes sind noch kei-

nesweges unterſucht, und da ſie mit den an Silber-
Minen, ſo reichhaltigen Bergen von Potoſy in Verbindung ſtehen, ſo dürfte vielleicht auch in metallurgiſcher
Hinſicht ergiebige Ausbeute zu erwarten ſeyn. Zur Bearbeitung der Bergwerke müßte man alle incorrigible,
und minder ſchwere Verbrecher zum Ackerbau dahin
ſchaffen, und von nun an alle Diebe und Betrüger zur
Transportation verurtheilen.

Auf dieſe Art würden die überfüllten Zuchthäuſer
geleert, und dieſe für die bürgerliche Geſellſchaft ganz
abgeſtorbenen Weſen, ſobald ſie ihre Strafzeit ausge-
ſtanden, durch die Bearbeitung eines ſo fruchtbaren Bodens zum Wohlſtande gelangen, und gewiß auch in
moraliſcher Hinſicht beſſere Menſchen werden, ſo wie
dieß in Botany-Bay ſehr oft der Fall iſt.

Die Vortheile in merkantiliſcher Hinſicht wären
nicht minder wichtig für das Mutterland, indem

a) aller Handel mit den Indianern bis an die Ufer
der Süd-See in die Hände preußiſcher Kaufleute käme,

b) für die preußiſchen Fabrikate an der Galveſton-
Bay ein ſehr gelegener Stapelplatz ſeyn würde,
um von dort aus auf dem Rio del Norte nach
Mexico, und auf dem Miſſiſippi, Miſſoury, Ohio,
Sabina und Red River in die Vereinigten
Staaten eingeführt werden zu können.

Durch ſolche Handels-Kanäle bekäme Preußen die
tropiſchen Gewächſe aus der erſten Hand, oder könnte
ſie, als: Baumwolle, Indigo und Zucker auch ſelbſt erzeugen, und ſehr weſentlich vortheilhaft würde dieſer
Umſtand auf das Fabrikations-Weſen wirken. Die
Summe, für welche dieſe Acquiſition zu erlangen, dürfte
eben wohl nicht ſo ſehr beträchtlich ſeyn, und falls ſie
die Regierung nicht aufzubringen oder zu entbehren

vermöchte, so sollte der Handelsstand, der durch diese Colonial-Erwerbung die meisten Vortheile ziehen würde, sie unbedenklich dem Staate vorschußweise hergeben, oder, sobald Spanien zur Abtretung sich bereit erklärt hat, eine Handelsgesellschaft gleich der ostindischen Compagnie bilden, die alle Ausgaben bestreiten, aber auch alle Vortheile allein beziehen sollte, und nur die zum Schutze der Kolonie erforderlichen Truppen müßte der Staat hergeben.

Preußens Handel würde durch eine solche Besitzung eine ganz andere Ausdehnung und Leben und Geist innerhalb zehn Jahren erhalten und vielleicht schon nach dieser Zeit dürfte die Kolonie, falls ihr, wie sich von selbst versteht, eine zweckmäßige Verfassung zugestanden würde, eine Bevölkerung von einer Million Seelen zählen, und gar nicht zu berechnen sind die Vortheile, die für Preußen einst aus dem Besitz dieses Strich Landes erwachsen würden.

Wie ergiebig der Handel mit den Indianern bei aller ihrer Armseligkeit doch seyn muß, geht daraus hervor: daß die Engländer und Amerikaner so sehr danach buhlen, und auch die Russen an den Küsten der Südsee, am Columbia-Fluß und in Kalifornien Handels-Kolonien angelegt haben.

Um dieser Kolonie schnelles Emporkommen und zugleich Schutz zu verschaffen, müßten 10,000 Mann Halbinvaliden dahin gesendet werden, denen ein Gnadenbrot von hundert Morgen Land eine viel willkommnere Versorgung seyn würde, als eine Aussicht auf eine Chausseearbeiter-Stelle. Diese Anzahl alter Krieger und die Kolonisten, in eine Miliz gebildet, dürften schon hinreichen, die Kolonie gegen jede etwanige Invasion zu schützen.

Uebrigens würde auch Preußens Marine, die gegenwärtig erst aus zwei Fregatten und einer Schaluppe besteht, sich bald heben, und durch geschickte Matrosen, welche auf ausländischen Schiffen ihr Brod suchen, hinlänglich bemannt werden können. Nur durch Schiffahrt und Seehandel kann eine industriöse Nation Reichthum erwerben; nur dadurch wird England stets über alle Mächte der Welt glänzen, und Frankreich ein unerschöpfliches Land bleiben; nur durch seine Marine ist das kolossale Rußland in der Gewerbsindustrie, im Reichthum und in der Geisteskultur so sehr vorgeschritten, daß es die Bewunderung und das Staunen des Zeitalters erregt. Was also auch der politische Kritikaster gegen meine aus reinem patriotischen Gefühle gemachten Vorschläge immer einwenden möge, so sprechen die angeführten Beispiele so sehr für meine Ansichten über diesen Gegenstand, daß derjenige blind seyn müßte, welcher die dem Vaterland einst aus dieser Kolonial-Besitzung entspringenden Vortheile nicht einsehen wollte, von denen ich mich durch Local-Erfahrung hinlänglich überzeugt habe; denn nicht nur den Archipelagus der Antillen, sondern auch alle nördlichen und östlichen Küsten des südamerikanischen Kontinents, mit Einschluß Brasiliens, würde diese Kolonie mit Getraide, Butter, Salzfleisch und andern Erzeugnissen versehen können, indem, wie bekannt, alle diese Länder sich nur mit Erzeugniß von Kolonial-Produkten beschäftigen.

Möchte ich es daher noch erleben, meine heißesten Wünsche erfüllt, und Preußens Volk mächtig und reich auf dem Schauplatz der Welt zu sehen, und gern will ich das namenlose Elend vergessen, welches einige Schlechte mir seit 4 Jahren bereitet haben.

Indeß vertraue ich auf die Gerechtigkeit in meinem Vaterlande, den Stolz der preußischen Nation, und hoffe, daß diejenigen, die das Recht unter die

Füße getreten, einer armen Gemeine schweres Unrecht
zugefügt, ihre wohlverdiente Strafe noch bekommen,
und ich endlich den Ersatz für beispiellos erlittenes Unrecht finden werde.

Vierzehntes Capitel.
Blicke auf das Kriegs-Theater in Süd-Amerika.

Die wichtigen Ereignisse in Spanien bringen vielleicht einem jeden die Frage auf:
wie wird sich Süd-Amerika dabei benehmen?
Bevor ich hierüber meine Ansicht mittheile, will ich zuvörderst eine kurze Darstellung der Begebenheiten ver-
anlassen:

Hidalgo, ein Landgeistlicher in Mexiko, entflammte
durch eine Predigt das Volk zum Aufstande, stellte sich
an dessen Spitze und marschierte mit einer Armee von
100,000 Mann auf die Hauptstadt Mexiko los. Nur
noch fünf Stunden war er davon entfernt, als er sich
aus unbekannten Ursachen wieder zurückzog. Der Vice-
König Venegas ließ ihn durch den General Calleja ver-
folgen, und dieser brachte die Insurgenten-Armee in
gänzliche Déroute, nahm ihr alles Geschütz ab, bestehend in 25 Kanonen, und tödtete 10,000 Mann.
Hidalgo selbst wurde auf seinem Rückzuge nach Louisiana von einigen seiner Offiziere verrätherischer Weise
den Spaniern ausgeliefert und mit seinem ganzen Staab,
bestehend aus 60 Offizieren, im Jahre 1811 hingerichtet. Seine Generale, Rayon ein Advokat und More-
los ein Landpfarrer, setzten zwar den Krieg fort, wurden aber im Jahre 1814 auch geschlagen, gefangen
und hingerichtet.

Im Monat Mai 1816 segelte der General Mina der jüngere mit 7000 Gewehren und Ausrüstung für 2000 Mann Infanterie und 500 Mann Kavallerie und einigen Offizieren von Liverpool nach den Vereinigten Staaten ab. Dort schlossen sich noch mehrere amerikanische Offiziere ihm an, auch verschaffte er sich daselbst noch mehr Gewehre, und landete mit dieser Expedition, unterstützt vom Admiral Aury, bei Matagorda in Mexiko. Schnell brach der unter der Asche glimmende Revolutions-Geist wieder aus, und ganze Regimenter gingen von den Truppen zu Mina über. In verschiedenen Gefechten hatte er die Königlichen zurückgedrängt und die unter seinem Befehle stehende Armee bis auf zehntausend Mann gebracht.

Eines Tages ritt er in Begleitung seines Staabes aus, den Feind zu rekognosciren, und entfernte sich beinahe zehn Stunden von seiner Armee. Wahrscheinlich waren die Königlichen auch davon durch Spione benachrichtiget worden; denn sie schnitten ihn von seinem Armee-Korps ab, umzingelten ihn und nahmen ihn gefangen. Auch er wurde von dem jetzigen Vice-König Apodaca hingerichtet.

Sein Tod verbreitete Muthlosigkeit in der Revolutions-Armee, die nunmehr angegriffen, geschlagen und zerstreut wurde. Von den fremden Offizieren wurden verschiedene, besonders die von höherem Range, nach dem Gefecht als Gefangene erschossen, und von den 60 amerikanischen Offizieren, die sich der Expedition angeschlossen hatten, geriethen ohngefähr 36 in die Gefangenschaft. Sie wurden in unterirdische Kerker geworfen und sind dort, bis auf fünfe, umgekommen. Einer davon fand Gelegenheit zu entfliehen und brachte diese Nachricht in sein Vaterland. Der Vice-König Apodaca nahm ein anderes System an, als seine Vorfahren, indem er, außer den Haupt-Anführern allen übrigen Theilnehmern an der Revolution, nicht nur Amnestie gewährte, sondern auch mehrere derselben in der Armee anstellte. Dadurch ist es ihm gelungen, die Ruhe in ganz Mexico wieder herzustellen und die Gemüther zu besänftigen.

Gegenwärtig soll er eine Armee von 60,000 Mann auf den Beinen haben (?), und nicht nur diese, sondern auch die civilisirten Indianer suchen die Ruhe gegen die hin und wieder herumstreifenden Guerillas, welche einen bloßen Plünderungs-Krieg für eigne Rechnung führen, aufrecht zu erhalten.

(h) Im Monat März 1819 landete Mac Gregor, ein General in Diensten der Republik Venezuela, mit einem in Irland geworbenen Korps in Aux Cayes, im südlichen Theil der Insel Sanct Domingo. Mit diesem Korps, höchstens 600 Mann stark, machte er einen Angriff auf Porto bello, eine Seestadt an der Küste von Terra firma, und vertrieb die Spanier, die wenigstens noch einmal so zahlreich waren, als die Expedition. Letztere zogen sich nach Panama zurück, verstärkten sich dort und nahmen die ganze Expedition durch einen Ueberfall gefangen. Mac Gregor und 4 Offiziere seines Gefolges retteten sich durch die Flucht.

Die Reserve der Mac Gregorschen Expedition landete im Monat Juni ebenfalls in Aux Cayes, um sich von dort aus mit den ersten Truppen zu vereinigen. Sie war gegen 1200 Mann stark, hatte ein ausgesuchtes Korps von englischen, französischen und deutschen Offizieren, worunter auch mehrere Preußen waren. In England wurde ihnen vorgespiegelt, daß Magazine und Agenten der Republik von Venezuela sich in Aux Cayes befänden, und für die Bedürfnisse der Truppen in jeder Art gesorgt sey. Wie sehr fanden sich diese Unglücklichen bei ihrer Ankunft getäuscht. Weder Agenten, noch Magazine und noch weniger Geld, das ihnen so sehr mangelte, waren hier vorhanden, und zu ihrem noch größeren Unglück erfuhren sie hier die Niederlage der Avantgarde. Die Schiffsprovision war aufgezehrt, die Hungersnoth riß ein, und Gemeine wie Offiziere, nachdem letztere alles, was sie entbehren konnten, verkauft hatten, sahen sich genöthigt, das Mitleid der Schwarzen und Mulatten anzuflehen. Bei der ungeheuern Theuerung der Lebensmittel und der Armuth der Neger, läßt sich nicht erwarten, daß diese sehr freigebig seyn konnten. Die Hitze war jetzt auch bereits eingetreten, und zu allem diesen Elend gesellte sich noch das gelbe Fieber, welches, in Verbindung mit dem Mangel an Lebensmitteln und ärztlicher Hülfe, solche Verheerungen unter den Truppen anrichtete, daß nach den Zeitungen von Port-au-Prince 75 Offiziere und 700 Gemeine in Zeit von vier Wochen über Bord geworfen wurden. Ein irländischer Seemann von dieser Expedition erzählte mir: daß von einem Schiffe, welches 200 Mann am Bord hatte, nicht mehr als neun am Leben geblieben sind. Der General Mac Gregor, der nach spanischen Berichten, sich bloß durch einen kühnen Sprung durch das Fenster gerettet haben soll, kam jetzt nach Aur Cayes. Mehrere Offiziere, unter denen auch der Obrist English, betrachteten ihre Verhältnisse zu ihm als aufgelöst und schifften sich nach Margaritta ein. Ungefähr noch 200 Mann, Offiziere und Gemeine, blieben ihm treu, und mit diesen unternahm er eine Expedition auf dem Rio de la Hacha nach Neu-Granada; dort vertrieben sie zwar anfänglich die spanische Besatzung, wurden aber bald durch die Uebermacht gefangen, außer dem Herrn General, welcher auf dem Schiffe dem Gefecht zusah, und als es

zum Nachtheil der Seinigen ausfiel, sogleich in die
See stach. Nach den Nachrichten, welche ein englischer
Schiffs-Kapitän nach England überbracht, sollen die
Spanier die ganze Expedition haben hinrichten lassen,
worüber indeß noch die officielle Bestätigung fehlt.

So hat ein Mann, der in der frühern südamerikanischen Revolutions-Epoche sich einen Namen gemacht,
jetzt als ein Avanturier geendet, und beinahe 2000 Mann
europäischer Kerntruppen, die in der Armee am Orinoco die wesentlichsten Dienste hätten leisten können,
theils durch das Klima, theils durch seinen gänzlichen
Mangel an Feldherrn-Talent, geopfert. Die Zeiten,
einen Cortes oder Pizarro zu spielen, sind vorüber in
Amerika.

Jetzt langte auch ein Theil der vom General
Devereux in Irland geworbenen Legion an. Dieser
und der Trupp des General English, ferner die vom
Obrist Uzler aus Deutschland überbrachten 120 Mann,
unternahmen in Gemeinschaft mit Admiral Brions Ge-
schwader einen Angriff auf Barcellona, nahmen diesen
Ort den Spaniern ab, gingen dann auf Cumana los,
und dort wurde ihr Angriff abgeschlagen. Schon in
West-Indien kehrten an 30 englische Offiziere von der
Devereuxschen Expedition nach ihrem Vaterlande zurück, und nach ihrer Aussage, soll das schwache Corps,
welches unter English und Brion einen Angriff auf
Cumana gemacht hat, total geschlagen worden, und
nur wenige davon nach Margaritta zurückgekommen
seyn. Sogar an den Soldaten-Weibern ließen die
Royalisten ihre thierische Wuth aus, und schickten mehrere mit abgeschnittenen Ohren nach Margaritta zurück.

Wenn die Insurgenten auch wirklich mehrere gefangene Spanier hinrichten ließen, so thaten sie dieß
nur als Repressalie. Schauderhaft sind die Grausam-

keiten, welche die Spanier an den Süd-Amerikanern
verübten. Fast alle gefangenen Republikaner, selbst die,
welche blessirt auf dem Schlachtfelde lagen, ließen sie
niedermetzeln. Dieß ist bestialischer Blutdurst! Denn
die im unabhängigen Gebiet wohnenden Einwohner sind
durch die Regierung gezwungen, die Waffen zu führen,
und in dieser Hinsicht keinesweges mehr als Rebellen
zu betrachten.

Nach den Berichten eines englischen Artillerie-
Kapitäns, Namens Brown, wurden die Weiber der
Insurgenten-Chefs, wenn sie den Spaniern in die
Hände fielen, der thierischen Wuth der Soldaten Preis
gegeben, öffentlich geschändet, an den Pranger gestellt
und ausgepeitscht. Jedermann weiß es, daß ein Mädchen von vornehmer Herkunft, die sich nur zu Gunsten
der Republikaner geäußert hatte, in Caracas auf allen
vier Ecken der Stadt vor den Fenstern ihrer nächsten
Blutsverwandten mit 200 Stockschlägen zu Tode ge-
prügelt wurde.

Auch dieß sind Thatsachen, die zur ewigen Schande
der Generale Morales und Morillo in das Buch der
Geschichte eingetragen sind. Bei den Süd-Amerikanern war weniger der Freiheits-Schwindel, als der
Wunsch, Spaniens drückendes Joch abzuwerfen, das
Motiv der Insurrektion. Jeder andern Nation wollten
sie unterthänig seyn, nur nicht den Spaniern. Wohl
sollten sich die hohen Mächte Europas ins Mittel legen,
und diesem bereits zehnjährigen Morden ein Ende machen. Die Erbitterung der Süd-Amerikaner gegen die
Spanier ist zu groß, als daß eine aufrichtige Versöh-
nung erfolgen könnte. Sie, die hohen Mächte Euro-
pas thaten im Jahre 18$\frac{14}{15}$ ein Gleiches bei dem Kriege
zwischen England und den Vereinigten Staaten. Kriege,
welche mit Rachsucht und barbarischer Grausamkeit geführt

führt werden, sollten in der civilisirten Welt nicht geduldet werden.

Nach der Aussage mehrerer nach England zurückgekehrter Offiziere herrschte auf der Insel Margaritta der größte Mangel an Lebensmitteln, und nur gesalzene Fische waren die Nahrung der Soldaten, die zu Dutzenden am gelben Fieber starben.

Am Orinoco, im spanischen Guiana, führt Bolivar den Oberbefehl über die republikanischen Truppen. Dort ist auch in der Stadt Angostura der Sitz des Congresses. Die Verfassung ist ganz nach dem Muster der nordamerikanischen entworfen, und auch dort bestimmt der Betrag des Vermögens, die Fähigkeit eines Bürgers, eine Stelle im Congreß zu bekleiden.

Bolivar hat zwar verschiedene Gefechte mit den Royalisten gehabt, aber keines hat etwas wesentliches entschieden. Nach den Berichten der Republik schrieb sich ihre Armee jedesmal den Sieg zu, und nach den Zeitungen aus Habannah behaupteten die Royalisten ihre Gegner immer total geschlagen zu haben. Letztere gestanden indeß selbst zu, daß Morillo ein geschickter Feldherr sey, und es ihnen unbegreiflich scheine, wie er sich mit seiner Hand voll Spanier doch noch immer erhalte?

Santa fe de Bogota, die Hauptstadt des Vice-Königreichs Neu-Granada, ist zwar von Bolivar eingenommen worden, und die Insurrektion auch dort ausgebrochen; indeß ist bis jetzt noch nichts zuverlässiges bekannt geworden.

Die Spanier sind außer Margaritta noch immer Herrn von allen ihren westindischen Inseln, als: von der Insel Cuba mit 700,000 Einwohnern, von Porto Rico, Trinidad, la Guira und ihrem Antheil von Sanct Domingo. Die Zahl der Einwohner kann man wenigstens auf 1 Million rechnen. Sie sind ferner Herren von ganz Mexico mit 9 Millionen Einwohnern, desgleichen von Kalifornien. Von der Landenge von Panama bis zur Grenze von Chili hat die Insurgenten-Armee noch mit keinem Fuß dieß unermeßliche Gebiet betreten. Neu-Granada hat 4 Millionen und Peru 1½ Million Einwohner.

An der nördlichen Küste der Terra firma, (gewöhnlich die spanische Maine genannt) haben die Spanier noch alle Seestädte und festen Plätze inne, als: Cumana, Carracas, Carthagena und Porto Bello. Nimmt man das höchste der Seelenzahl an, die sich in dem von den Republikanern eroberten Gebiet von Venezuela, Guyana und Neu-Granada in der Unabhängigkeit befinden können, so kann sie sich nicht über eine Million belaufen, und auch dieser Betrag steht noch zu bezweifeln, da die Armee der Republik nicht über 15000 Mann stark ist.

Buenos Ayres mit Einschluß der Banda Oriental, die gegen die Republik und gegen die Spanier und Portugiesen agirt, hat mit 1,300,000 Seelen das Joch der Spanier abgeworfen; desgleichen Chili mit 800,000 Einwohnern. Die Zahl der republikanischen Einwohner beläuft sich sonach höchstens auf 3 Millionen, und die unter spanischer Bothmäßigkeit stehende, auf 16 Millionen Seelen. Es ist augenscheinlich, daß Morillo und die Vice-Könige von Neu-Granada und Peru ihre Armee aus den noch unterworfenen Provinzen verstärken, und schwer, wo nicht unmöglich, wird es den Republikanern werden, den ganzen südamerikanischen Continent und Mexiko den Spaniern zu entreißen, und, da es ihnen an allen Hülfsquellen zum Kriegführen fehlt, die Einwohner von Venezuela auch des langwierigen Krieges wirklich müde sind, so ist es wahrscheinlich, daß die wichtigen Ereignisse in Spanien den Mordscenen endlich ein Ende machen werden. Ein im Monat December aus Buenos Ayres zurückgekehrter französischer Ingenieur-Offizier theilte mir in London folgende Nachricht über jenes Land mit: die Armee der Republik sey nur 15,000 Mann stark; die Truppen seyen brav, und besonders sehr gute Reiter. Auch dort sey der Geldmangel so groß, daß kein Individuum von der Armee schon seit längerer Zeit Sold erhalten habe. Die amerikanischen Schiffsnachrichten bestätigten alle den großen Geldmangel in Buenos Ayres. Ueber das Land selbst fällte der erwähnte französische Offizier ein sehr glänzendes Urtheil. Der Boden sey außerordentlich fruchtbar und Waizen gebe die Aussaat hundertfältig zurück. An Waldungen fehle es dort zwar, indeß werde Holz angepflanzt, und dieses treibe so schnell, daß es schon in zwei Jahren als Reisig oder Gebundholz zur Feuerung benutzt werden könnte. Alle Obstgattungen gedeihen vortrefflich, und schon nach zwei Jahren tragen die jungen Stämme Früchte. Wein werde ebenfalls in Menge angebaut, und in der Stadt Buenos Ayres koste ein Viertel von einem Ochsen nur einen Piaster.

Alles dieses hat mir auch ein englischer Steuermann gesagt; nur sey auf den ungepflasterten Straßen oft ein pestilenzialischer Gestank, und die Hitze im Sommer, wie in allen tropischen Ländern, sehr groß, und für den Nordländer fast unerträglich, die aber nur zwei oder drei Monate währt. Außer der Sommerzeit, die hier gerade eintritt, wenn wir Winter haben, ist das Klima sehr mäßig und gesund, und niemals hört man dort etwas vom gelben Fieber. Der Boden ist sehr eben und zum Ackerbau geeignet. Nach der darüber eingezogenen Erkundigung ist kein Land für den Deutschen

Kolonisten vortheilhafter als Buenos-Ayres. Ehe er in Nord-Amerika zehn Morgen von den Bäumen gesäubert hat, könnte er in jenem Lande schon mehr als hundert mit Getreide angebaut haben; ein Ochse ist für zwei und ein Pferd für vier Piaster zu kaufen. Die Einwohner sind dort übrigens noch viel träger, als in Nordamerika, und erst wenn deutsche Kolonisten das fruchtbare Gefilde von Südamerika anbauen werden, wird das Land zu einem Wohlstande gelangen. Gegenwärtig herrscht die äußerste Armuth unter den Bewohnern, wie die amerikanischen Marine-Offiziere, welche voriges Jahr unter Commodore Perry die Ufer des Orinoco untersucht haben, berichten. Ich erstaunte in Nordamerika über die Trägheit und Armuth der Irischen, und hätte einen längern Aufenthalt in diesem Lande, wegen der Verschiedenheit der Sitten, des Charakters und der Lebensart der Einwohner von der der unsrigen für das traurigste Exil gehalten; und das nämliche sagten die Nordamerikaner von den Einwohnern des Orinoco. Wie sehr werden diejenigen sich getäuscht finden, die dort auf der Heldenbahn ihr Glück suchen!

Nach den von den Offizieren einer nordamerikanischen Fregatte eingegangenen Berichten, war die Armee von Chili auch nicht stärker, als 15,000 Mann. Die Provinz Chili ist, wie bekannt, schon im Jahre 1817 von den Spaniern gesäubert, und durch die für die Republikaner siegreich ausgefallene Schlacht von Maipu, deren Unabhängigkeit begründet worden. Seit dieser Zeit hat die Landarmee an der Grenze von Peru sich in Unthätigkeit befunden. Lord Cochrane, der Viceadmiral von Chili, hatte eine Escadre von vierzehn Segeln, womit er den Hafen von Callao in Peru blockirte; indessen sind auch seine Bemühungen, den Hafen und die darin liegende spanische Escadre zu nehmen, fruchtlos gewesen, und alle seine Angriffe abgeschlagen worden.

In den Jahren 1812, 1813 und 1814 hatte sich die Revolution fast über ganz Südamerika und Mexiko ausgebreitet, die Spanier waren in einige feste Plätze zurückgedrängt, die Communikationsplätze mit der See waren fast überall in den Händen der Insurgenten, und als Morillo im Jahre 1814 mit 20,000 Mann auf Terra firma landete, wurde in wenig Monaten die Insurrektion unterdrückt, und ein Gebiet mit 6 Millionen Seelen wiedererobert. Die Independenten, anstatt eine disciplinirte Armee zu organisiren, waren unter einander selbst uneinig, veranstalteten Feste und Triumphaufzüge, hielten Congresse und entwarfen Constitutionen, und waren nicht gerüstet, als Morillo mit seiner Armee ankam und sie zerstreuete.

Mit Recht geräth man in Verwunderung, daß die spanisch-amerikanischen Provinzen mit einer Bevölkerung von 20 Millionen Seelen sich von dem mit Feinden überschwemmten und durch die Verheerungen des Krieges gänzlich erschöpften Mutterlande nicht loszureißen vermochten, wenn man besonders erwägt, wie schwierig es ist, starke Armeen über's Atlantische Meer zu schiffen, und unter diesen Umständen wird man geneigt zu glauben: daß die Energie des Charakters und der Unternehmungsgeist der Spanier bei ihren transatlantischen Abkömmlingen nicht vorhanden ist.

In Buenos ficht sogar die Infanterie zu Pferde. Die Kavallerie hat auch eine Art Schleuder oder Schlinge zur Waffe. Die erste bestehet darin: am Sattelknopf ist ein Strick oder Riemen von 6 bis 10 Ellen Länge befestigt, woran sich eine mit einem Henkel versehene Kugel befindet; die Reuter sprengen im Kampfe auf einander los, und werfen sich mit der Kugel das Gehirn ein, oder suchen einander die Schlinge um den Leib zu werfen, um so einander fortzuschleifen.

Kaufmännischen Nachrichten zufolge herrschte auch in Chili große Geldnoth, und Lord Cochrane's Marine-Truppen hatten einst, weil sie schon mehrere Monate hindurch keinen Sold bekamen, eine Meuterei angesponnen, und wollten zu den Spaniern übergehen. Nach den Zeitungsnachrichten hat Lord Cochrane immer nicht die Flotte der Spanier zerstöhrt, und Peru erobert, und niemand wird es ihm streitig machen, daß er einer der größten Seehelden seiner Zeit ist. Allein um etwas Großes im Kriege auszuführen, bedarf man der Mittel und geübter Soldaten und Seeleute. Letztere sind gleich verschafft, sobald nur die ersteren vorhanden sind.

Funfzehntes Capitel.
Militairischer und politischer Zustand der Vereinigten Staaten.

Die Armee der Amerikaner besteht:

1. Aus 8 bis 10,000 Mann stehender Truppen, unter welchen sich, da sie durch Werbung aufgebracht werden, eben nicht der Kern und die Blüthe der Nation befinden; sie werden gewöhnlich zur Besetzung der Forts und zu Grenz-Cordons gegen die Indianer gebraucht. Diese, so wie die Marinetruppen, werden durch barbarische Schläge im Zaume gehalten, und von ihren Offizieren oft mit despotischer Willkühr behandelt. So z. B. ließ der Obrist King in Florida Deserteurs ohne Verhör und Erkenntniß niederschießen. Ein Lieutenant

ließ einen Soldaten, der sich betrunken hatte, an einen Strick binden, und so lange ins Wasser tauchen, bis er erstickt war. Ihre Strafe dafür war Suspension.

2. Aus der Miliz, unter welcher man sich einen Haufen von deutschem Landsturm ohne Disziplin, ohne Dressur und ohne alle Subordination vorstellen muß, die sich ihre Offiziere selbst wählt und auch wieder absetzt, und wenig Achtung vor ihnen hat. Letztere betreiben ihre bürgerlichen Gewerbe, und sonach ist es gar nichts ungewöhnliches, daß der Kapitän, wenn er den Exerzierplatz verlassen hat, dem Tambour oder dem Gemeinen in seiner Behausung ein Glas Whisky einschenkt oder Feuer zum Anbrennen des Zigaro zuträgt, und der General für die Volontairs seiner Brigade Röcke und Hosen verfertigt. Die Miliz wird auf dem Papiere zwar auf 800,000 Mann angegeben; allein im letzten Kriege mit England hatten die Amerikaner kaum den zehnten Theil der Streitkräfte aufgestellt, die Preußen bei einer ungleich schwächeren Bevölkerung im Jahre 18$\frac{13}{14}$ gegen Frankreich ins Feld geführt hat, indem es nirgends auf einem Punkte ein Corps von 15,000 Mann auf die Beine bringen konnte. Auch machte die Miliz Schwierigkeiten, außer den Grenzen ihres Staates zu fechten, und ergriff bei sehr vielen Gelegenheiten eine schimpfliche Flucht; besonders haben sich die als so furchtbar verschrienen Kentuckyer im letzten Kriege gerade auf die entgegengesetzte Art am meisten ausgezeichnet.

Bei den Manoeuvres rauchte einer beim Aufmarschiren ein Cigarro, ein anderer trat aus Reihe und Glied, und ließ sich ein Glas Whisky einschenken; ein Dritter sagte dem Kapitän vor der Front: er solle ja nicht glauben, daß er hier mehr Recht habe, als ein anderer Bürger. Dessen ungeachtet aber drohen sie stets die Europeeans (die Europäischen) zu verschlingen, falls sie den amerikanischen Boden beträten, wenn es auch nur die Schlackwürste und der doppelte Genever (Wachholder) seyn sollten.

3. Aus den Riflemans (Büchsenschützen), einem Trupp von Bürgern mit einem kurzen und mit allerlei bunten Schnirkeln besetzten Rocke von grünem Zeuge bekleidet, der bis aufs Haar den deutschen Schützenbrüdern gleicht, wenn sie am Pfingstfest zum Königsschießen hinausziehen, und eher einer Fastnachts-Maskerade, als irgend einer militärischen Cohorte ähnlich sieht.

4. Aus den Freiwilligen (jungen Bürgersöhnen), die unsern freiwilligen Jägern gleich kommen, am besten exerziert, gut gekleidet, und der Kern der amerikanischen Armee sind, von denen im Felde auch das Meiste zu erwarten ist.

Sie bilden in Kriegszeiten die ersten Combattanten, und nach ihnen kommt die erste Klasse der Miliz. Auch die Artillerie ist gleich der Miliz organisirt, deren ganze Dressur nicht minder durch zweimalige Uebung im Jahre, jedesmal in einigen Tagen abgemacht ist.

Dieselbe Bewandniß hat es mit der Cavallerie, die wegen des coupirten Terrains dort auch nicht einmal anwendbar ist. Das Land hat glücklicherweise keinen innern Feind zu befürchten, und bedarf daher auch keiner sonderlich großen Landarmee, auf welche die Amerikaner überhaupt nichts verwenden, indem sie ein stehendes Heer als das Grab der republikanischen Freiheit betrachten. Daher weiß man daselbst auch nichts von Kriegsschulen, vom Ingenieurfach und Generalstaab.

Ihr Hauptaugenmerk ist auf die Marine gerichtet, und nur für diese bestehen Bildungsinstitute für Offiziere; inzwischen ist auch sie noch keineswegs in einem solchen Zustande, daß sie, worauf man in Europa so sehr hofft, innerhalb der ersten tausend Jahre Englands furchtbare Armada von 4000 Segeln den Untergang bereiten oder nur Gefahr drohen und John Bull den Gnadenstoß versetzen könnte. Um England zu stürzen, bedarf man mehr als einiger Schiffe. Es gehören auch die Mittel dazu, und diese können nur durch die Industrie verschafft werden; in welchem Zustande aber letztere in Amerika sich befindet, habe ich in den frühern Capiteln hinlänglich dargethan.

Eben so wenig ist die Marine in einem solchen Zustande, wie Europa glaubt, indem sie aus nicht mehr als 10 Linienschiffen und höchstens 20 Fregatten besteht. Diese und die kleineren Kriegsfahrzeuge, so wie die Kauffartheischiffe, waren, als der Handel der Amerikaner in seinem höchsten Flor war, alle zusammen mit 60,000 Matrosen bemannt, worunter sich wenigstens ⅓ Ausländer befanden, die ihre treuen Dienste so lange leisten, als sie gut bezahlt werden.

Nach dem Bericht des Herrn King, Mitglied des Kongresses vom Staat zu Massachusets, waren schon im Jahre 1817 zu Boston mehr als die Hälfte alter Schiffe abgetakelt und verfaulten im Hafen. In Neu-York, Philadelphia und Baltimore sah es nicht viel besser aus. Die Matrosen suchen im Auslande Brot, und sogar amerikanische Schiffszimmerleute wandern nach Canada aus, weil sie in ihrem Vaterlande keine Beschäftigung finden können, und bauen dort die Schiffe, die gegen letzteres einst streiten sollen, indem England mehrere Fregatten nach einem ganz neuen Plan bauen läßt, die noch schneller segeln, als die der Amerikaner, welche bis jetzt wegen ihrer schneidenden Form die schnellsten Segler waren.

Der effektive Bestand der englischen Marine beläuft sich auf 150,000 Matrosen, die auf den Kriegsschiffen, und 15,000, die beim Transport der Marinegeräthschaften angestellt sind. Die Kauffarthei- und Fischerfahrzeuge beschäftigen gegenwärtig noch 200,000 Matrosen; und nun kann man einen Schluß auf den Umfang des englischen Handels machen. Rechnet man im Durchschnitt nur acht Mann auf ein Fahrzeug, beinahe die höchste Bemannung eines Kauffartheischiffes, so sind gegenwärtig noch 25,000 Fahrzeuge im Handelsverkehr beschäftigt.

Die Amerikaner sind zwar ein Handelsvolk, dessen ungeachtet aber bezeigen sie sehr wenig Neigung zum Seedienst, und noch weniger zum Soldatenleben. Darum sind die Aspekten, die uns der Herr Erzbischof von Mecheln, de Pradt, macht, noch gar sehr weit im Felde: „die Amerikaner dürften vielleicht über kurz oder lang mit dem Schwerdte in der einen und dem Coder der Menschenrechte in der anderen Hand nach Europa kommen, um das Vergeltungsrecht zu üben, die Königsthrone umzustürzen und die Völker zu emanzipiren." Der Himmel wird vor diesem Glück Europa wohl bewahren; denn eben nicht sehr ersprießlich könnte die Freiheit seyn, die ein Sklavenhaltervolk brächte; auch würde Europa wirklich aus dem Regen in die Traufe kommen, falls Amerika die Seeherrschaft an sich risse, indem der Charakter der Amerikaner in der That mehr despotisch und hochmüthig, und ihr Handelsgeist noch größer ist, als der der Engländer.

Wenn man auch als richtig einräumen muß, daß in dem letzten Kriege mit England die Amerikaner in verschiedenen Seegefechten den Sieg davon getragen, so waren es doch nur einzelne, nichts entscheidende Gefechte, deren Ausgang oftmals von den zufälligen Umständen, von der Mehrzahl der Bemannung, vom Winde und dem Kaliber des Geschützes abhing; auch war in dem Gefecht auf dem Erie-See, welches man beinahe eine kleine Seeschlacht nennen könnte, die Uebermacht auf der Seite der Amerikaner, die wesentlich zu dem vom Commodore Perry erfochtenen Siege beigetragen hat. Entscheidende Schlachten, wie die bei Abukir und Trafalgar, können die Amerikaner bei dem dermaligen Zustande ihrer Marine noch nicht wagen. Auch sind solche Begebenheiten, wie diejenigen waren, welche den Grund zu Englands Seemacht legten*), bei der jetzigen Vollkommenheit der Nautik, die sich noch immer mehr ausbildet, so daß man auf der See beinahe eben so sicher reisen wird, wie zu Lande, nicht so leicht zu erwarten. Zu dem haben die Freistaaten, durch eine falsche Politik geleitet, die schöne, vielleicht nie oder wenigstens nicht so bald sich wieder darbietende Gelegenheit, gegen England eine drohende Stellung anzunehmen, ungenützt vorbeigehen lassen, indem sie ihre Landsleute, die Südamerikaner, der Wuth der Spanier aufgeopfert und all ihr Flehen um Hülfe und Unterstützung gefühllos zurückgewiesen haben.

Ein Leichtes wäre es in den Jahren 1810, 11, 12 und 13 den Freistaaten gewesen, Mexiko und den ganzen südamerikanischen Continent der Herrschaft der Europäer zu entreißen, und mehr als 40 Millionen Menschen mit unerschöpflichen Hülfsquellen im Innern des Landes ständen heut durch gemeinschaftliche Bande vereinigt, auf dem großen Welttheater gegen Europa als eine imponirende Macht da. Jetzt würde England allein nur dazu lächeln, wenn die Amerikaner auf den Einfall gerathen sollten, eine drohende Stellung gegen dasselbe anzunehmen.

Statt daß die Amerikaner diesen günstigen Zeit-

---

*) Der Untergang der spanischen Armada von 1000 Segeln an den Küsten von England unter Philipp dem IIten.

punkt hätten benutzen sollen, begannen sie vielmehr ohne alle Kriegserklärung einen Invasionskrieg gegen Canada, aus dem sie von einer Hand voll kanadischer Miliz und einigen Depot-Bataillons regulairer Truppen nicht nur schimpflich hinausgetrieben wurden, sondern der größte Theil ihrer Invasions-Armee mußte auch, in ein Fort eingeschlossen, das Gewehr strecken, und nun setzten die Engländer in dem Gebiet der Freistaaten den Krieg fort, welcher aber, da die englische Armee in Spanien so sehr beschäftigt war, nur in Scharmützeln bestand. Dessen ungeachtet landeten die Engländer in Maryland und Virginien und an verschiedenen anderen Plätzen der Vereinigten Staaten fast mit einer Handvoll Menschen oft nicht 3 bis 4000 Mann stark, brannten, als Repressalie, einige kleine Städte und das Capitol von Washington nieder, proklamirten den Neger-Aufstand, zogen sich aber bald wieder zurück, da sie sich wegen ihrer Schwäche nicht halten konnten.

In der Schlacht von Neu-Orleans, welche die Amerikaner der von Leipzig so gern zur Seite stellen, hatten die Engländer nach ihrer Angabe 300 Todte und 1200 Blessirte und die Amerikaner an Todten und Blessirten 250 Mann. Die Schlacht war nichts weiter, als ein abgeschlagener Sturm auf ein verschanztes Lager, in welchem 8 Gefangene gemacht, und einige hundert Gewehre, als die einzigen Siegestrophäen der Amerikaner, erbeutet wurden, und die letzte blutige Szene dieses Krieges, indem England auf Verwenden der hohen Mächte Europas im Anfange des Jahres 1815 den Frieden mit Amerika in der Art abschloß: daß jeder Theil im Besitze seines Gebietes blieb, und den Amerikanern die Fischerei auf der Bank von Neu-Foundland, die sie als Hauptmotiv dieses Krieges betrachteten, dennoch nicht zugestanden wurde.

Erwäget man, daß die Freistaaten eine dreimal größere Bevölkerung haben, als Canada, und sie dennoch nicht im Stande waren, es zu erobern, obgleich es an ihre volkreichsten Provinzen grenzt, so muß man einen guten Erfolg einer Expedition gegen die Spanier in Süd-Amerika auch sehr in Zweifel ziehen und daraus den Schluß folgern, daß auch die Kriegskunst der Amerikaner noch in der Wiege ist.

Da verschiedene der mannichfaltigen Religions-Sekten die Führung der Waffen ihren Religionsgesetzen zuwiderlaufend halten, die Sklaven ebenfalls zum Militärdienst nicht gebraucht werden, so wird vielleicht kaum die Hälfte der Bevölkerung zur Bildung der Combattanten beitragen.

Die Miliz wird dort auch nur im Kriege besoldet und nur jeder Blessirte erhält sein halbes Gehalt als lebenslängliche Pension. Man darf sich daher auch darüber nicht wundern, wenn alte nichtblessirte Revolutionskrieger, deren Pensionswesen erst jetzt regulirt wird, wie z. B. ein General Schneider in Philadelphia, der in der Revolution sogar Opfer gebracht hat, jetzt eine Bier- und Branntwein-Taverne hält, und nach der Versicherung mehrerer deutschen Bürger im vorigen Sommer als Ziegelstreicher sein Brod verdient hat.

Der Engländer Faeron hörte in einer Wollenfabrik verschiedene Arbeiter, welche Wolle kämmeten oder spannen, mit Kapitän, Major und Obrist anreden. Handarbeiten sind dort zwar nicht immer das Zeichen der Armuth, denn auch die Söhne Sr. Excellenz des ehemaligen Gouverneurs von Pensylvanien des Herrn General Schneider (ein anderer als der bereits erwähnte) mäheten, pflügten und draschen auf der Plantage ihres Vaters; letzterer war in ganz Pensylvanien ein sehr geachteter und wohlhabender Mann, und auch seine Frau und Tochter waren sehr gebildete Damen. Hand- und Feld-Arbeiten und ehrliche Gewerbe setzen Niemand in seiner Achtung zurück, und was Liberalität der Ideen betrifft, so sind die Amerikaner uns Europäern wenigstens 15 bis 30 Jahre vorgeschritten. Wenn daher die bereits erwähnte, im Congreß, drei Tage lang debattirte Frage, ob die Amerikaner das aufgeklärteste Volk seyen, in diesem Sinne gemeint war, so hätte ich selbst für die Affirmative gestimmt. Weit entfernt bin ich übrigens davon, mich über diese löbliche Sitte lustig zu machen, sondern ich erkenne sie vielmehr für eine Tugend des Amerikaners in den nördlichen Staaten, die gewiß jeder Vernünftige an ihm achten wird.

Sechzehntes Capitel.
Gutachtliche Meinung zur Beherzigung für Auswanderer.

Aus demjenigen, was ich in Amerika selbst gesehen und gelesen oder durch andere erfahren habe, halte ich es für Pflicht, zur Beherzigung für alle Auswanderer nachstehendes gutachtliche Resultat zur Uebersicht des Lesers in aller Kürze aufzustellen:

1) Daß Familienväter, welche im Vaterlande eine eingerichtete Landwirthschaft besitzen, auf der sie ihren Lebensunterhalt gewinnen, nicht auswandern sollten, weil sie dort, nachdem sie ihr halbes, oft auch ihr ganzes Vermögen zur Hinreise aufgeopfert, in eine Menge Mühseligkeiten gerathen, aus denen sie oft zeitlebens sich nicht herauswinden und die Früchte davon auch nicht erleben können.

2) Daß man solchen überspannten Freiheits-Aposteln, welche dann und wann aus Amerika herüberkommen, die außerordentlichen Glückseeligkeiten und Vorzüge des Landes herausstreichen und sich mit Reichthum brüsten, den sie wenigstens nicht besitzen, und durch ihre Prahlereien die Menschen zum Auswandern verleiten, den wohlverdienten Platz hinter verriegelten Thüren anweisen sollte.

3) Daß junge oder ganz arme Menschen, die nichts zu verlieren und zu verlassen haben, mit ihrem Schicksal in Amerika eher zufrieden seyn und dort eher ihre Rechnung finden werden, als der Familienvater.

4) Daß alle Fabrikanten und Fabriken-Arbeiter, so lange nicht Amerika in Rücksicht der Waaren-Einfuhr ein anderes System annimmt, in ihrem Gewerbe gar nicht fortkommen können.

5) Daß von Herzen zu wünschen wäre, wenn die hohen europäischen Mächte den Punkt wegen der überhand nehmenden Auswanderung in Berathung zögen, und Maaßregeln dagegen träfen, damit die armen Deutschen, welche auszuwandern gezwungen sind, von andern europäischen Mächten, die noch unkultivirtes Land in Ueberfluß besitzen, aufgenommen würden, damit sie von den geizigen Schiff-Kapitäns nicht um den letzten Rest ihres Hab und Guts geprellt und in Amerika nicht länger gleich dem Vieh verkauft werden. Oft werden sie fünf Monate und wohl noch länger auf den Schiffen gefangen gehalten, bevor sich Jemand findet der sie auslöset, und auch dann sind sie noch ein Gegenstand des Wuchers, indem sie für ihre Fracht von 75 Dollar 3 Jahre lang dienen müssen, obgleich der geringste Knechtslohn aufs Jahr nicht unter diesem Betrage ist.

6) Daß die auswandernden Rheinländer, die Vor-

theile, die ihnen die Kaiser von Rußland und Oesterreich anbieten, wohl beherzigen und eine Niederlassung in Ihren Staaten vor der in Amerika unbedingt den Vorzug geben sollten. Europa hat eine Bevölkerung von 160, und Amerika nur von 10 Millionen Seelen; es ist augenscheinlich, daß der Landbauer, da die verzehrende Klasse hier größer ist, daher auch besser dran seyn muß, als jenseits des Meeres.

7) Daß alle junge Glücksritter, die schnell ein Vermögen in Amerika suchen, nur wohl beherzigen mögen, daß Frau Fottuna dort eine eben so kaprizieuse Dame ist, als in Europa, und daß Mühe, Sparsamkeit und ein wenig Glück überall dazu erforderlich sind, um etwas vor sich zu bringen oder ein Vermögen zu erwerben.

8) Daß junge unerfahrene Leute ihre Phantasie durch reiche Theater-Vetter aus Indien und überspannte Romanenfloskeln, sowohl in Reisebeschreibungen, als Flugschriften, nicht mögen erhitzen und sich zur Auswanderung hinreißen lassen. Amerika ist nicht nur ein Land wie jedes andere, sondern auch ein junges und ursprünglich mit armen Menschen bevölkertes Land, wo ungleich weniger stabiler Reichthum herrscht, als in der alten Welt.

Hätte Amerika solche verheerende Kriege auf seinem Boden gesehen, wie Deutschland, wer weiß, ob noch weiße Menschen dort existirten! —

Zwar sind dort für die Mittelklasse des Bürgerstandes eine Menge von Geschäftszweigen noch offen, denn so z. B. giebt es dort wenig oder gar keine Kaffeehäuser, keine Restaurationen, keine Tanzsäle, wohl aber mannichfaltige Tanzkneipen, die nur von liederlichen Dirnen besucht werden, keine Weinhäuser, sondern der Wein wird in jedem Wirthshause gewöhnlich so
stark

stark mit Rum vermischt, ausgeschenkt, daß man ihn ohne Zusatz von Wasser kaum trinken kann, wenig Brauereien in den Land- und manchen See-Städten, und gar keine auf dem Lande und allen kleinern Städten, worunter manche von 2 bis 3000 Einwohnern gehören; mit einem Worte, noch mannichfaltige andere Gewerbe, womit in Deutschland Tausende von Menschen ihr Brod verdienen, sind dort nur wenig oder gar nicht besetzt. Indeß muß man auch wieder dieß berücksichtigen, daß das Klima, die Menschen und ihre Bedürfnisse, Gewohnheiten, Neigungen und ihr ganzer Charakter von dem der Deutschen verschieden sind. Alle dergleichen feinere öffentliche Geselligkeits-Anstalten, die von den Franzosen angelegt worden sind, haben sich nicht lange erhalten.

Die Tausende von Tavernen, die man in allen Seestädten mit Schildern, worauf alle ihre Generale und die vorzüglichsten Männer gewöhnlich abgebildet sind, antrifft, sind der Tummelplatz der Amerikaner.

Die menagirliche Lebensart von Deutschland findet man dort auch nicht, denn nirgends giebt es Speisehäuser, wo man nach der Karte essen könnte, außer den Kohlenpfannen der Negerweiber, die Bratwürste, Bohnensuppe und Beefsteaks auf offnen Straßen oder unter den Schlächterhallen verkaufen. Das Bier und den Rum habe ich in den Wirthshäusern von Philadelphia mit 100 Prozent theurer bezahlt, als in Berlin; Gemüse kostete, dem Gewichte nach, beinahe eben soviel als das Fleisch, und auch letzteres war fast so theuer, wie in England; daher ist es sehr einleuchtend, daß man mit der Hälfte des Geldes, welches man in Amerika braucht, in den meisten Gegenden Deutschlands auskommen und dennoch mit mehr Annehmlichkeit leben kann.

Möge sich daher jeder Auswanderungslustige aus der Schilderung des gegenwärtigen Zustandes von Amerika, jetzt selbst prüfen, ob und in wiefern er auf dem transatlantischen Kontinent sein Glück zu finden meinet.

Nicht zu leugnen ist es, daß der Boden in den tropischen Ländern außerordentlich fruchtbar ist, indem in der Havannah der Morgen gutes angebautes Land sich bis auf 3 bis 4000 Piaster verinteressirt, und daß auch Deutsche, sobald sie einmal an das Klima gewöhnt sind, dort Feldarbeiten verrichten können, indem selbst in Sanct Domingo vor der Revolution eine Kolonie von Deutschen, die sehr wohlhabend gewesen seyn und ihre Feldarbeiten selbst verrichtet haben soll, bestanden hat. Bei einer solchen Ueppigkeit des Bodens kann es dem fleißigen Ackerbauer gar nicht fehlen, etwas vor sich zu bringen.

Aus diesem Grunde würden die deutschen Auswanderer, die nun einmal doch nur in der Absicht ihr Vaterland verlassen, um im Auslande eher zum Wohlstande zu gelangen, im spanischen Süd=Amerika oder in Mexico gewiß eher zu ihrem Ziele gelangen, als in den Vereinigten Staaten, weil dort die Vegetation noch üppiger ist, und die dasigen Natural=Erzeugnisse auf dem europäischen Markte gangbarer sind, als die von Nordamerika. Auch das Klima ist in den bergigten Gegenden von Süd=Amerika sehr gesund, so daß man dort niemals vom gelben Fieber Anfälle zu besorgen hat. In der Gegend von Quito in Neu=Granada ist das Klima so mäßig, daß ein ewiger Frühling herrscht, und der Boden so fruchtbar, daß der Waizen die Aussaat hundertfältig zurückgewährt; nicht minder werden dort alle Früchte des südlichen Europa, folglich auch Wein erzeugt, wodurch der Kolonist doch wenigstens ein gesundes Getränk gewinnt, auf das er in Nord-Amerika gänzlich Verzicht leisten muß. In welchem Zustande sich übrigens der Ackerbau und die Thätigkeit der Menschen dort befinden, ist schon daraus abzunehmen, daß in Mexico, obgleich es eines der fruchtbarsten Länder der Welt ist, in manchen Jahren, wenn Mißwachs eintrat, die Hungersnoth oft Tausende von Menschen weggerafft hat.

Sehr wahrscheinlich wird die neue Constitution von Spanien auch den deutschen Auswanderern den Zutritt in die spanischen Kolonien öffnen. Auch die neue Republik von Venezuela will, nach der Versicherung ihrer in den Vereinigten Staaten befindlich gewesenen Gesandten, Lino de Clementy und de Torres, Deutsche mit aller Bereitwilligkeit aufnehmen, und ihnen soviel Land, als sie zu bearbeiten im Stande sind, unentgeldlich überlassen. Daher wünsche ich einem Jeden, der in der neuen Welt sein Glück versuchen will, von Herzen den besten Erfolg. Ich, der ich für das wissenschaftliche Fach erzogen worden bin, konnte nichts Klügeres thun, als ins Vaterland wieder zurückkehren, und sobald es meine Umstände erlauben, will ich auch meinem Bruder, dem es dort eben so wenig, wie allen jungen Deutschen gefällt, das Geld zur Rückreise übersenden. Der Arme, an dessen Erziehung ich nichts gespart, der dieses Jahr die Universität beziehen und einst mein Stolz werden sollte, muß dort gleich einem Negersklaven in einer Branntweinbrennerei arbeiten! Und so muß auch er den Gewissenlosen verfluchen, der durch seine teuflische Gemüthsstimmung mich in dieses Labyrinth von Unglück und Elend gestürzt hat.

Hiermit schließe ich den ersten Band meines Werkes, mit dem Bemerken, daß ich in dem zweiten noch mancherlei spezielle Nachrichten über Amerika mittheilen will.

Auch behalte ich mir die Schilderung der Indianer und der Revolutions-Helden von Sanct-Domingo, ferner die Beschreibung meiner Rückreise über England, für den zweiten und letzten Band, vor.

Ende des ersten Bandes.